21世纪通识教育系列教材
21st Century Textbooks of General Education

哲学素质培养（第二版）

Cultivation of Philosophical Qualities
(second edition)

郭　湛　常晋芳　◎ 主编

中国人民大学出版社
·北京·

·出版说明·

随着信息时代的来临、经济全球化的深入与文化软实力竞争的加剧，重视大学生人文素养与创新能力的培养，提升大学生的综合素质，已成为各国教育改革与发展关注的重点和热点。人们越来越意识到：高等教育不仅要培养大学生良好的专业素质，更重要的是使得他们在走向社会之后拥有长足的自我拓展能力。只有以宽口径、厚基础、复合型为人才培养目标，才能更好地提高我国高等教育的质量，培育出适应现代社会需求的具备公民意识、社会责任感与创新精神的优秀人才。

从中外大学通识教育的实践来看，通识教育是一项系统工程，而课程体系建设始终是推进通识教育的核心任务，教材建设则又是其中的重要环节。为满足广大高校师生对高质量通识教育教材的需求，中国人民大学出版社组织多学科、多领域的专家学者，在广泛调研与深入研讨的基础上，组织编写了这套“21 世纪通识教育系列教材”，为推动高等学校通识教育教材建设进行了努力的探索。

本套教材分为人文、政法和经管三大板块，定位为非专业统开课教材，突出“通识”的特色，强调内容阐释的“基础”和“宽度”，力求突破单纯的“专业视域”或“知识视域”，引导学生调整知识结构，拓宽文化视野，以达成人才培养效果上的“宽度”，从而实现高等教育培养复合型人才的目标。

本套教材中的每一本均由该学科领域有影响力的专家学者领衔编写。通识教材的“基础”与“宽度”，需要特别重视教材纲目与内容的适用性、可拓展性和灵活性。唯有在该领域具有丰富教学经验及精深学术水准的名家，方能“取精用弘，由博返约”，编写出体现“通识”特色的高水平教材。

本套教材形式与内容和谐统一，教材内容基础适用，语言简洁生动，并辅以典型、有趣的案例、图表，轻松活泼的栏目和插图等，图文并茂，引人入胜，照顾到青年学生群体的阅读习惯。

作为出版者，我们特别希望通过加强通识教育教材建设，推进高校课程体系的融会贯通，提高学生跨学科、跨文化的理解能力，为学生未来的职业生涯与人生发展奠定良好的知识和能力基础。这套通识教育系列教材只是开始，期望更多的专家学者共襄此事，推进通识教育教学的改革与发展。

中国人民大学出版社

目　录

第七章 哲学的应用

第一章　哲学概述

哲学素质培养的核心目标，是培养学生的哲学素质，而培养哲学素质的首要要求，就是了解哲学是什么。恩格斯说过："理论思维无非是才能方面的一种生来就有的素质。这种才能需要发展和培养，而为了进行这种培养，除了学习以往的哲学，直到现在还没有别的办法。"① 本章将对哲学做简要概述，包括哲学的起源、主题与特性，哲学的历史与人物，哲学的功能与学哲学的方法等。我们将由此进入哲学的殿堂，开始哲学素质培养的第一步。

第一节　哲学是什么

哲学是什么？这是哲学中首要的前提性问题，是古往今来哲学家们首先要回答，也是最难回答的问题。正如中世纪哲学家奥古斯丁在《忏悔录》中所说："假如没有人问我，我很清楚它是什么，但是假如有人问我，而且要我说明，那就使我为难了。"

一提起哲学，人们大概会想到这些：哲学是一门古老而又常青的学科；哲学很高深玄妙，实用性不强，离生活较远；一些综合性大学设有哲学院系，学哲学的人都很聪明，但似乎就业前景不太好……这些就是哲学在人们心中的印象，并没有触及哲学究竟是什么的问题。

当然，初学者可以很方便地从哲学辞典或教科书中找到有关哲学的各种定义。如《中国大百科全书·哲学卷》将哲学定义为："哲学是世界观的理论形式，是关于自然界、社会和人类思维及其发展的最一般规律的学问。"许多哲学教科书把哲学定义为"系统化、理论化的世界观和方法论"。这可以说是关于哲学的"权威"定义，但仅此还不足以形象而深刻地说明哲学的实质。

---

① 马克思恩格斯选集：第3卷．北京：人民出版社，2012：873.

当你对哲学有了更深入的了解，进入哲学的殿堂之后，就会感到对“哲学是什么”这一问题确实很难说清楚。正如《老子·第一章》所言：“道可道，非常道；名可名，非常名”。维特根斯坦也说：“对于不可说的东西我们必须保持沉默。”① 然而，古今中外的哲学家们仍然大谈何为哲学，这是不是毫无意义呢？当然不是。因为哲学的最深刻悖论就在于：“说”“不可说”。

真正的哲学思想是超出语言（特别是日常语言）范围的，不能直接用语言“说”出来，而更多地依靠领悟、体会、实践等方式。然而，要学习和传播哲学，又只能采用语言这种不完善的形式。虽然“只可意会，不可言传”，但又不得不以“言传”的方式来“意会”。用冯友兰的话说就是：“人必须先说很多话然后保持沉默。”②

一、哲学的起源：“爱智”与“知人”

哲学确实是一门古老的学科。如果从中国的先秦和西方的古希腊算起，已经有近三千年的历史了。追根溯源，我们看到，哲学在东西方走了不同的路径。

西方哲学的源头是古希腊哲学。“哲学”（Philosophy）一词来源于古希腊文的“φιλοσοφία”，拉丁语为“Philosophia”，即由“philo”（喜爱）和“sophia”（智慧）两个词根组成。也就是说，“哲学”一词在古希腊文中的原意是“爱智慧”。在希腊神话中，雅典娜（Athena）是智慧女神，她是万神之王宙斯最喜欢的女儿，据说她是从宙斯前额蹦出而生的。19 世纪 70 年代，日本近代哲学家西周首次将“philosophy”译成汉语“哲学”。中国学者黄遵宪将这一译名介绍到中国，中国学术界逐渐接受并开始用它来表述哲学学说。在古印度，哲学通常被称为“见”或“察”，前者意为“见解”“思想”“观点”，后者意为“探究的学问”，后来又专指逻辑。

据考证，最早使用“哲学”一词的，是古希腊哲学家毕达哥拉斯。古希腊哲学的集大成者亚里士多德（Aristotle，公元前 384—前 322，图 1-1）认为，希腊哲学起源于贵族生活之“闲暇”和对自然世界万物之“惊异”。也就是说，哲学研究是一些不从事生产劳动而有闲暇时间，又具有对世界的好奇心和想象力的贵族逐渐创立的。从内容上说，哲学的前身是原始宗教和神话。一旦人们用自己的头脑开始思考人和世界的问题（爱智慧），而不是诉诸宗教

① ［奥］维特根斯坦. 逻辑哲学论. 北京：商务印书馆，1996：105.
② 冯友兰. 中国哲学简史. 北京：北京大学出版社，1996：295.

和神话，哲学就产生了。

具体来说，古希腊哲学是从仰望星空开始的。古希腊第一位哲学家和天文学家泰勒斯，有一次正在专心致志仰望和观察天上的星辰，不小心掉进了一个泥坑里。周围的人嘲笑他只顾看天上的事物，却不知道脚下是什么。泰勒斯从坑里爬上来，拍了拍身上的泥土，笑了笑说："明天会下雨。"果然，第二天真的下雨了。德国哲学家黑格尔在两千年后评论此事时说，只有站得高的人，才有从高处跌进坑里去的权利和自由。没有知识的人，好像本来就躺在土坑里从来没有爬出来过一样，又怎么能从上面跌进坑里去呢？

图 1-1　亚里士多德雕像

包括泰勒斯在内的早期古希腊哲学家，同时都是天文学家，这不是偶然的。中国古代哲学家老子、孔子、墨子、孟子、荀子等，也都曾思考和追问过天的道理。地上沧海桑田，人间世代更替，苍天却万古如斯，更衬托出人类存在的有限和生命的短暂。人震撼于时间的永恒和空间的无限，于是发出了哲学的追问：这伟大神奇的世界究竟是什么？在多种多样、变化无常的世界万物背后，究竟有没有某种永恒的、统一的东西作为现象的"本质"或"本体"呢？世界万物的生成演变有没有什么规律呢？对这些问题的回答，构成了哲学中的世界观。

人为什么会有思想，为什么要追求智慧？因为"人是万物之灵"，贯通万物的"灵"就是智慧。人人都有智，但并非人人都能成为哲学家，区别就在于"爱不爱智"。每个人都具有或多或少的知识和智慧。但人们往往妄自尊大，或者妄自菲薄；要么无知人之智，要么无自知之明；常常"熟知而非真知"，抑或"只知其然，不知其所以然"。哲学这种智慧之爱的典型形式是理性和逻辑，西方传统哲学的主要思维方式和方法就是理性。现代西方哲学对传统哲学的理性主义思维方式进行全面批判和反思，对哲学就是爱智慧提出了疑问。不过，与其说是对爱智慧本身的怀疑，不如说是对传统哲学爱智慧的方式提出怀疑和批判。对智慧的爱是不变的，变化的只是爱的方式以及智慧的内涵。

再来看中国。与古希腊哲学起源于"闲暇"时的"惊异"不同，中国哲学更多起源于先秦时期"士"阶层对社会人生问题的"忧患"。儒家哲学创始人孔子（公元前551—前479，图1-2）周游列国，颠沛流离。他说："德之不修，学之不讲，闻义不能徙，不善不能改，是吾忧也。"（《论语·述而》）中西哲学起源的经济、政治、社会环境和主体有所不同，二者对哲学的根本态度和取向也就有所不同。

"哲学"一词是近代外来词，但"哲"字在中国古典文献中早就存在，类似西方哲学的学问在先秦时期也已形成。东汉许慎的《说文解字》中，"哲"意为"知"，即智慧、贤明，"哲人"指贤明而有智慧的人。《尚书·皋陶谟》记载大禹曰："知人则哲，能官人；安民则惠，黎民怀之。"《孔氏传》解释为："哲，智也。无所不知，故能官人、惠爱也。爱则民归之。"《老子·第三十三章》曰："知人者智，自知者明。"《论语·颜渊》载："樊迟问仁，子曰：'爱人。'问知（智），子曰：'知人。'"《论语·学而》曰："不患人之不己知，患不知人也。"孔子所谓"仁者爱人"，是对"人"的普遍之爱；其所谓"智"在"知人"，也是对"人"的普遍之知。显然，中国古代思想家认为，学习知识、追求智慧的主要目的，是要"知人""官人""安民"，其主体主要是统治者。

儒家哲学以"知人"为中心，以"爱人"为宗旨，但又不仅限于"知人"和"爱人"。孔子说："四十而不惑，五十而知天命"（《论语·为政》），"不惑"是"知人"的境界（"知者不惑"），其上还有"知天命"。从"知"的范围来说，不仅是"知人"，而且是"知天"；从"知"的宗旨来说，"知天"也是为了"知人"。孟子说："诚者，天之道也；思诚者，人之道也。"（《孟子·离娄上》）天道与人道有所不同，但通过人道的"思诚"（道德的主体性和能动性），所要达到的境界是"天人合一"。

图1-2　孔子画像

与西方的philosophy类似的这样一门学问，在中国古代有不同的名称："玄学""道学""理学"，有儒、道、法、墨、名、阴阳等不同流派。其主流是从"知人则哲"发展到"修身，齐家，治国，平天下"，最终达到"天人合一"的理想境界。用北宋思想家张载的话说就是："为天地立心，为生民立命，为往圣继绝学，为万世开太平。”（《横渠语录》）中国哲学与西方哲学在起源、主题、内容和思维方式等方面有诸多不同。近代中国思想家梁启超说：“中国哲学以研究人类为出发点，最主要的是人之所以为人之道：怎样才算一个人？”① 现代哲学家冯友兰（1895—1990）说得更明确：“学哲学的目的，是使人作为人能够成为人，而不是成为某种人。”② 所以，把西方传统哲学概称为形而上学或知识论，把中国传统哲学概称为人学，虽不尽全面，却比较符合各自特点。

二、哲学的主题

有两种东西，我们越是时常反复地思索，
它们就越是给人的心灵灌注了时时翻新、
有加无减的赞叹和敬畏，
——头上的星空和心中的道德法则。

这是德国哲学家康德（Immanuel Kant，1724—1804，图 1－3）的墓碑铭文，出自他的三大批判之一《实践理性批判》。“头上的星空”代表外在自然界，“心中的道德法则”代表内在精神世界。这两个世界就是传统哲学的主要对象。在康德看来，对这二者首先要有“赞叹”和“敬畏”之情，其次才可以进行思考。然而，近代以来，人们对这两个世界的态度更多是一种知识论和工具化态度，把自然界和精神世界当作人类认识和改造的对象。人们在理性、科技、工业、市场的支配下，对自然和心灵为所欲为、予取予求，忘记了对自然和心灵的“赞叹”和“敬畏”，于是造成了人与自然关系、人与人关系以及人与自身关系的危机和困境。现在，我们重温康德的名言，感触颇深。无论人类的科学和哲学如何昌明，无论工业和技术如何发达，如果失去对自然、生命、心灵、精神的赞叹和敬畏，必将导致严重的危机。

图 1－3　康德画像

① 梁启超哲学思想论文选．北京：北京大学出版社，1984：488.

② 冯友兰．中国哲学简史．北京：北京大学出版社，1996：10.

康德是德国古典哲学的奠基人，他在代表作《纯粹理性批判》、《实践理性批判》和《判断力批判》中，为人的认知理性、实践理性（道德）和审美理性划界，厘清了人的认识能力、实践能力和审美判断能力，分析了人在真、善、美三大领域中的能力及其限度，发展了哲学的三大分支——认识论、伦理学和美学。康德哲学以晦涩的方式道出了哲学的主题。具体说来，哲学的主要研究对象就是人与世界及其关系，对世界的认识可概括为“存在”，而人与世界的关系具体表现为认知关系（真与假）、价值关系（善与恶）和审美关系（美与丑）。因此，哲学（特别是传统哲学）的主要问题可以概括为：“人”，“在”，“真”，“善”，“美”。

图 1－4　黑格尔

德国哲学家黑格尔（George Wilhelm Friedrich Hegel，1770—1831，图 1－4）曾经把哲学比作“庙里的神”。他说：“一个有文化的民族”，如果没有哲学，“就像一座庙，其他各方面都装饰得富丽堂皇，却没有至圣的神那样”①。“庙里的神”是照亮人类文化殿堂和精神家园的“普照光”，就是说，哲学像普照大地的阳光一样，照亮了人类的生活。如果失去了哲学，人类的生活就会变得黯然失色。黑格尔认为，哲学的核心是一种普遍理性，不是个人理性，也不是工具理性。所谓工具理性，就是把对象当作认识和改造的工具，而忽视了对象自身的价值。某个人不懂哲学或拒斥哲学，可以照样生活得很好。但是，一个民族若没有自己的哲学，没有理论思维，没有理想的追求，没有“判天地之美，析万物之理”（《庄子·天下》）的精神，即便能够生存下去，也将是没有“灵魂”的。正因为如此，马克思把哲学称为“时代精神的精华”和“文化的活的灵魂”。黑格尔对哲学的这种理解，典型地表达了西方传统哲学对哲学的理解。当代美国哲学家理查德·罗蒂（Richard Rorty，1931—2007）说：“自希腊时代以来，西方思想家们一直在寻求一套统一的观念”，“这套观念可被用于证明或批评个人行为和生活，以及社会习俗和制度，还可为人们提供一个进行个人道德思想和社会

① ［德］黑格尔．逻辑学：上卷．北京：商务印书馆，1966：2．

政治思考的框架。‘哲学’（‘爱智’）就是希腊人赋予这样一套映现现实结构的观念的名称”①。

然而，这种对哲学的理解，也容易导致一种误区：哲学的神化。哲学家们自觉不自觉地把自己当作哲学之“神”的代言人，把哲学塑造成高高在上的理论，以致与人们的生活脱节甚至对立。特别是随着现代社会分工的细化，学习和研究哲学成为某种专业和职业，哲学家们发明了很多特定的游戏规则——概念化的话语体系，普通人越来越看不懂哲学，哲学家也越来越远离民众，远离生活。

现代以来，这种对哲学的理解逐渐被人们批判和抛弃，越来越多的人不再把哲学看作高尚、神圣、伟大而与人的生活脱节的思想，哲学开始走下“神坛”。然而，这并不意味着要走向另一个极端：哲学的世俗化。哲学源于生活，又必须超越生活。哲学之“神”并不是宗教神学中至高无上的主宰人的神，而是人自身精神追求的最高表达。哲学的“普照光”是人类精神之光。哲学对智慧的赞叹与敬畏、爱与追求，并不会因为时代的变化而变化，它始终如一。在人类精神进步的历程中，需要反省和批判的不是这种赞叹与敬畏、爱与追求本身，而是赞叹与敬畏、爱与追求的方式。

三、哲学的特性

任何一门学科都有它区别于其他学科的特性。哲学的主题是人与世界及其相互关系，而严格说来这并不是哲学的“专有领地”。由于近代以来科学的分化，人与世界及其相互关系的各个方面和领域都有相关的具体科学来研究，如物理学、化学、生物学、地理学等自然科学研究外部世界，经济学、政治学、伦理学、社会学等研究人类社会，心理学、宗教学、文学等人文科学研究人的精神世界。既然哲学与具体科学的研究对象没有本质区别（至多有一般和具体、总体和部分的区别），那么，哲学的特性到底是什么？

对这一问题，不同哲学家有不同回答。德国存在主义哲学家海德格尔（Martin Heidegger，1889—1976，图 1－5）认为，哲学与科学的区别在于“在”（Being）与“在者”（Beings）的不同。哲学反思和追问的是前者，科学研究和思考的是后者。为“在”与“在者”划界，是哲学存在的合法性基础；而对“在”与“在者”的不恰当划界或混淆，正是传统哲学（形而上学）的最大误区所在。

① ［美］理查德·罗蒂．哲学和自然之镜．北京：商务印书馆，2003：6-7.

世界万物都存在着，但事物之所以存在，必有其内在的理由和根据。按照中国魏晋时期哲学家王弼的说法，就是“物无妄然，必由其理”（《周易略例·明象》）。如果说每一个事物（在者）都有其相应的理由，那么，一切可能的存在构成的整体——世界为什么能够存在？其内在理由是什么？追问“在者”之何以“在”、如何“在”，我们就从“在者”过渡到了“在”本身。只有“人”这种特殊的“在者”，才能追问“在”的理由和意义。海德格尔把人这种特殊的在者称为“此在”。“此在”的人，是宇宙中唯一能够追问“在者”之“在”的“在者”，且把这种追问当作自身的存在方式。这种追问表达出来，就是形而上学、本体论即哲学。哲学与人的存在之间有一种本然的联系，人更根本的使命是以“此在”的方式来追问、反思、领悟“在”，而不是以科学、理性的方式解释和改造“在”。

图 1-5　海德格尔

海德格尔对哲学的这种解释，确实可以澄清哲学史上很多问题。孟子说：“万物皆备于我矣！反身而诚，乐莫大焉。”（《孟子·尽心上》）庄子说：“天地与我并生，而万物与我为一。”（《庄子·齐物论》）他们当然不会像我们所批判的“主观唯心主义”那样，相信整个世界万事万物都取决于“我”的存在，而是说一切可能的在者的存在理由和根据只有由“我”来追问、领悟。陆九渊所谓“宇宙即吾心，吾心即宇宙”，也不是说整个宇宙都装在“吾心”里，离开我世界就不存在。他只是强调宇宙万物之所以存在的理由，因“吾心”之思才得以显现和澄明。王阳明说：“你未看此花时，此花与汝心同归于寂；你来看此花时，则此花颜色一时明白起来”（《传习录》），更巧妙地说明了主体（人）与客体（花）的区别和联系。

“在”与“在者”的划界，从哲学史的开端就有了。例如，巴门尼德把存在划分为“真理之路”和“意见之路”，亚里士多德的“作为存在的存在”的形而上学；《周易·系辞》的“形而上者谓之道，形而下者谓之器”，老子（图 1-6）的可道之道和不可道之道，等等。

“在”与“在者”的划界，确立了哲学的起点，更确立了哲学与科学的分野。科学研究的是“在者”，而哲学追问的是“在”本身。正是这一划分，使哲学获得了自身的独特性。所有科学都是寻求某种“在者”之理由的学问，核心就是“在者”之间的因果联系。对因果联系和科学理性的推崇，塑造了西方文化中悠久的科学主义传统。科学使人们只同有限、特殊的“在者”打交道，而排斥或消解哲学对无限、普遍的“在”的追问。科学主义甚至把哲学科学化，让哲学去寻求“在者”而不是“在”本身。这就是海德格尔所批评的“在的遗忘”。海德格尔对柏拉图以来两千多年西方传统哲学的批判——对“在的遗忘”的批评，并非针对古希腊哲学对“在”与“在者”的划界，而只是针对追问“在”的不恰当方式。以追问“在者”的方式来追问“在”本身，试图以知识论的态度和方式来追问存在论问题，从而遮蔽了“在”对“在者”的超越意义。

图 1-6　吴道子《老子像》

对在者之在的追问，不可避免会陷入一种悖论：我们能否以追问“在者”的方式来追问“在”本身？如提问：“在”是什么？以及“在”的本质和性质是什么？“在”有什么规律？如果能，岂不是和科学没什么区别吗？岂不是“在”又沦为“在者”，“在”本身又被遮蔽了？如果不能，那么，究竟“在”本身又如何被揭示或彰显出来？如果不能这样问，那么怎么问呢？海德格尔给出了“诗”的出路，就是要哲学像诗一样去描绘世界，而不是像科学那样言说和解释世界。马克思则实现了哲学提问方式从“说”（理论）到“做”（实践）的转变。其他现代西方哲学家也从不同角度，指出了现代哲学的出路。

总之，哲学是一种智慧，但智慧并不就是哲学。仅仅把哲学视为“智慧学”“聪明学”“知识论”，显然是不恰当的。爱智慧不等于智慧（Wisdom），智慧不等于知识（Knowledge）。知识是对特定事物的认识结果，智慧是综合化、系统化的知识和能力。有些人把哲学降低为智慧，再把智慧降低为知识，特别是书本知识。他们以为读了几本书，背了几条原理和规律，就懂得了哲学，实在是对哲学的极大误解。哲学不仅仅是一种智慧，更是对智慧的追求和追问，是对智慧真挚、强烈、永恒之爱，也就是我们常说的哲学素质和哲学境界。智慧有高有下，有大有小，也有过时之虞，而爱智之情才是可贵和永恒的。因而，哲学就不是回答和解决具体问题的“小智慧”“小聪明”，而是关于人与世界关系的“大智慧”“大聪明”。这种“大智慧”“大聪明”，用中国传统哲学的语言说，就是“究天人之际，通古今之变”（司马迁），“判天地之美，析万物之理”（庄子）；用西方传统哲学的语言说，就是“寻求世界的本源和本质”，“提供一切知识的基础”，“追问第一原因”；用现代西方哲学的语言说，就是解决“信仰的迷失”“人生的危机”“意义的失落”“人的自我异化”“存在的遗忘”“全球性危机”等问题；用马克思主义哲学的语言说，就是解决人类的解放和自由全面发展的问题。

哲学既是这种反思、批判、创造、变革的智慧的结晶——“世界观”（本体论）、“认识论”、“历史观”、“人生观”和“价值观”等，更是爱智的激情——对世界的惊异、对现实的反思和批判、对真理的执着、对真善美和自由理想的追求。

第二节　哲学的历史与人物

对哲学的起源、主题与特性的了解，还只是学习哲学的外部问题。要进入哲学内部殿堂，必须学习哲学史，从全面深入了解哲学的历史、派别与人物开始，没有其他捷径可以走。这一路径与学习其他具体学科明显不同。

一、哲学的历史与派别

熟悉自然科学史的朋友知道，自然科学的发展就像不断叠加的建筑，后人在前人基础上不断进步。牛顿经典力学建立在亚里士多德物理学基础上，爱因斯坦相对论则是对牛顿经典力学的发展和超越。后人的思想以更高的形式，包含前人并超越前人思想。因此，当代人如果不是进行专门的学术研究，只要学习当代科学就足够了，不必非要了解科学历史。

与自然科学和一般的社会科学不同，学习哲学必须从学习哲学的历史开始。当然，哲学的历史发展也有大致的规律，也是后人在前人基础上不断批判、继承、创新形成的过程，但严格说来，后人的哲学很难说完全取代了前人的哲学。初读哲学史，最明显的印象就是哲学家们众说纷纭、莫衷一是。这里鱼龙混杂，孰是孰非，孰好孰坏，似乎没有一个普遍、客观、公认的评判标准。每个哲学家（特别是传统哲学家）都自认为发现了哲学的真理，甚至是最高的、唯一正确的“放之四海而皆准”的哲学。不仅同时代的哲学家们互相批判，而且后人对待前人的哲学好像总是要从头再来，或另辟蹊径。一部哲学史仿佛就是哲学家们互相反对、互相争论、互相推翻的历史，是哲学自我批判的历史。于是，当代人要学习哲学，不得不从头开始，先学哲学史。

黑格尔对此有一个形象的比喻：

> 全部哲学史这样就成了一个战场，堆满着死人的骨骼。它是一个死人的王国，这王国不仅充满着肉体死亡了的个人，而且充满着已经推翻了的和精神上死亡了的系统，在这里面，每一个杀死了另一个，并且埋葬了另一个。……一种新的哲学出现了。这哲学断言所有别的哲学都是毫无价值的。诚然，每一个哲学出现时，都自诩为：有了它，前此的一切哲学不仅是被驳倒了，而且它们的缺点也被补救了，正确的哲学最后被发现了。但根据以前的许多经验，倒足以表明《新约》里的另一些话同样地可以用来说这样的哲学，——使徒彼得对安那尼亚说：“看吧！将要抬你出去的人的脚，已经站在门口。”且看那要驳倒你并且代替你的哲学也不会很久不来，正如它对于其他的哲学也并不会很久不去一样。①

那么，哲学史是否只是一片“断杀的战场”？这种“断杀”的结果是否会“埋葬”所有的哲学？这样的结果对人类文明有什么意义？我们来看黑格尔的另一个比喻：

> 花朵开放的时候花蕾消逝，人们会说花蕾是被花朵否定了的；同样地，当结果的时候花朵又被解释为植物的一种虚假的存在形式，而果实是作为植物的真实形式出现而代替花朵的。这些形式不但彼此不同，并且互相排斥互不相容。但是，它们的流动性却使它们同时成为有机统一体的环节，它们在有机统一体中不但不互相抵触，而且彼此都同样是必要的；而正是这种同样的必要性才构成整体的生命。②

多美的比喻！花蕾孕育了花朵，花朵又孕育了果实；花朵的绽放是对花

① ［德］黑格尔．哲学史讲演录：第1卷．北京：商务印书馆，1959：21-22．
② ［德］黑格尔．精神现象学：上卷．北京：商务印书馆，1979：2．

蕾的否定，果实的产生也是对花朵的否定。这个否定之否定过程，不正是以新的形式与内容包含着对先前存在的肯定吗？这样来看哲学史，就不再只是一个"堆满着死人的骨骼"的战场，不再是一个绝对否定、一无所获的过程，而是一个通过不断"扬弃"不断结出果实的过程。就像花朵否定花蕾，果实又否定花朵一样，每个哲学思想都是哲学长河中的一个中介。它否定了前面的哲学，又被后面的哲学否定，同时，将新的思想传递下去。这样，哲学在生生不息的流变中，不断获得越来越充实的内容。这种自我批判、自我否定的辩证运动，深刻展现了哲学发展的逻辑。在思想与思想的"厮杀"和撞击中，留下的不只是"死人的骨骼"，而是人类精神的结晶与升华。

西方哲学大体上经历过四次大变革。每一次大变革都导致了哲学发展的新阶段，乃至引发了社会文化的变革。第一次是古希腊哲学的"本体论"变革，哲学家们用理性方式追问"世界的本原"，标志着西方哲学的诞生；第二次是中世纪哲学的神学化，哲学沦为"神学的婢女"；第三次是 17、18 世纪以德国古典哲学为代表的"认识论转向"，在追问"世界"之前，先追问人的理性认识的可能性及其限度；第四次就是现代哲学的变革。

西方哲学的前三次大变革，有两大主线贯穿其中：一是唯物主义和唯心主义的对立，核心问题是"世界是什么"（世界的本原和基础）；二是形而上学和辩证法的对立，核心问题是"世界是怎么样的"（世界的状态与变化）。唯物主义和唯心主义的区别，主要是对思维（精神）与存在（物质）的关系这一哲学基本问题的解答不同。唯物主义者认为，世界统一于物质，精神是由物质产生的。唯心主义者认为，既然一切物质的东西都是变化的，使世界保持连续性和统一性的本体就不可能是物质性的东西，而只能是精神性的东西，他们称之为"理念""绝对精神""上帝""神"等。唯物主义分为古代朴素唯物主义、近代机械唯物主义和现代辩证唯物主义等，唯心主义又分为主观唯心主义和客观唯心主义等。

马克思主义哲学的世界观是辩证唯物主义。它在坚持物质第一性、精神第二性这一唯物主义一般原则的基础上，强调要用辩证的、运动的、矛盾的、普遍联系的观点看世界，超越了唯心主义和机械唯物主义。辩证唯物主义的世界观是符合客观世界和科学发展实际的，是指导我们合理地认识世界的世界观。但这并不是说，唯心主义的世界观就是完全错误、毫无价值的。在强调人的主观能动性、培养人的思维能力、提升人的精神境界等方面，唯心主义哲学有它重要的独特贡献。我们在坚持辩证唯物主义世界观基础上，也应当学习一些优秀的唯心主义哲学，如柏拉图、康德、黑格尔等的哲学。

现代许多哲学家对唯物主义和唯心主义的争论产生了怀疑，认为这是一种“二元对立”和还原论的思维方式，比如在哲学中不能问“世界是什么”这个问题。首先，要问一个东西“是什么”，是将这个东西归于更高层次的类，如“杯子是一种用具”，“马是一种哺乳动物”。可是，就人类的认识而言，“世界”已经是最高层次的东西，它包含了一切，它之外没有别的东西，我们还能给世界下定义吗？其次，现象背后一定有一个本质吗？变化背后一定有不变的东西吗？我们看到的和能够认识的不过是各种自然现象，在现存事物之后非要找“本原”“本体”非但徒劳，反而有害于我们对事物的认识。

也有些现代哲学家（如海德格尔）认为，哲学可以对世界的“本体”进行追问，只不过传统哲学追问的方式错了。不能像古代哲学家们那样，给世界是什么的问题一个武断的回答。认识世界的“本体”不能靠逻辑思维，而要靠心灵体验和感悟，“只可意会，不可言传”。他所说的“本体”，非常接近于老子所说的“道可道，非常道”的“道”和儒家的“天”。中国先哲从来不说“道”“是”什么，而是说“道”“像”什么。如老子说“上善若水”，庄子说天地万物与我并生为一，“既已为一矣，且得有言乎？”（《庄子·齐物论》）

形而上学与辩证法的对立，是古代西方哲学历史中的另一条主线。

“形而上学”一词有两种含义：其一指哲学史上研究超验（超越经验）的根本原理的理论。其二是同辩证法相对立的一种世界观或方法论，特点是用孤立、静止、片面的观点看世界。在这种形而上学看来，世界上一切事物都是彼此孤立、永远不变的，如果说有变化，也只是数量的增减和场所的变更。这种增减和变更的原因，不在事物内部而在事物外部，即由于外力的推动。这就否认了唯物辩证法所主张的由于事物内部的矛盾，从而引起事物发展的学说。在哲学史上，形而上学一般与唯心主义有着密切的联系。由于传统哲学教科书过多强调后一种含义，在人们的普通观念中，第一种含义已被遗忘，第二种含义占据了主流，甚至掩盖了第一种含义。

“形而上学”的英文为 Metaphysics，这一词原是古希腊的安德罗尼柯给亚里士多德一部著作确定的名称，直译为“物理学之后”。他在编辑亚里士多德著作全集时，把研究“存在之存在”即超越经验以外对象的著作，安排在关于有形物体的学说即物理学的著作之后，并以此命名。物理学是研究各种可感知的实体的科学，是“第二哲学”；而形而上学则是研究“存在之为存在”的学科，是“第一哲学”。Metaphysics 这个词的前缀 meta，在希腊语中不仅指“在……之后”，也有“超越”、“元”（基础）等含义，而这很符合亚里士多德所说的“第一哲学”。

图1-7　亚里士多德《形而上学》（商务印书馆版）

近代思想家和翻译家严复在译介亚氏这本书时，从中国古代经典《周易》中取了“形而上”一词来翻译“metaphysics”，这就是中文“形而上学”的由来。《周易·系辞》原文是“形而上者谓之道，形而下者谓之器”，意为在有形体的东西之上的、凭感官不能感知的东西叫作道；有形体的、凭感官可感知的东西叫作器。前者是抽象的、本质的、虚的；后者是具体的、现象的、实的。明代哲学家王夫之说：“形而上者隐也，形而下者显也。”“形而下者，可见可闻者也。形而上者，弗见弗闻者也。”（《读四书大全说》）

在西方哲学中，还有一个概念基本与形而上学同义，那就是“本体论”，不过这个概念是17世纪时才由沃尔夫提出的。所谓“本体论”（ontology）的字面含义，是“关于存在（onto）的理论或科学（logos）”，译作“存在论”也许更为恰当，“本体论”只不过是习惯译法。

总之，形而上学这个名词的产生或许是某种偶然，但形而上学的产生和发展却不是偶然的，它有深刻的思想史基础。在西方哲学史上，狭义的形而上学相当于“本体论”，是哲学的基础和核心部分，广义的形而上学指整个传统西方哲学。

后来，黑格尔根据西方近代哲学具有与辩证法对立的思维方式的特点，又用“形而上学”一词转指非辩证的思维方式，也就是以上所说的第二种含义。这种孤立、静止、片面地考察问题的形而上学思维方式有历史局限性。然而，即使是这种意义上的形而上学思维方式，在当时历史条件下也是人类思维发展过程中的必经阶段，与当时的生产力和自然科学发展水平基本适应，在人类认识史上起过进步作用，在特定的哲学和科学领域中是正当和必要的。

没有对自然现象分门别类的精确研究，要建立起揭示事物相互联系及其发展规律的现代科学是不可能的。问题在于，当科学发展已经越过搜集材料和研究既成事实的阶段，当19世纪一系列新兴专门科学产生之后，形而上学成了科学和哲学进一步发展的严重障碍。用形而上学的观点和方法看待社会历史现象，就必然否认社会矛盾，否认发展和否定社会革命的作用。马克思、恩格斯所创立的唯物辩证法（即辩证唯物主义），对形而上学的思维方式进行了彻底批判。

19 世纪中期以来，除了马克思主义哲学从实践的角度批判形而上学外，现代西方哲学的许多流派也从不同角度批判以形而上学为代表的传统西方哲学，概括起来，主要有以下几个方面：

第一，资本主义现代化进程、市场经济、科学技术进步等因素，使经验主义、实用主义、功利主义、世俗精神大行其道，人们越来越怀疑以至否定超验的形而上学的可能性和必要性。随着对“乌托邦”、理想主义、“宏大叙事”、抽象哲学的怀疑和批判，人们开始走向相对主义、怀疑主义，这是形而上学衰落的历史和现实基础。

第二，逻辑实证主义及其“证实原则”对形而上学的拒斥，是在哲学内部对形而上学合法性批判的开始。逻辑实证主义者试图把哲学科学化，把哲学中一切不能被科学所证实或证伪的东西统统排除出去，结果就是否定了形而上学的合法性。

第三，以反理性、反本质主义为根本特征的“后现代主义”的兴起，提出了“哲学的终结”和“后哲学”的问题，更彻底地“解构”了传统形而上学。

当然，现代形而上学虽然经历了长期的、多方面的怀疑和批判，并未完全消失，仍然具有强大的生命力。

二、哲学的现代变革

在 19 世纪中后期，西方哲学出现了重大变革，可以概括为两大转向：一是“实践转向”；二是“语言转向”。“实践转向”指哲学形态从“说”（理论）到“做”（实践）的转向，是马克思和恩格斯实现的哲学变革；“语言转向”指哲学表达方式从“独断”到“对话”的转向，是现代西方哲学实现的哲学变革。也有学者根据近现代哲学在核心范畴上的不同，把现代哲学变革概括为“非实体主义转向”。

现代哲学的“实践转向”和“语言转向”，是以对近代哲学的主—客二元对立的反思与批判为出发点的，并直接以批判黑格尔理性主义哲学为起点。近代哲学最突出的特征，就是在精神与物质、主观与客观、主体与客体、人与世界等的二元对立中，去探索思维和存在的关系问题。近代唯物主义哲学和唯心主义哲学在这点上是相同的，都固执于物质本体与精神本体的抽象对立，并以还原论的思维方式去说明二者的统一。前者把精神还原为物质，用物质来解释人类精神，而物质是脱离了人的死的物；后者把物质还原为精神，用精神来解释物质世界，而精神是脱离了人的抽象精神。不仅如此，这种二元对立还造成了思维方式上的客体性原则与主体性原则互不相容，固化为“非此即彼”的思维方式。可以说，传统唯物主义和唯心主义的最大失误，不在于“物”或“心”谁是第一性的问题，而在于“唯”一无二的极端化理解。

18世纪末到19世纪初的德国古典哲学，曾试图克服本原问题上的物质本体与精神本体的抽象对立，扬弃思维方式上的客体性原则与主体性原则的互不相容。其主要方法是黑格尔的辩证法，试图在概念的历史运动中实现二者的统一，但这种统一仍然只是抽象的、理论上的统一。

1. “实践转向”：从“说”到“做”

马克思（1818—1883，图1-8）在1845年《关于费尔巴哈的提纲》中，对全部旧哲学进行了根本性批判，提出了其哲学革命的根本特征：实践转向。

> 从前的一切唯物主义（包括费尔巴哈的唯物主义）的主要缺点是：对对象、现实、感性，只是从**客体**的**或者直观**的形式去理解，而不是把它们当做**感性的人的活动**，当做**实践**去理解，不是从主体方面去理解。因此，和唯物主义相反，唯心主义却把**能动的**方面抽象地发展了，当然，唯心主义是不知道现实的、感性的活动本身的。①

马克思认为，抽象的、孤立的、与人分离的自然界，对人来说是无。只有人类的实践活动，才能真正扬弃物质与精神的抽象对立，因为实践本身就是主体与客体、物质与精神、人与世界对立统一的活动。旧唯物主义和旧唯心主义都离开人类实践活动和历史发展去解决自然界与精神的关系问题，从而造成无法克服的局限性：旧唯物主义排斥能动性，旧唯心主义只能抽象发展能动性。必须改造德国古典哲学，特别是黑格尔的唯心辩证法，以实践原则重建新的哲学。

马克思在哲学上的实践转向，首先以实践的唯物主义回答了哲学的基本问题——思维和存在的关系问题。马克思认为，“现实的人”与“人的实践活

① 马克思恩格斯选集：第1卷. 北京：人民出版社，2012：133.

动”是哲学的存在论基础。思维和存在的关系，就是以实践为基础的人与世界的关系，而不是抽象的思维与抽象的存在的对立。思维和存在的关系问题的秘密，只有在人类的存在方式——实践活动中才能理解和解决。马克思的实践转向，以实践的思维方式实现了哲学的世界观、认识论和方法论的统一。

图1-8 马克思

马克思从人的历史发展出发，提出了人类存在的三种历史形态的理论，指出人类由“人的依赖关系”到“以物的依赖性为基础的人的独立性”，再到“自由人的联合体”的发展进程。这一进程是人通过实践活动不断发展自身、完善自身，不断追求解放和自由全面发展的过程，其终极目标就是共产主义。共产主义的实现不是通过逻辑思辨在头脑中实现，也不是通过道德批判在情感上实现，而是通过“实践批判”即改变世界的现实活动来实现的。这样，不仅在实践的基础上合理地回答了思维和存在的关系问题，而且在实践的基础上合理地提出并回答了人的解放和自由而全面发展问题；不仅为现代哲学，更为人类社会的发展提出了理想目标。

图1-9 伦敦大英博物馆阅览室，马克思曾在这里写作《资本论》

总之，马克思哲学实现的实践转向，就是以人的实践为中介，去解决近代哲学的主—客二元对立；从人的实践及其历史发展出发，去寻求人类解放的道路。在哲学形态上，真正实现了从“说”到“做”、从理论到实践的变革。把哲学从天上拉回到人间，从哲学家的头脑回归到人类的生活世界。哲学家们用不同的方式解释世界，但问题在于改变世界。

2. “语言转向”：从独断到对话

与马克思的哲学革命几乎同时，现代西方哲学也以不同的方式解决传统哲学的问题，实现了所谓“语言转向”：要求哲学家在建立关于世界和人的理论之前，必须先澄清语言的问题；在进行本体论研究和认识论批判之前，必须先有语言的批判。现代西方哲学的两大流派科学主义和人本主义，在很多观点上针锋相对，但在这一点上却有共识。前者如罗素、维特根斯坦、卡尔纳普等明确提出，哲学问题从根本上说是语言问题。后者如存在主义哲学家海德格尔说：“语言是存在的家。”伽达默尔说：“能理解的存在就是语言。”

现代西方哲学之所以高度重视从哲学上研究语言问题，首先是因为，虽然世界在人的意识之外（世界不依赖于人的意识而存在），但世界却在人的语言之中（人只能用语言表达世界）。语言既是人类存在的消极界限（语言之外的世界对人来说是无意义的存在），又是人类存在的积极界限（世界通过语言成为对人来说真正的存在）。正是在语言中，积淀着人类智慧和全部文化的历史成果。

其次，哲学家试图通过对语言的反省和批判，来“治疗”传统哲学。传统哲学制造了种种争论不休又无法解决的哲学问题，原因就在于“错误地使用语言”。人们应当更正确地把握语言的本质，更好地澄清由于“误用语言”而产生的传统哲学问题。

再次，哲学解释学和存在主义，从更深层次表达了语言研究的重要性。语言不仅是人理解和表达世界的工具，而且构成了人类存在的“意义世界”；甚至可以说，不是人在使用语言，而是语言构成人的存在。伽达默尔说语言是人理解世界的方式，语言的存在方式是对话。巴赫金强调语言的意识形态性和社会历史性，人的存在是对话式的交往。

最后，语言与观念相比，具有更广更深的哲学反思价值。① 语言转向更根本的意义在于，传统哲学的观念是个体的“独断”，现代哲学的语言是社会的“对话”，也就是从主体性走向主体间性和公共性。传统哲学特别是近代哲学，都是以“我说”、“我思”或“我在”为前提，来推出他人和世界

① 孙正聿．哲学通论．沈阳：辽宁人民出版社，1998：412.

的存在，是一种“唯我论”。最著名的代表就是笛卡尔的“我思故我在”。这种哲学的言说方式必然是一种“独断”，走向极端就形成“话语和思想霸权”，排斥他人的不同话语和思想。而现代哲学的语言是社会性的存在，是不同主体间话语和思想交流形成的“共识”，是平等“对话”的产物。哲学思想当然还是以个体的方式表达出来，但个体思想必须在与他人和社会思想的开放交流中存在，并得到理解和传播。个体的语言和思想不一定要排斥他人的语言和思想，哲学不再是少数哲学家的“自言自语”，而是多数人的“多元对话”。

现代哲学的实践转向和语言转向是什么关系？马克思主义哲学与现代西方哲学的哲学变革有什么关系？简单地说，实践和语言都是人与世界关系的中介，都是社会性的存在。两种转向都抓住了传统哲学的误区，具有重要意义。但是，对于人与世界的现实来说，实践比语言的作用更根本，语言归根到底也是实践的一种形式；而对于哲学理论——对人与世界关系的理解和表达来说，语言比实践更根本，实践也需要语言来表达。要实际地改变世界，先要真实地理解世界。因此，实践的批判和语言的反思对于现代哲学缺一不可。换言之，“说”和“做”、“言”和“行”的统一，才是现代哲学转向的完整意义。

在马克思主义哲学之后，当代哲学又出现了许多新的流派和分支，如科学主义（逻辑经验主义、分析哲学、语言哲学、实用主义等）、人本主义（唯意志主义、精神分析学、存在主义等）、后现代主义等。这些流派和分支有一些共同特点：第一，理论哲学更理论化，实践哲学更实践化；第二，出现了一些更细、更具体的哲学分支，对几乎所有重大的理论和实践问题都有相应的哲学思考，如经济哲学、政治哲学、社会哲学、科技哲学、文化哲学等；第三，哲学与其他自然科学、社会科学的联系交融日益密切，出现了一些跨学科、横断性、总体性的哲学探索，如与系统论、控制论、信息论、协同学等现代复杂性学科相关联的哲学理论和方法论研究。

三、哲学家

图 1-10 为法国艺术家罗丹的著名青铜像《思想者》。这个裸体的男子低头弯腰屈膝，右手托着下颌，全神贯注、深沉而坚毅地思索着。罗丹的《思想者》塑像，以艺术方式塑造了哲学史上伟大哲学家的形象。

翻开哲学史，首先映入眼帘的就是众多思想者的形象，甚至可以说，哲学史就是众多思想者的“思想传记”。中国古代有孔子、孟子、老子、庄子、墨子、荀子、韩非子、二程、朱熹、王阳明、陆九渊、王夫之，古希腊有泰勒斯、巴门尼德、赫拉克利特、苏格拉底、柏拉图、亚里士多德、德谟克利特，近代西方有培根、霍布斯、洛克、斯宾诺莎、笛卡尔、莱布尼茨、贝克莱、休谟、康德、黑格尔、费尔巴哈，现代有马克思、恩格斯、列宁、叔本华、尼采、弗洛伊德、胡塞尔、罗素、维特根斯坦、萨特、海德格尔，“后现代”还有拉康、德里达、利奥塔、福柯、杰姆逊、罗蒂……

图1-10 罗丹《思想者》(青铜像)

哲学史上的思想者大体可分为以下几种类型：

一是苏格拉底和布鲁诺式的“殉道者”。苏格拉底是西方哲学史上第一个“殉道者”，以自己的死亡来实践其哲学。

二是亚里士多德和黑格尔式的“大师”。他们是哲学思想的百科全书式的“大师”(前者甚至是很多其他学科的大师)，达到了他们所处的那个时代的思想顶峰，但也因此代表了一种思想体系的终结。

三是孔子和康德式的“教师”。无论是周游列国，还是在大学讲台上，他们是学识渊博、人格高尚、温文尔雅的师长，向学生们传播着他们的智慧和思想，更传播着他们伟大的人格。

四是老子和庄子式的“隐士”，以及斯宾诺莎和叔本华式的“孤独者”。老子和庄子是中国的“隐士”。小隐隐于野，大隐隐于市。他们的思想通俗到成为寓言故事，玄妙到难以理解。斯宾诺莎和叔本华是西方的“孤独者”。前者一生默默无闻，靠磨镜片为生，后者的思想长期不被人理解。

五是罗素和波普尔式的“科学家”。他们是现代理性主义、科学主义思潮的代表，像研究科学一样研究哲学。

六是马克思和萨特式的“革命者”。他们提出自己的哲学思想的目的不在于理论本身，而在于指导社会变革的实践。他们积极投身于革命斗争和政治社会生活，不仅“解释世界”，更要“改变世界”。

七是尼采和弗洛伊德式的“疯子”或“另类”。弗洛伊德本人就是一个精神分析医生，他的思想如此离经叛道，尼采甚至患上了精神疾病。但在他们看似疯狂的思想中，却曲折地表达了人类灵魂深处的悸动，掀开了长期隐藏的“冰山”一角。

“路漫漫其修远兮，吾将上下而求索。”（屈原：《离骚》）这正是古往今来所有真正伟大哲人的心灵写照。我们这里重点谈谈苏格拉底之死。

苏格拉底（Socrates，公元前469—前399，图1-11）是哲学史上第一位殉道者。据说，他向德尔斐的太阳神庙求神谕，问雅典城是否有比他更聪明的人，答案是：没有。苏格拉底理解为：那是因为只有他知道自己无知。他所开创和实践的为追求真理而独立思考和自由讨论的精神，对后世哲学家和其他科学、文化影响很大。

图1-11 ［法］达维特《苏格拉底之死》（油画）

苏格拉底是怎样表现这种精神的？除了终其一生都在进行自由辩论以外，他甚至用自己的死为这种精神做出见证。他是被当时的雅典城邦开庭审判处死的，法庭加给他的罪名是坚持并教导青年要独立思考和不敬神。在法庭上，他为自己做了辩护，然后坚定不移地选择了“去死”。为什么说“去死”是他自己的选择？因为按照当时雅典城邦法律，他本来可以自己提出一种法庭认为适宜的处罚代替死刑，但他并不愿以承认自己有罪的让步来避免死刑。他在辩护词中说，探讨自己和探讨别人是他的天职，如果以不再继续他以往所做的那种思考为条件而允许他活命，他就宁愿选择死。当法庭宣判了他的死刑后，他做了最后一次讲话：“死亡的时辰已经到了，我们各走各的路吧——我去死，你们去活。哪一个更好，唯有神才知道了。”

第三节　哲学的功能与方法

初次接触哲学的人大多会问："哲学有什么用?"任何学习哲学的人都无法回避，又难以清楚说明这个问题，这与其他具体学科具有相对明确的功能很不一样。

一、哲学的功能

黑格尔曾对哲学的功能做过一个比喻：哲学就像密涅瓦的猫头鹰一样，不是旭日东升时在蓝天上翱翔，而是在黄昏降临时才悄然起飞。这里的"密涅瓦"即希腊神话中的智慧女神雅典娜，她是思想、智慧的象征和守护神，猫头鹰栖落在她身边。黑格尔用这个比喻，意在说明哲学是一种"反思"（后思）活动。所谓"反思"是"对思想的思想""对认识的认识"，是事后的思考，即对已成之事的思考和解释。这种"反思"之鸟，当然只能在黄昏降临时起飞。

黑格尔的这一比喻，除了说明哲学在现实和常识之后产生外，还有更深含义：哲学的反思必须是深沉的、超越的，而不是追求时尚，因而也常常是寂寞的。黑格尔说：

> 时代的艰苦使人对于日常生活中平凡的琐屑兴趣予以太大的重视，现实上很高的利益和为了这些利益而作的斗争，曾经大大地占据了精神上一切的能力和力量以及外在的手段，因而使得人们没有自由的心情去理会那较高的内心生活和较纯洁的精神活动，以致许多较优秀的人才都为这种艰苦环境所束缚，并且部分地被牺牲在里面。因为世界精神太忙碌于现实，所以它不能转向内心，回复到自身。①

与黑格尔的这一比喻截然不同的是，马克思把无产阶级比作人类解放的心脏，把哲学比作人类解放的头脑，认为哲学是为人类解放服务的，所以，马克思把哲学称为迎接人类黎明即人类解放的"高卢雄鸡"。马克思借用了海涅的形象比喻：高卢雄鸡如今再次啼叫，而德意志境内也已破晓。从黑格尔的"猫头鹰"到马克思的"高卢雄鸡"，形象地表明马克思主义哲学不同于以

① ［德］黑格尔．哲学史讲演录：第1卷．北京：商务印书馆，1959：1.

往一切哲学的特点。对于马克思主义哲学来说，仅仅解释世界是不够的，更重要的是改变世界。

在这两个比喻的启发下，我们来谈谈哲学的功能。在日常生活中，许多人会问："哲学有什么用?"对哲学之"用"颇多怀疑乃至否定。任何一门学科只要有其存在价值，就会有其特定功能，哲学当然也不例外。但哲学的功能不同于功利主义的"功"，或实用主义的"用"。也许在常人眼里，哲学不能用来追求功名利禄，哲学经常与贫穷为伍，哲学家经常与孤独为伴。但这并不意味着哲学没有其他的，也许更重要、更有价值的"功用"。

马克思曾援引过一个阿拉伯寓言，从中可见哲学家面对世俗生活时的尴尬。

有一个船夫准备好在激流的河水中驾驶小船，上面坐着一个想渡到河对岸去的哲学家。于是发生了下面的对话：

> **哲学家**：船夫，你懂得**历史**吗?
> **船夫**：不懂!
> **哲学家**：那你就失去了一半生命!
> **哲学家又问**：你研究过数学吗?
> **船夫**：没有!
> **哲学家**：那你就失去了一半以上的生命。
> 哲学家刚刚说完了这句话，风就把小船吹翻了，哲学家和船夫两人都落入水中，于是
> **船夫**喊道：你会游泳吗?
> **哲学家**：不会!
> **船夫**：那你就失去了你的**整个**生命![1]

这个寓言大概很能得到那些怀疑哲学的功能和价值的人的认同。然而，哲学不是"游泳术"，没有实际的功用，是不是就没有价值呢?

中国古代思想家庄子（庄周，约公元前369—前286，图1-12）也讲过一个寓言。庄子的好友惠子向庄子抱怨说，他家乡有一棵叫樗的树，大而不直，木匠无从下手，所以大而无用。庄子说，这棵树因其大而不直，免受斤斧砍伐，有什么可抱怨的呢？大树不宜做桌椅板凳，但人们可以"彷徨乎无为其侧，逍遥乎寝卧其下"（《庄子·逍遥游》），这种情趣，又岂是桌椅板凳所

① 马克思恩格斯全集：第35卷. 北京：人民出版社，1971：303-304.

能代替的？老子也有类似比喻："三十辐，共一毂，当其无，有车之用。埏埴以为器，当其无，有器之用。凿户牖以为室，当其无，有室之用。故有之以为利，无之以为用。"（《老子·第十一章》）

图 1-12　庄子画像

哲学也许正像这棵大树一样，其价值不在有"小用"，而在有"大用"。真正的哲学的功能恰恰在于超越经验（世俗）层面的实际功用，而达到超验意义上的"大用"。这种"大用"在功利层面看当然就是"无用"，无用之用方为大用，无功之功方为大功。要求哲学具有世俗意义上的功用，既无可能也无必要。

现代文明的一大特点，就是这种世俗功用的泛滥，功利主义和实用主义盛行。随着科学技术日益强大，人们认识和改造自然的欲望、能力无限扩张，甚至把整个自然和文化都变成物品或商品。只顾眼前利益，不顾长远利益；只顾人类私利，不顾生态利益。如此只顾"小用"，不顾"大用"，必然导致生态失衡与文化失衡。哲学若能更清醒、更坚定地守卫世界的"大用"，方凸显其真正价值所在，才能重建生态平衡与文化平衡。那么，哲学的"大用"具体有何表现呢？

从历时态看，哲学的功能始终是作为一个原点、第一推动力，它从现实生活中提炼、抽象、升华出来，又不断给其他文化形式和实践活动以启迪、推动和支持。这一原点不是固定不变的，而是不断汲取生活的营养以丰富和发展自身，因而始终生生不息、鲜活有力、与时俱进。同时，它又始终保持自己的相对独立性，虽然在某些特殊时期（如欧洲中世纪）会被其他因素所遮蔽，但终究会冲破牢笼，重现光芒。

从共时态看，哲学有两大功能。其一是文化价值功能。这就是对人类文化的根本性、前提性、普遍性问题进行理论反思、价值评价与现实重建。由于哲学本身就是文化的核心，所以哲学对文化的反思和批判，在很大程度上表现为自我反思和自我批判。在人类历史上，没有哪一门其他学科像哲学这样不断拷问自身，追问自身存在的价值和意义，在否定中前进，在涅槃中永生。

哲学的文化价值功能有两种基本形式：一是"加法"（正的方法）。哲学为人们提供世界观、方法论和思维方式，提高每个人乃至全民族的理论素养和文化素质，丰富人的精神生活。由于这种功能主要表现为量的增加，所以可称为“加法”。另一功能为“减法”（负的方法）。这主要是使人去除过多的私欲、物欲与经验事物的遮蔽，提升人的生活境界，使人通过真理追求、道德修养和审美体悟，趋近真善美和自由的理想境界。由于这一功能表现为质的深化和提升，所以称为“减法”。表面看来，“加法”和“减法”似乎是互相矛盾的两种功能，其实二者是紧密结合、互相承继的。前者是入世法，要求哲学关注现实生活，把握时代脉搏，以促进人们的生存与发展，即老子所说的“为学日益”；后者是超世法，要求哲学超越日常生活，趋向理想境界，即老子所说的“为道日损”。只有先通过“加法”，立足于经验和生活；然后才能通过“减法”，超越于经验和生活。

从共时态看，哲学的另一大功能是现实批判功能。它像一只牛虻，以关注和提升个人、民族乃至全人类的生存与发展为神圣使命，表现为对社会的反思、批判和重建功能。哲学不仅要为现实社会的合理性辩护，更要以对真善美和自由的追求，为更合理的未来社会呐喊。当社会处于动荡变革时期时，哲学反思、批判传统的落后、腐朽的东西，大胆吸收借鉴现代的、外来的优秀文明，为选择社会发展道路提供参考和引导。当社会处于繁荣昌盛的和平时期时，哲学则以其清醒的头脑、冷峻的眼光反思现实。哲学既要敏锐发现新事物和新趋势，为新事物、新趋势的发展开辟道路，又要在人们头脑普遍发热时适当泼些冷水，使社会在稳步前进中求得健康和谐的发展，更趋向于理想的世界。

一般人认为，哲学远离人的现实生活，属于哲学家的头脑和象牙塔中的思想，似乎不会有太大的社会功能。其实这是世俗的偏见。人类历史证明，大凡社会生活大动荡、大变革的时代，就是哲学思想异常活跃的时代。新的时代呼唤新的哲学，新的哲学也必然推动时代的变革和进步。如中国的春秋战国、明末清初和西方的古希腊、文艺复兴时期，出现了一大批灿烂辉煌的哲学思想和哲学家。1978 年，由哲学开启的真理标准问题大讨论，成为中国改革开放的思想先声。社会革命和解放往往以哲学革命和思想解放为先导。密涅瓦的猫头鹰并不总是在黄昏时才起飞，有时它会像高卢雄鸡一样，第一个在破晓时分去迎接黎明的曙光。

二、学哲学的目标

既然哲学有如此重要的功能，那么，人们学习和研究哲学要达到什么目标？哲学家的使命是什么？我们来看柏拉图（公元前 429—前 347，图 1-13）

在《理想国》中借苏格拉底之口说出的一个生动而著名的比喻。

图 1－13 柏拉图雕像

让我们想象一个洞穴式的地下室，它有一长长通道通向外面，可让和洞穴一样宽的一路亮光照进来。有一些人从小就住在这洞穴里，头颈和腿脚都绑着，不能走动也不能转头，只能向前看着洞穴后壁。让我们再想象在他们背后远处高些的地方有东西燃烧着发出火光。在火光和这些被囚禁者之间，在洞外上面有一条路。沿着路边已筑有一带矮墙。矮墙的作用像傀儡戏演员在自己和观众之间设的一道屏障，他们把木偶举到屏障上头去表演。

接下来让我们想象有一些人拿着各种器物举过墙头，从墙后面走过，有的还举着用木料、石料或其他材料制作的假人和假兽。而这些过路人，你可以料到有的在说话，有的不在说话。

……因此无疑，这种人不会想到，上述事物除阴影而外还有什么别的实在。

如果他们被解除禁锢，矫正迷误，你认为这时他们会怎样呢？如果真的发生如下事情：其中有一人被解除了桎梏，被迫突然站了起来，转头环视，走动，抬头看见火光，你认为这时他会怎样呢？他在做这些动作时会感觉痛苦的，并且，由于眼花缭乱，他无法看见那些他原来只看见其阴影的实物。如果有人告诉他，说他过去惯常看到的全然是虚假，如今他由于被扭向了比较真实的器物，比较地接近实在，所见比较真实了，你认为他听了这话会说些什么呢？如果再有人把墙头上过去的每一器物指给他看，并且逼他说出那是些什么，你不认为，这时他会不知说什么好，并且认为他过去所看到的阴影比现在所看到的实物更真实吗？

如果有人硬拉他走上一条陡峭崎岖的坡道，直到把他拉出洞穴见到了外面的阳光，不让他中途退回去，他会觉得这样被强迫着走很痛苦，并且感到恼火；当他来到阳光下时，他会觉得眼前金星乱蹦金蛇乱窜，以致无法看见任何一个现在被称为真实的事物的。……

现在我们必须把这个比喻整个儿地应用到前面讲过的事情上去，把地穴囚室比喻可见世界，把火光比喻太阳的能力。如果你把从地穴到上面世界并在上面看见东西的上升过程和灵魂上升到可知世界的上升过程联想起来，你就领会对了我的这一解释了……在可知世界中最后看见的，而且是要花很大的努力才能最后看见的东西乃是善的理念。我们一旦看见了它，就必定能得出下述结论：它的确就是一切事物中一切正确者和美者的原因，就是可见世界中创造光和光源者，在可知世界中它本身就是真理和理性的决定性源泉；任何人凡能在私人生活或公共生活中行事合乎理性的，必定是看见了善的理念的。①

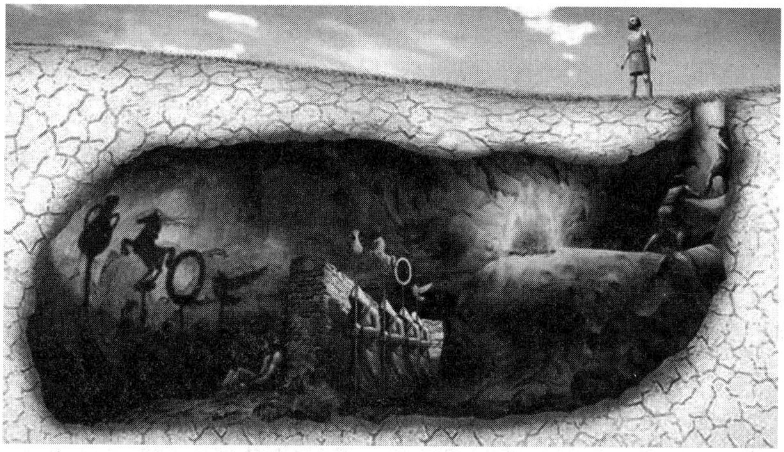

图 1－14　柏拉图的洞穴

这一比喻是柏拉图的理念论的生动说明：太阳就是事物的理念，是真实的存在，而日常所见的事物只是理念的影像，是不真实的表象或梦幻。日常世界虽然虚幻，洞穴——日常世界是短暂的、流变的、不真实的、不完美的，但又充满感觉、欲望和诱惑，并且以习惯等强制力量（比喻中的锁链）束缚人们，因而既脆弱又强大。只有走出洞穴，迈向光明——哲学的、理念的世界，才是真实的、永恒的、至善的、完美的世界。洞穴里的人囿于传统和习惯，是不会自动走出来的。于是，带领人们走出洞穴，走向光明，就成为哲学和哲学家的使命。这就是启蒙——开启蒙昧，走向光明。

① ［古希腊］柏拉图．理想国．北京：商务印书馆，1986：272-276.

这让我们想起了智利诗人聂鲁达的著名诗句：

就像有那么一口井，
锁住了光明，
必须坐在黑洞洞的井口边沿，
耐心地打捞，
掉落下去的光明。

尽管柏拉图的理念论是唯心主义，但它强调哲学家要带领人们走出常识和俗见，去追求智慧和真理的思想，还是得到广泛认同的。

要产生哲学思想，要成为哲学家，其实说难也不难。说不难，是因为哲学和哲学家并不神秘，哲学只需要一个条件：对世界的好奇心、想象力和永恒的疑问。说难，是因为这个看似简单的条件，大多数人却不具备。每一个普通人可能都有一些基本的哲学观念，尽管我们未必意识到这一点。如世界的起源，存在是什么，人生的意义，真善美与假恶丑，什么是好人，怎样做一个好人，人如何面对死亡？普通人或多或少都思考过这些问题，但为何大多数人没有成为哲学家呢？贾德在《苏菲的世界》中讲了个有趣的比喻。

两千多年前，一位古希腊哲学家认为，哲学之所以产生是因为人有好奇心的缘故。他相信，人对于活着这件事非常惊讶，因此自然而然就提出了一些哲学性的问题。

成为一个优秀哲学家的唯一条件是要有好奇心。

婴儿有好奇心，这并不令人意外。在娘胎里短短几个月后，他们便掉进一个崭新的世界。不过当他们慢慢成长时，这种好奇心似乎也逐渐减少。……尽管我们都想过哲学性的问题，却并不一定每个人都会成为哲学家。由于种种理由，大多数人都忙于日常生活的琐事，因此他们对于这世界的好奇心都受到压抑。对于孩子们而言，世上的种种都是新鲜而令人惊奇的。对于大人们则不然。大多数成人都把这世界当成一种理所当然的存在。

这正是哲学家们之所以与众不同的地方。哲学家从来不会过分习惯这个世界。对于他或她而言，这个世界一直都有一些不合理，甚至有些复杂难解、神秘莫测。这是哲学家与小孩子共同具有的一种重要能力。你可以说，哲学家终其一生都像个孩子一般敏感。

这种对未知世界的好奇心、想象力和疑问，本来是人的本能，“求知是人类的本性”（亚里士多德）。这在儿童身上表现非常明显，每个人小时候都会问大人一些看起来很“天真幼稚”，其实很有意义的问题。然而，儿童在成长的过程中，由于成年人的教育及不断“适应”社会，这种能力逐渐消退，变得与成年人一样对这个世界“习以为常”，不再好奇，不再提出疑问。而哲学家们则与众不同，发挥了儿童的好奇心、想象力和求知欲。因此，贾德才说“成为一个优秀哲学家的唯一条件是要有好奇心”。明代思想家李贽所谓“童心即真心”，爱因斯坦的名言“想象力比知识更重要”，说的都是这个意思。

因此，哲学的最大敌人就是习惯、常识和偏见。正是对人们日常生活中许多“理所当然、习以为常”的现象和观念不断进行反思、批判，对未知的问题不断追问、探索，正是有了“打破砂锅纹（问）到底”的怀疑精神，才有了哲学和科学，才有了人类文明。对于人类文明的发展来说，可贵的不是哲学、科学及文化积淀形成的知识体系，而是创造这些知识体系的好奇心、想象力和永恒的疑问。

三、学哲学的方法

根据哲学的学科特点和学习者的主观目的，学习哲学有很多方法和途径。最重要的是学习哲学的思维方式和方法，学习哲学家们思考问题、解决问题的方式方法，并融会贯通，形成自己思考问题、解决问题的方式方法，而不是只会背一些现成的结论。也就是说，要获得点石成金的手指本身，而不只是得到点出来的金子。

学哲学的首要方法和任务是读书，特别是阅读原创性的经典著作，即那些或开辟了新研究领域、探索了新问题，或对老问题提供了新解答，或提出了新方法、新角度的，在哲学史中乃至人类思想文化中具有重要价值、地位和影响力的著作。

入门书：初学者可以选择一些通俗性、趣味性的哲学入门书，如《苏菲的世界》《哲学的故事》《大哲学家》《哲学通论》等。

哲学通史：全面了解哲学史是学习哲学的基础，如《马克思主义哲学史》、《中国哲学简史》（冯友兰）、《西方哲学史》（罗素）、《哲学史讲演录》（黑格尔）、《现代西方哲学》等。

经典原著：在学习哲学史的基础上，可以根据需要和兴趣，选择阅读理解一些重要哲学家和重要经典原著，这是学习哲学的重点。哲学经典浩如烟海，这里只介绍一些最基本的，如：《周易》、《四书》（《大学》《中庸》《论语》《孟子》）、《老子》、《庄子》、朱熹和王阳明的著作、《毛泽东选集》，又如：《理想国》（柏拉图）、《形而上学》（亚里士多德）、“三大批判”（康德）、

《小逻辑》（黑格尔）、《马克思恩格斯选集》、《精神分析引论》（弗洛伊德）、《人论》（卡西尔）、《存在与时间》（海德格尔）、《存在与虚无》（萨特）等。

要想学好哲学，光读万卷书是不够的，还要行万里路——在实践中思考；做每日人——每天好好做人，修身养性，自我反省，自我完善；求真善美——追求真善美，做对自我、他人、社会和自然有益的事情。总之，要想学好哲学，应当做到四点：读万卷书，行万里路，做每日人，求真善美。

思考题

1. 你认为当代大学生学习哲学有什么用?

2. 对某些日常生活中的习惯和常识，你曾产生过怀疑和反思吗？举例说明。

延伸学习

1. 课外阅读一本哲学史，并写出自己的读书报告。

2. 阅读《苏菲的世界》或类似的哲学入门读物，想想你思考过哪些哲学问题？

第二章　哲学素质：知识与能力

上一章我们简要介绍了哲学的概况。本章我们将讨论什么是哲学素质，也就是哲学教育的目标，以及培养哲学素质对人的重要价值。

哲学教育的目标是培养学生的哲学素质，而哲学素质主要包括哲学的知识和能力。知识和能力是一切教育活动追求的两大目标。知识是培养能力和提高能力的基础，能力是综合和灵活运用知识来解决实际问题，是教育的最终目标。哲学教育也是如此。哲学知识的传授和哲学能力的培养是哲学教育追求的双重目标，而且后者是更重要的目标。哲学教育双重目标的确立，既体现了社会现代化进程对复合型、创新型人才的需求，也适应了当代青年提高自身素质的迫切要求。

第一节　哲学教育的双重目标

现在，我们已处于全球化和信息化时代。时代变革与社会发展，对人才的素质提出了更高要求。传统的重知识轻能力、重成绩轻素质的“应试教育”，必须向“素质教育”转变。长期以来，由于文理分科，人文社会科学教育与自然科学教育发展不协调、不平衡，导致理工科大学生的人文社会科学素质欠佳、文科大学生的自然科学素质欠佳的状况。而在人文社会科学教育中，又比较重视经济学、法学等社会科学，而轻视文史哲等人文科学，大学生的人文科学素质欠佳。在当代社会，经济学、法学等偏于应用性的社会科学教育更好地适应了时代的发展，满足了社会的需求。但不应忽视，文史哲等人文学科教育对于培养和提高青年学生的人文素质与综合素质是不可或缺的重要途径和手段，特别是哲学教育的作用尤为重要。

习近平同志 2016 年在哲学社会科学工作座谈会上的讲话，是我们发展哲学事业、推进哲学教育的重要指针，讲话中强调：

> 哲学社会科学是人们认识世界、改造世界的重要工具，是推动历史发展和社会进步的重要力量，其发展水平反映了一个民族的思维能力、精神品格、文明素质，体现了一个国家的综合国力和国际竞争力。一个国家的发展水平，既取决于自然科学发展水平，也取决于哲学社会科学发展水平。一个没有发达的自然科学的国家不可能走在世界前列，一个没有繁荣的哲学社会科学的国家也不可能走在世界前列。坚持和发展中国特色社会主义，需要不断在实践和理论上进行探索、用发展着的理论指导发展着的实践。在这个过程中，哲学社会科学具有不可替代的重要地位，哲学社会科学工作者具有不可替代的重要作用。①

哲学教育具有双重的教育目标，不仅包含哲学知识的传授，更为重要的是，要在一定的哲学知识基础上，培养和提高人的哲学能力。丰富完善的哲学知识和全面优秀的哲学能力相结合，构成人的全面的哲学素质。

一、知识传授：哲学教育的基本内容

所有学科教育的基础都是知识的传授。同其他学科教育一样，哲学教育的基本要求是传授和引导学生学习必要的哲学知识，哲学知识是哲学教育的基本内容。哲学知识，主要是指既成的理论化、体系化的哲学基本原理、观点和方法，以及哲学发展史上各种哲学的理论渊源、流派传承、代表人物、重要观点、经典著作等。具体说来，哲学知识包括哲学的学科性质、研究对象、基本问题、思维方式、概念范畴、基本方法、派别人物、历史演变、发展趋向、社会作用，以及哲学家的生平著述、学术活动、人格魅力，此外还有与哲学思想的产生和发展密切相关的历史、自然、社会、科学、文化知识等。特别是对于哲学的学科性质、核心问题、基本方法、人物著作、发展趋向、社会作用等重要内容，需要着重学习和掌握。

哲学知识的学习和掌握，是哲学教育首要的和基本的目标。只有通过学习和掌握必要的哲学基本知识，才能使我们具备一定的培养哲学素质的基础，进入哲学的文化情境和话语系统之中。在这个意义上可以说，学习哲学基础知识是进入哲学大门的“敲门砖”。哲学教育活动必须建立在学习和掌握哲学知识的基础上。没有学习和掌握哲学知识的过程，哲学教育就是无源之水、

① 习近平．在哲学社会科学工作座谈会上的讲话．http://www.xinhuanet.com/politics/2016-05/18/c_1118891128.htm.

无本之木。没有对哲学基础知识的系统学习，就想进入哲学的殿堂，进行哲学思考和创作，是不可能的。哲学知识既是哲学教育过程的内容之一，也是实现哲学教育根本目标的手段。必须把哲学教育中的知识传授置于基础的地位上，才能摆正哲学知识教育和哲学能力教育的内在关系。当然，基础并非全部，知识的学习和掌握只是哲学教育的一个基本的目标。

作为大学哲学教育内容的哲学知识，具有如下特征：首先，它应当是成熟的科学的确定的哲学理论体系，能够成为哲学的基本原理；其次，它应当是经过历史实践检验的优秀理论成果，堪称“时代精神的精华”；最后，它应当具有全面和系统的理论内容，包括世界观、历史观、人生观、价值观、实践观、认识论和方法论等。

哲学知识的科学性、客观性、确定性、系统性与哲学的怀疑、反思、批判精神之间存在一定张力，但并不矛盾。哲学思想的产生和发展需要不断的怀疑、反思、批判精神。但特定的哲学思想一旦产生并形成系统成熟的知识，成为基本原理，就具有了一定的确定性、客观性、系统性，不能模棱两可、似是而非、充满争议。当然，哲学知识和基本原理也不是绝对的、毫无争议的、僵化不变的东西。随着时代的发展和社会实践的变革，哲学知识也在不断拓展、创新和变革自身，必然产生自己的理论前沿、热点和难点问题。这些前沿、热点和难点问题，往往是不确定的、充满争议的，当然也可以成为哲学课堂教育的内容，但对这类问题的选择要掌握好适度的原则。如果教师能够处理好、引导好哲学前沿、热点和难点问题的教学，将有利于激发学生的学习兴趣，提高学生的哲学思维水平。

但是，哲学前沿、热点和难点问题的教学，一定要在学生学习和掌握了一定的基本理论知识和能力的基础上才能进行。高楼万丈平地起，首先要打好知识的基础，然后才能进行更深刻的、具有前沿意义的思考。如果没有打好哲学基本原理和哲学史的基础，一上来就给学生讲授哲学前沿、热点和难点问题，容易使学生陷入复杂的争论，甚至陷入怀疑论、相对主义和虚无主义，即使引发了学生学习和思考的兴趣，也是无根基、不可持续的。所以，哲学知识的传授一定要避免两个极端：一是教条主义；二是庸俗化、碎片化。前者照本宣科，教条化地传授确定的哲学知识，固然不好；后者一味求新求变，用庸俗化、碎片化的知识取代系统化、客观化的基本原理，也是有害的。在我国大学哲学教育中，这两种错误倾向都存在，需要高度重视和防范。

我国大学哲学教育所传授的哲学基本知识，首要的是马克思主义哲学原理，哲学教育课程体系的核心部分即在于此。这既是由我国的国情特别是马克思主义在意识形态中的指导地位决定的，也是因为马克思主义哲学凝结着时代精神和人类思想的精华，是当代最具有系统性、科学性和实践性的哲学理论体系。哲学教育要以此为起点和根本。马克思主义哲学是马克思、恩格斯创立的，由后人发展创新的，以实践为核心和基础的辩证唯物主义和历史唯物主义哲学，其理论的价值、体系的严谨、方法的科学及其实践的力量，已被现代科学和实践的发展充分证实。从总体上看，马克思主义哲学始终是哲学最重要的分支学科，学习马克思主义哲学原理是进行哲学教育的最重要内容，也是大学生学习和掌握哲学基本知识的必由之路。实践证明，大学生通过认真学习和掌握马克思主义哲学原理，基本上能够树立起正确的世界观、人生观和价值观，具备一定的哲学思维能力，以此为主要内容的哲学教育取得了良好的成效。

哲学原理是哲学教育的重要内容，但不是唯一的内容。在学习和掌握哲学原理的同时，还需要充分了解哲学发展的历史和经典的哲学文献。任何一门学科都有自身独特的发展历史，有其产生流变传承创新的过程。如果不了解哲学源远流长的历史和重要的经典文献，我们就无法找到步入哲学殿堂的门径；如果不去辨别、思考各哲学流派思想发展的经验得失，我们也无法把握哲学理论变化和发展的脉络。因此，从哲学历史和经典文献入手掌握哲学知识，是学习哲学的主要方法。学习哲学原理能够使我们掌握基本的立场、观点和方法，而学习哲学史和经典著作则能丰富我们的哲学知识的底蕴，开拓我们的哲学知识的视野，增强学习哲学原理的效果，使我们更能深切体味千百年来哲学智慧的芳香。

哲学知识的传授有自身的特点。一是这种传授过程具有高度的抽象性，需要学生具有一定的思辨能力。哲学知识特别是哲学基本原理的传授过程有时会表现得比较枯燥，需要学生必要的耐心与毅力。然而一旦钻研进去，就会发现哲学思考的无穷魅力。二是哲学知识的传授过程不是单向灌输的过程，而是需要双向互动和反思的过程。哲学知识的传授需要教师讲授的水平和技巧，更需要学生自主学习与思考的能动性和积极性。学生作为学习的主体只有不断对哲学知识进行思考，才能达到哲学知识传授的目标。三是哲学知识的传授过程是以启发为主导方式的过程，而不是以识记为主导方式的过程。如果在学习中不能建立概念和观点之间的内在联系，即使做到了识记和再认，仍然不能说掌握了哲学知识。因此，死记硬背和灌输式的哲学知识传授不符合哲学教育本身的特点，应当采取启发式的教学方法。

二、能力培养：哲学教育的主要目标

哲学知识的传授是哲学教育首要的、基础的内容和目标，并不是哲学教育的主要目标或根本目标。哲学教育的根本目标是在哲学知识传授的基础上，培养和提高学生的哲学能力。只有学习哲学知识和掌握哲学能力相结合，才具备全面的哲学素质。只学会了一些哲学知识而没有提升哲学能力，是谈不上培养哲学素质的。从这种意义上说，哲学知识的传授和哲学能力的培养之间的关系，是手段和目的的关系。哲学教育的目的不仅仅在于使学生掌握一些哲学的概念、范畴、原理，更重要的是要让学生具备一定的哲学能力；不仅要使学生掌握必要的哲学知识，而且要让学生学会运用哲学观点、方法分析和解决问题。哲学教育如果只停留于知识传授的目标，而没有培养哲学能力，那么，学生所学知识一定会变成僵死的、无用的、易忘的知识。

知识与能力的关系是教育学中的重要关系。人的能力结构既包含先天获得的以生理特点为主的“人的自然力”，也包括后天形成的稳定的情感、意志结构和由知识、经验构成的智力结构。哲学能力是人的智力结构中重要而又宝贵的部分。哲学能力通过哲学知识的学习并掌握而培养和锻炼出来，是个体的一种稳定的思维特质和认识与解决问题的能力。这种能力建立在一定的哲学知识基础之上，是大学生人文社会科学素质和综合素质的重要标志。知识与书本知识、能力与哲学能力的关系可见图 2-1：

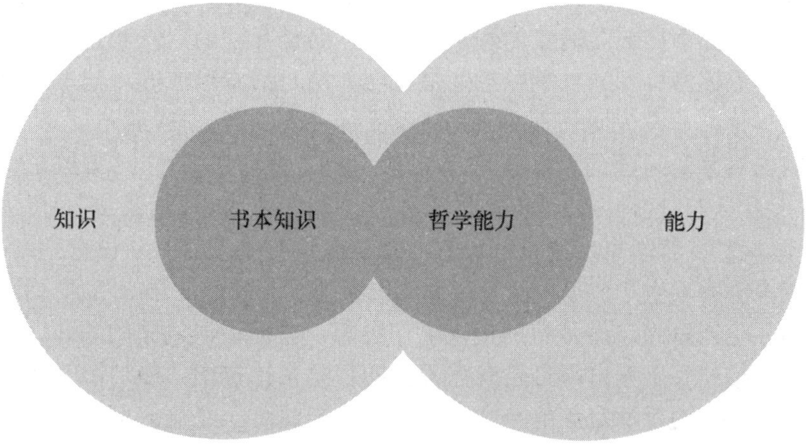

图 2-1　知识与书本知识、能力与哲学能力的关系

过去，由于复杂的历史原因和种种主客观条件的制约，我们的哲学教育常常难以做到以哲学能力的培养为主要目标。在以往某些历史时期，曾经出现过哲学教育的封闭和教条化；近年来又受到市场和大众的冷落，以及“应试教育”模式的影响。哲学教育尤其是课堂教育，仍然以知识灌输为主。一些哲学课堂呆板单调，教师照本宣科，学生死记硬背，以应付考试为直接目的，使哲学教育失去正确导向，难以取得应有的效果。对于这种死板僵化抽象的哲学，青年人敬而远之，甚至感到厌烦。加之社会对于哲学教育长期缺乏重视，投入不足，更造成了哲学教育发展的困顿局面，也加剧了人文教育与科技教育不协调的状况。

随着信息时代和知识经济的来临，世界各国都在转变自己的教育观念。我国为适应当代发展要求，也在积极转变原有的教育观念。其中最为突出的一点，就是意识到素质教育的重要性和紧迫性，亟须改变以往占主导地位的应试教育模式，进而代之以素质教育模式。这种教育观念的转变，对于哲学教育而言，就是必须认识到并强调实现哲学教育的根本目标——哲学能力的培养和提高。只有这样，我们的哲学教育才能在重视哲学知识传授的基础上，达到教育活动的根本目的：培养和提高人的哲学素质。哲学教育双重目标的定位与确立，为哲学教育的改革开辟了道路。尤其是在教学方法上，有可能改变过去以灌输为主的知识教育模式，转向启发、参与、练习式的能力教育模式，从而达到哲学教育的根本目标。

其实，古代的哲学教育就是以启发和互动为主的。自古以来，举凡优秀的哲学教育都不是单向的灌输和教谕式的，而是互动的启发和讨论式的。古希腊哲学家苏格拉底的哲学思想就是在与人的对话中形成的，他就某个问题与他人讨论，不设先见，而是通过不断的追问、质疑、辩驳、反思、总结，最后得出对某个问题的新知识和新观念，如“美是什么?”“勇敢是什么?”“正义是什么?”这种方法被苏格拉底称为“助产术”或“辩证法”，意为思想并不是“我”（哲学家）独断出来的，而是在我与他人的对话讨论中产生的。正如助产士并不生产孩子，而是帮助产妇顺利生产孩子一样，“我”（哲学家）自身也不生产思想，而是帮助他人生产思想，去除错误偏见的蒙蔽，呈现出真理。苏格拉底培养出与自己观点不同的哲学家柏拉图，柏拉图又培养出与自己观点不同的哲学家亚里士多德。他们从老师所学受益的更多不是知识的传承，而是能力的培养。同古希腊一样，我国也具有悠久的哲学教育历史。孔子的教育方式也是对话和论辩式的，是中国古代哲学教育的成功范例。儒家经典《论语》并不是孔子个人的“著作”，而是孔子的弟子所记录的孔子与弟子们的对话和言行录。而且儒家教育重言亦重行，知行合一，孔子带着弟子们周游列国，开创了一种融入社会的实践教育的方式，对学生思维、表达、交往和实践能力的提高非常重要。后世中国学者从事哲学教育，大多继承这个优良传统。

现在，我们重新确立以培养哲学能力为哲学教育的根本目标，既符合新世纪对人才需要的总体趋势，也是对哲学教育优良传统的复归。当今时代，经济全球化、政治多极化、社会信息化、文化多样化是世界性的发展潮流，与之相应，社会发展对人才的需要也更加综合化、复杂化、灵活化。现代社会特别需要那种具有深邃的洞察力、广博的视野、优秀的认知力和判断力、深刻的理论思维能力、坚强的意志力、有效的行动力、高超的综合创新能力的人才，而这些重要能力都与人的哲学素质和哲学能力有关。培养具有较高哲学素质和哲学能力的人才，不仅适应了世界科学、文化和实践的发展趋势，而且适应了我们国家和民族对于国民素质的要求。我国的社会主义现代化建设，需要大批具备包括哲学能力在内的全面能力的复合型、创新型人才。

培养哲学能力这一目标的确立，也适应了现代大学生对自身素质发展的要求。即将走向社会的大学生，面临各方面激烈的竞争，必须具有全面足够的能力来应对各种挑战，实现自己的目标。大学生需要有敏锐的观察、感受能力，深入的分析、概括能力，有效的行动、实践能力和综合创新能力。只有全面灵活运用这些能力，才能使主体扎实、稳步、顺利实现既定目标。哲学能力不只是指向外部世界的，它同时也是指向自己内心世界的，是既能积极激励自己又能平衡自己心态的能力。真正的哲学能力既帮助你认识世界、认识他人，调整你与世界、与他人的关系，更帮助你"认识你自己"，调整你自己的心态和行为。不成熟的青年心理比较单纯和脆弱，难以应对复杂多变的挑战，往往造成严重的心理压力。哲学能力的培养有助于大学生理性地对待外部挑战和心理压力，善于把外来的压力转变为成长的动力，保持积极、乐观、平和、健康的心态。由此，可以使大学生逐步树立正确的世界观、人生观和价值观，不仅使自己具有足够的生活智慧与事业智慧，而且还能培养自己健康、完善的人格。

因此，哲学教育的目标是既要使学生学习和掌握一定的哲学知识，更要帮助他们培养和提高自己的哲学能力。哲学知识的学习和掌握同哲学能力的培养和提高是相辅相成的过程。哲学知识的学习和掌握是哲学教育的起点，哲学能力的培养和提高是哲学教育的归宿。当然，二者的区分不是绝对的，而是有着交叉和互渗的关系。哲学知识的学习和掌握一开始就需要初步的哲学能力，如果没有起码的哲学能力，哲学知识的学习就无法进行。这种初步的哲学能力，是我们在大量的科学文化知识的学习和实践中逐渐积累起来的。我们可以通过各种方式锻炼和提高我们的理论思维能力，虽然这是不自觉的，但它为我们获得初步的哲学能力打下了必要的基础。此后，通过专门的学习而掌握一定的哲学知识，并且有意识地培养和提高自己的哲学能力，使知识的学习和能力的提升互相促进、相辅相成。

哲学能力的培养和提高有如下特点：一是需要学生调动自身内在的主动性和积极性，系统地掌握必要的哲学基本知识和相关其他知识，特别是应接触和钻研一些经典哲学著作。二是需要将各种知识联系起来，真正入脑入心，在认真领悟、融会贯通、反思质疑和运用检验中体会哲学的奥妙，感受智慧的光辉，真正把外在的知识变为内在的能力。三是哲学能力的提高必须理论联系实际，从实践中来，到实践中去，学以致用，活学活用，善于在实际生活中发现具有理论意义的问题，用所学知识去认识和解决实际问题。离开实践的源泉和目标，哲学知识就会失去生机和活力，成为僵化的教条，哲学能力的提高就无从谈起。

三、哲学知识和能力的历史演变

作为哲学素质的哲学能力，是哲学教育追求的根本目标。这个目标的实现是以哲学知识的学习和掌握为基础的，是离不开哲学知识的传承的。哲学能力首先就表现为对哲学知识的学习和运用的能力。中国学者历来十分重视学以致用，以用促学，知行合一，事实证明这是行之有效的学习方法。同时，哲学能力也需要在学习哲学知识的过程中获得。学习和运用哲学知识以及批判和反思的过程，就是哲学能力形成和提高的过程，这是培养哲学能力的重要途径。因此，哲学知识的传授和学习，是实现培养哲学能力这一哲学教育根本目标的基础。哲学知识本身有一个不断生成、不断发展、不断淘汰、不断沉积的历史过程。在不同的时代，哲学的理论内容和表达方式是不同的，人类的理论思维所关注的社会现实是有差别的，因而哲学知识也就有了不同的特点。与此相应，人类的哲学能力也在发生变化，这是一个不断提升的过程，不是一成不变的。

从西方哲学的历史发展来看，哲学知识和哲学能力的发展大体经历了三个阶段。最初的哲学以本体论为主，哲学以“知识总汇”的面目出现，其内容包罗万象，主要关注重点是外部世界的客观规律性，以及人与世界的关系。这个阶段的哲学能力主要表现为高度的抽象概括能力，对当时的具体知识进行抽象和概括，从而获得更加广泛、更加一般的普遍规律的知识。当时的哲学被称为“形而上学”，其哲学能力也可以被称为“形而上能力”。

到了近代，哲学发生了一次重要的转向，由以本体论为主转向以认识论为主。这时的哲学不再刻意追问世界的本原、本质、规律，而是转向对人类自身的认识能力的深入考察。康德就把“我能认识什么”“人类的认识何以可能”等问题作为哲学的中心课题。他要为人类的理性划定界限，以保证人类认识的真理性，把主体对外部世界的探索转变为对自身认识能力的探求。由于抽象概括能力已经不能满足这种转向，因而哲学能力也随之获得提升，由抽象概括能力上升为逻辑能力和反思能力。

马克思、恩格斯立足于时代发展的现实，在批判吸取德国古典哲学优秀成果基础上，创立了实践的唯物主义哲学，也称为新唯物主义哲学，实现了现代哲学的一次伟大变革。这次哲学变革的重大意义不仅仅在于它是真正彻底的唯物主义哲学，更在于它提出了“使现存世界革命化”的崇高使命：哲学家不仅要用哲学来解释世界，而且要在实践中改变世界。因而，马克思主义哲学在理论体系和知识形态上更加科学，是对以往一切旧哲学脱胎换骨的改造；同时，也把旧哲学知识基础上的哲学能力推向了一个新境界，使哲学能力从抽象思辨能力转变为更有力的实践批判能力和创新能力，从而获得了强大的生命力和创造力。在全球化的信息时代，马克思主义哲学将不断回应时代挑战，产生新的观点和理论形态，必将在更新哲学知识的同时把相应的哲学能力推向更高的境界：综合创新能力。哲学能力的不断发展将有助于我们适应时代的需要，应对世界发展的潮流，使我们更好地认识和改造世界，实现民族复兴、人类解放和社会进步的宏伟理想。

当然，以上所做的只是非常简要的概括。哲学知识和哲学能力的历史发展非常复杂，并不是简单的、一一对应的关系，并且具体的哲学形态还有时代性和民族性的问题。对当代的个体而言，要实现哲学知识和哲学能力的互相促进、动态统一，不仅要把握哲学知识和哲学能力发展的一般规律，顺应时代进步的潮流，更要根据自己的实际情况和特殊性，确立适当的目标和途径，积极稳步地实现自己的奋斗目标。

第二节 哲学素质的核心：哲学能力

世界已经进入新世纪，中国特色社会主义也进入新时代。人类新的实践活动不断拓展和深入，对由智力、体力、实践能力等构成的人的能力结构的要求越来越高。过去工业时代单一的专业化人才，已经不能适应时代和实践的要求。哲学能力是人们的思维水平、智力水平乃至实践水平的发展程度的重要标志，具有高度的系统性、复杂性和创造性。当代哲学的大综合能力又在更高的发展阶段上综合了以往各个发展阶段的哲学能力，形成由“抽象—概括”能力、“逻辑—反思”能力和“批判—创新”能力诸环节构成的综合哲学能力，成为培养哲学素质的核心，发挥着越来越重要的作用。

一、人的素质结构和能力结构

人的素质是人的自然和社会、生理和心理（精神）等各方面潜在的能力的总和。狭义的素质更倾向于指内在基础，狭义的能力更倾向于指外在表现，广义的素质和能力基本同义。人的素质虽然有先天的基础，但并不是一成不变的，而是随着社会文化的变化而变化。人的素质结构（图 2－2）主要包括三个层面。

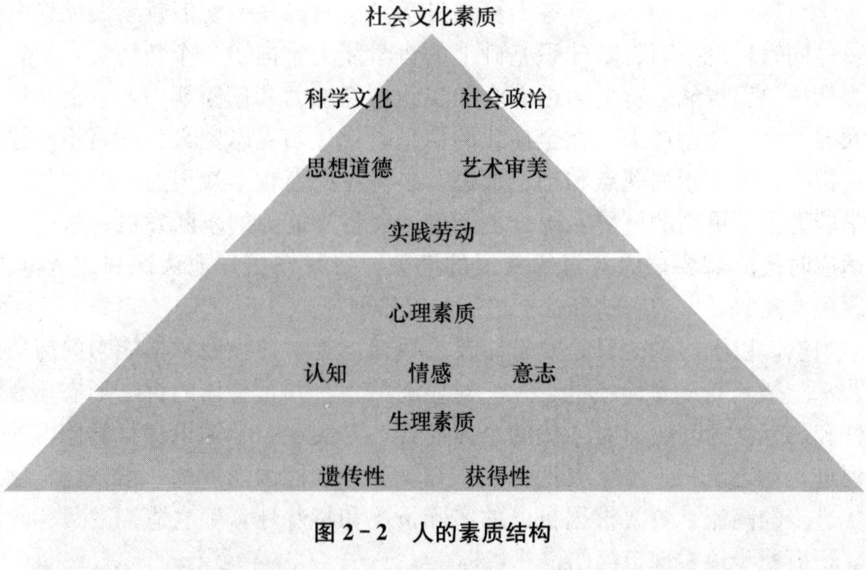

图 2－2　人的素质结构

人的素质的第一个层面是人的生理素质。人的生理素质主要指人在遗传性、获得性基础上发展起来的人体生理功能上的特征。其中既有性别、身高、体重等生理体质方面的特征，还有运动、反应、适应环境等生理功能方面的特征。这些是人的素质结构中的物质基础，是人的自然生理素质。在人类历史早期，身体的自然生理条件是人类所具有的主要素质。

人的素质的第二个层面是人的心理素质。人的心理素质主要指人的心理品质及构成要素，由智力因素（感觉、知觉、记忆、想象、思维等）和非智力因素（动机、欲望、意志、性格、情绪等）构成。人的心理素质是在先天遗传的自然生理素质基础上，在后天习得的社会文化影响下形成的，它是一个人身心发展的内在精神根据或条件。

人的素质的第三个层面是社会文化素质，主要包括科学文化素质、社会政治素质、思想道德素质、艺术审美素质和实践劳动素质等。这些素质是人后天习得的，是在人类生产、生活和交往的环境中，在社会文化的创造、积淀和传承中形成和发展的。社会文化素质是人在生理素质和心理素质基础上形成的最高层次的素质，只有具备了高度的社会文化素质，才能成为合格的现代人。人的素质结构的诸层面之间，相互联系、相互渗透、相互促进，构成一个人整体的综合素质。

在当代，和平和发展是世界的主题，开放和创新成为时代的潮流。信息社会、知识经济、人工智能时代的来临，对人的素质提出了越来越高的要求。人们越来越注重培养和提高自己的综合素质，哲学素质就是综合素质中最重要的素质之一。

在人的素质的基础上，人们可以培养起各种具体的能力，相应地形成一个人的能力结构（图 2－3）。一般来说，人的能力结构是由体力、智力、实践能力等能力构成的。人的体力是指在自然生理素质基础上发展起来的能力。例如，人的体态特征可以使人具有抓握能力、奔跑能力、搬运能力等；人的肌体功能使人可以具有消化能力、生殖能力、免疫能力等。人的体力是由自然素质造成的人的自然能力，在人的能力结构中处于基础的地位。它规定了人改造自然、改造社会以及改造人自身的能力发展的可能性，同时也规定了个体能力的有效性和能力发展的限度。

人的能力的发展是“体力和智力获得充分的自由的发展和运用”①。人的能力的全面发展既包括物质性的体力方面，又包括精神性的智力方面。人的智力主要是指人们认识客观事物并运用知识和经验解决实际问题的能力，主要有观察力、注意力、记忆力、想象力和思维能力等。在这些能力因素之中，思维能力是具有决定性意义的因素，是反映一个人智力水平高低最重要的标志。个人全面发展的职责、使命和任务就是全面发展自己的一切能力，其中包括思维能力。如果一个人的思维迟钝，智力低下，就根本谈不上人的全面发展。

① 马克思恩格斯选集：第 3 卷．北京：人民出版社，2012：670.

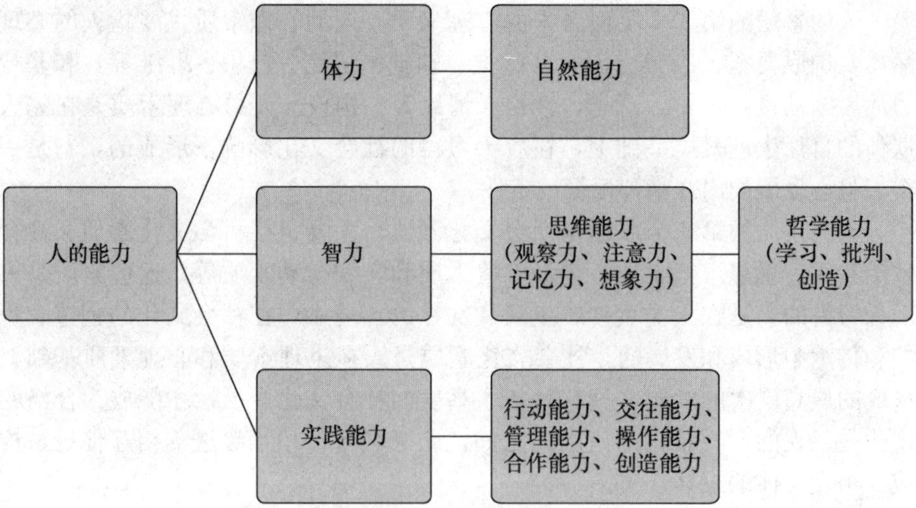

图 2-3 人的能力结构

观察力是人的一种重要的基础性能力。观察是人对事物和过程的直接感知，没有观察力就不能发现事物的特征，不能分辨事物之间的差异。深入的观察是一种洞察，可以透过事物的现象达到对于客体本质属性和内在关系的把握。观察力使人能够有独到的见识，在事物现象中发现重要的和本质的东西；或者面对复杂事物能够看得更深入、更透彻。理性的观察不是高清晰度的摄影或录像，而是略去无关紧要的细节、枝节的概括和判断。心理学对视错觉现象的研究表明，即使亲眼所见也未必为实。19 世纪法国著名艺术家罗丹说得好：世界上并不缺少美，而是缺少发现美的眼睛。在 21 世纪信息爆炸的时代，拥有敏锐的观察力和洞察力，能够在纷繁芜杂的信息中迅速选择有效信息，把握事物的本质，成为越来越重要的能力。而学习哲学，提升哲学能力，能够帮助我们拥有一双可以把这个世界看得清清楚楚、明明白白的“慧眼”。

注意力是人的意识活动对一定事物的指向和集中的能力。注意力有两个特点，即指向性和集中性。在每一特定时间，人的意识活动有选择地集中某一事物，而排除其他事物的干扰。例如，学生专心听课，对老师的讲解全神贯注，而对其他事物“视而不见，听而不闻”。注意力在意识活动中具有选择功能，即选择有意义的、符合需要的和与当前活动一致的各种对象，避开或抑制其他无意义的、不符合需要的和与当前活动无关的对象。注意力能坚持把意识活动对象的内容保留在意识的中心，直到活动的目的实现为止。同时，它还具有对自身活动进行监督、调整的功能，保证人们及时反映事物的状态和变化，更好地适应环境和改造环境。哲学能力在较深的理性层次上强化着人对有意义的对象的注意力，被哲学能力提升了的注意力是进行创造性思维和实践活动的心理前提与保证。没有高度的注意力，学习哲学根本不可能。

记忆力是人脑对人在认识和实践活动中所经验过的事物的识记、保持、再现和再认的能力，它是人进行思维、想象等高级意识活动的基础。记忆的对象不仅包括客观对象，也包括主体的主观心理活动。记忆力在人的社会生活、科学实验和生产实践中都有重要意义。有了记忆力，人们在实践中才能积累经验，使自己零散的意识活动成为一个统一的发展过程，为更高级的思维活动提供材料和基础。记忆力是一切学习活动特别是知识学习的最重要能力，可以在学习、实践中以及通过专业的训练方法而得到提升。

想象力是人在现有形象的基础上进行非常规的、多样性的组合或整合，从而创造出新形象的能力。想象力是从感性认识到理性认识的重要的中介环节。想象依赖于感觉得到的形象，但又突破现有形象的限制，超越现实，超出常规，创造新形象。在想象中经常发生各种形象超常规的连接、转换和整合，往往能瞬间发现新的联系和性质，产生新思想、新方法。想象力与胡思乱想不同，想象力是主体在认识和创造中精神处于积极状态的表现，是一种潜在的发散性和创造性思维。爱因斯坦有句名言，想象力比知识更重要。尤其是在当今时代，想象力对于理论和实践的创新具有至关重要的作用。

思维能力是人的理性认识能力。狭义的思维是相对于感觉而言的，是超越感性具体的抽象和以这种抽象为中介的认识运动。思维能力是人以概念、判断、推理等形式概括地反映客观世界、产生思想并能动地反作用于客观事物，按照人的需要改变人的生活世界的能力。人的思维能力一般可以区分为三种类型：经验思维能力、理论思维能力和哲学思维能力。

经验思维是思维的较低级的形态，是在认识和实践中自发产生的。经验是在直观和感觉基础上产生的思维定势，也就是人们所说的“熟知”。人们在认识和实践活动中，熟知了这些事物外在的状态、表面的联系，形成了相对稳定的经验。依据过去的经验来思考和处理同类事物和现象，通常是便捷和有效的。因此，经验思维在一定范围内是有价值的。但经验认识还停留在现象的层面上，没有深入事物的本质中，知其然而不知其所以然。经验思维是知性的思维，是人的感性认识初步逻辑化的结果。

人的思维不可能只停留在经验层面上。它还要进一步由“熟知”而达到

"真知"，即由自发而达到自觉，由知其然而达到知其所以然，必然要超越经验思维层面进入理论思维层面。理论思维本质上是一种辩证思维，是对客体的内在联系进行逻辑思考的思维。理论思维必须经过抽象化的进程，经过逻辑思考达到理性具体，表现为逻辑与非逻辑、逻辑与历史、抽象与具体、联系与区别、确定与变化、建构与反思等的矛盾统一。理论思维最高级的表现形式就是哲学思维。

哲学思维能力是一种整体性的、综合性的思维能力。在其他感觉和思维能力基础上，力图从最高远、最广泛而又最深入的层面上揭示人与世界的根本问题、基本特征和普遍规律。哲学思维不同于普通的经验思维，也不同于揭示某一具体领域或方面规律的科学思维。哲学思维能力是在经验思维和科学思维基础上进行总体反思和整体综合的能力，是一种最高级、最完善的理论思维能力。现代哲学思维能力内在包含了此前一切思维能力，同时也综合着现代各种思维方法及其他非思维因素。

实践能力或实践活动能力，指的是人们运用经验和知识进行实践活动，从而认识和改造自然、社会以及人自身的能力。实践活动能力包括行动能力、交往能力、管理能力、操作能力、合作能力、创造能力等。人类的实践活动本质上是一种创造活动，哲学能力就体现在人类智力与体力相结合而形成的实践活动能力之中。在信息时代，人们处于"信息爆炸"的复杂处境中，哲学能力作为一种高度综合的创造性能力，对于提高人们的认识和实践活动能力尤为重要。

人的能力结构同人的素质结构一样，是一个有机统一的整体。所有各种能力之间紧密联系、相互交叉、互相制约、互相促进。在实际的认识和实践中，人们都不会单独运用一种能力，而是多种能力综合和灵活运用。在人的智力结构中思维能力是其核心，思维能力的发展可以促进其他智力水平的提高。而哲学能力又是思维能力中最高级的能力，所以哲学能力的强弱就成为一个人思维水平高低的重要标志。

人的能力结构的形成和发展是一个历史的过程，无论人类还是个人都是如此。人的体力是在人类长期演变过程中形成的。从古猿到人的转变，劳动起了决定性的作用。人的体力并非完全由人的生理素质决定，同时也是社会文明内化或积淀的结果，与动物的本能有着根本的区别。人的心理素质和智力的发展更离不开社会历史条件的制约，人的心理素质和智力当然也有遗传和生理因素，但更多带有社会属性。在科学技术和生产力高度发展的当代，人的体力已不再是其能力结构中的决定性因素，智力和实践活动能力逐渐成为更重要方面。在当今经济全球化、社会信息化、政治多极化、文化多样化的时代，面对种种疑问和挑战，人的能力结构中的哲学能力（尤其是学习、反思、创造的能力）的重要性越来越凸显出来。

二、哲学能力的构成环节

哲学能力本质上是一种理论思维能力，是思维能力的最高形态。哲学能力包含了思维能力中的各种形式与要素，又综合了非思维因素而形成一种大综合能力，标志着人的思维能力的最高水平。哲学能力按其自身发展的逻辑，大体上可以划分为三个环节：抽象概括能力、逻辑反思能力和批判创新能力。

1. 抽象概括能力

所谓抽象概括能力，是主体把感性的具体转化为概念，再把概念上升为理性具体的能力。抽象和概括是统一的能力，我们只是为了理解的深化而分别加以论述。

抽象能力是思维把对象转化为概念的能力，即对感性事物众多规定的分解、拆开和抽取，因而所把握的仅仅是个别或部分的属性、因素和特征。科学的抽象是符合事物本性的，所抽取的是一个事物最重要的属性、因素和特征，作为思维抽象能力结果而出现的，就是关于事物的概念。

同包含事物全部规定的丰富的感性具体相比，概念的抽象是局部的、片面的、不完全的。反映事物某种本质的抽象概念，表面上远离对象或客体，实际上是以客体为内容的，并且是主体把握客体的一种重要方式。例如，几何学以精确的圆周为一种研究对象，但任何一个圆形的现实客体都没有绝对精确的圆周，精确的圆周在自然界里是找不到的。抽象概念是思维的逻辑起点，抽象能力也是哲学能力的起点。从感性具体到抽象概念，在观念上把握事物的内在联系，对于更深刻洞察客体并形成规律性认识是十分必要的。但哲学思维能力并不满足和停留于抽象的环节，而是继续进入概括的环节，即自觉地实现从概念的抽象上升到思维中的具体。

概括是在思维中把从某些具有相同属性的事物中抽象出来的本质属性推广到整类事物上去的思维方法，换言之，概括能力就是从个别事物的本质属性推知同类普遍事物的本质属性的思维能力。概括的意义在于从多样性中看到统一性，从特殊性中把握一般性，从偶然性中发现规律性。例如从“云杉”概念到“针叶植物”概念的概括，从“机械能转变为热能”判断到“能量的任何一种形式都可以转变为能量的另一种形式”判断的概括。正如列宁所指出的：“即使是最简单的**概括**，即使是**概念**（判断、推理等等）的最初的和最简单的形成，已经意味着人在认识世界的日益深刻的**客观**联系。”① 事物的本质属性是多方面的，通过抽象而凸显出来的事物的各方面的本质属性，还要在概括中整合为思维中的具体。思维中的具体是具有更丰富规定性的本质的认识，不同于感性中的具体。

概括也有层次性，可以在不同思维层次上进行概括。理论概括是较高层次上的概括，哲学概括则是理论概括的最高水平。当然，并非任何哲学概括都是科学的或合理的。为了使哲学概括具备科学性或合理性，就要求概括的内容全面、真实、可靠，概括的形式符合逻辑思维规则，在概括过程中还必须使形式逻辑思维与辩证逻辑思维有机统一起来。哲学的抽象和概括是一种整体性、综合性的抽象和概括。这是人自觉实现从感性具体抽象到概念，再从概念概括到理性具体的思维能力。马克思的《资本论》就是运用这种哲学能力的典范之作。马克思从分析商品概念反映的简单的经济现象开始，层层深入，逐步展开，从商品到货币，从货币到资本，再到剩余价值、工资等概念，通过分析结构更加复杂和内容更加丰富的现象，高屋建瓴，概括而又清晰地剖析了资本主义社会的内在矛盾和运行机制，为人们认识和批判资本主义社会提供了强有力的科学的思想武器。抽象概括能力是哲学能力的起点，并且贯彻于整个哲学思维过程的始终。

2. 逻辑反思能力

经过抽象概括环节形成的理性具体，只是哲学思维的起点，还要经过逻辑的建构和反思的整合。这个环节的哲学能力也可以分为两个方面：逻辑能力和反思能力。

逻辑能力即逻辑思维能力，是思维主体通过概念、判断、推理等方式把自在客体的内在联系转化为特定的观念客体的能力，也就是认识主体运用逻辑思维建构观念客体的能力。逻辑思维形式随着逻辑学的发展而日益复杂化和专门化，但就普通人的思维而言，主要还是形式逻辑和辩证逻辑。形式逻辑是逻辑思维的最基本形态，最早是由古希腊哲学家亚里士多德系统阐明的，其主要推理形式有分析、综合、演绎、归纳，最简单的演绎法是三段论推理。形式逻辑的基本规律有同一律、不矛盾律、排中律。

同一律要求人们在同一思维过程中，一个思想与其自身是同一的，A 就是 A，“此是此，彼是彼”。同一律的逻辑要求是，在同一思维过程中必须保持思维的确定性。违反同一律就会犯混淆概念或偷换概念的逻辑错误。“杀盗

① 列宁全集：第 55 卷. 北京：人民出版社，1990：149-150.

非杀人”和“白马非马”就是这类错误。

不矛盾律要求人们在同一思维过程中，一个思想与其否定不可能都是真的，其中必有一个是假的，A 不是非 A，“此不是彼”。如“所有的天鹅都是白的”和“有些天鹅不是白的”就是矛盾的。不矛盾律的逻辑要求是，在同一思维过程中，思维必须一贯，不允许自相矛盾。

排中律要求人们在同一思维过程中，两个互相矛盾的思想不可能都是假的，其中必有一个是真的。要么 A，要么非 A，“非此即彼”。如“所有的天鹅都是白的”和“有些天鹅不是白的”是两个具有矛盾关系的判断，二者必有一个是真的，一个是假的，不存在第三种可能。违反排中律就会犯“模棱两可”的逻辑错误。

形式逻辑是人们的理论思维和日常生活应当遵守的规则。但是，形式逻辑具有局限性，它只涉及思维的形式，而不涉及思维的具体内容，更不涉及思维的内在矛盾和发展变化，是局部的、静态的、低层次的逻辑思维。而辩证逻辑超越了形式逻辑的局限性，揭示了更高层次和更广范围的逻辑规律，因而是更高级的逻辑思维能力。形式逻辑思维是以固定范畴即抽象同一性建立起来的思维能力，而辩证逻辑思维则是以变动范畴即具体同一性建立起来的思维能力。前者在特定条件下可以保证人们思想和表达的正确性、有效性，但从更广泛的范围和发展的角度看，要科学地认识和实践就必须具备辩证逻辑的思维能力。形式逻辑和辩证逻辑二者的适用范围不同，不能互相代替和互相取消，而应互相配合和互相补充。

当逻辑思维能力把自在客体转化为观念客体后，人不应当为自己创造的观念所陶醉。哲学能力还要把自身的产物作为思考的对象，对已经形成或正在形成的观念进行反思。观念客体在人的思维中按照一定的逻辑规则运行，会形成自己的概念框架、思维定势和理论体系。一旦形成概念框架、思维定势和理论体系，就成为一种逻辑自洽系统。这对理论的形成和发展，对思维的稳定运行是非常必要的；但同时也常常会产生理论上的排他性，拒斥不符合自身要求的东西，在使理论体系化的同时往往陷入片面化、封闭化，拒绝变化和创新。正是理论思维这种内在矛盾的张力，使哲学能力从逻辑建构进入理论反思的环节。

与其他学科的理论思维不同的是，反思是哲学的重要特点。反思（reflexion）主要有三个含义：反复之思、反身之思、后思。这就是说，哲学在思维的成果——概念、观念、理论形成后，要不断、反复、深入地对思维的前提、过程、结果、方法、效用、限度等进行审察、质疑、检讨、改进。在这里，哲学能力主要表现为审察、质疑、检讨原有概念框架、思维定势和理论体系，改进甚至更新原有概念框架、思维定势和理论体系的能力。能够持续自觉地对自身思维的过程和成果进行反思，是哲学思维能力不同于且强于其他理论思维能力的关键所在。哲学史上许多重大变革的成果往往不是哲学对外在事物认识的结果，而是哲学对自身反思的成果，例如康德的认识论。在反思的基础上逐渐跨出思维领域，哲学能力开始在实践中得以实现，并获得创造性的成果。哲学能力在抽象概括的基础上，经过逻辑反思的中介，综合其他各种因素进入第三个环节也是最高环节，即批判创新能力的环节。

3. 批判创新能力

自在客体通过思维的抽象、概括、分析、综合、归纳、演绎等逻辑的方式转化为观念客体，观念客体又通过反思而成为严密的、系统的、发展的理论体系。然而，反思所指向的已不是局限于思维范围的活动，必然要跨出观念领域，进入实践领域。在实践过程中，哲学反思的结果是，一方面要批判，即要破旧，破除旧的不符合事物实际及其发展规律的成分，乃至从根本上改变原有理论；另一方面要创新，创造新的更科学、更有价值的理论。批判与创新、破与立应当是统一的，要破中有立，立中有破。

哲学的批判能力首先是一种批判的反思能力。哲学的批判不仅是对外部事物的批判，更重要的是对自身的批判，即反思，包括对理论内容、理论前提和方法的反思，以及理论的效果、思维方式等的反思。

其次，哲学的批判能力是一种辩证思维的批判能力，即主体对观念客体的把握是一种洞察其内在矛盾的把握。它不仅关注事物表面的合理性或观念的抽象同一性，而且深入事物的内在矛盾运动，在事物的否定性中发展它的肯定性。辩证法是一种内在的超越，“由于这种内在的超越过程，知性概念的片面性和局限性的本来面目，即知性概念的自身否定性就表述出来了”①。

最后，哲学的批判能力突出表现在人们不仅从现存事物的现实合理性上去认识事物，而且看到事物的内在矛盾，并在矛盾冲突中预见事物发展的未来。这种批判能力是创新能力的前提，批判过去和现在，正是为了预见乃至创造未来。

创新是以批判为前提的。哲学批判能力立足于时代发展，从人与世界的关系角度做出对已有认识与实践总体的反思和综合。思维的创造是一种精神生产活动，它不仅是对客观事物的正确反映，还增加了新知识、新观念和新

① ［德］黑格尔．小逻辑．北京：商务印书馆，1980：176.

方法，并用于指导实践，具有高度的社会价值。哲学能力之所以是创造性的能力，就在于它具有综合性和深刻性，能够不断推动人类超越原有认识和实践的局限，达到更真、更善、更美、更自由的境界。

创新能力是观察力、注意力、记忆力、想象力、直觉、灵感、意志、情感、逻辑、反思等多种因素综合发挥作用的能力，是最高层次的思维能力。人的创新能力不仅包括逻辑的能力，而且包括非逻辑的能力。创新活动的非逻辑的因素众多，主要表现为直觉和灵感。直觉指的是对问题直接的领悟和理解，而灵感则是人以全身心思考问题时突然出现新观点的顿悟，它通常与创造性活动过程中最重要的、决定性的因素联系着。创新能力还具有求异性特点，即不拘泥于一般的原理、原则和方法，打破常识和俗见，另辟蹊径，提出独到的见解。创新能力还具有发散性特点，即通过多向观察、多维策略、纵横比较等方式，提出新观点、新方法、新途径。哲学能力的最高层次就是哲学创新能力，它在从思维到实践、从实践到思维的无限循环中不断上升，不断进行自我否定，同时又不断创造新思想，永葆勃勃生机。

哲学能力是包含了诸多能力要素的综合性能力，它包含的上述三个环节并不是截然分明的，而是一环紧扣一环，一环包含一环，环环交替上升。抽象概括能力是基础环节，逻辑反思能力是中介环节，批判创新能力环节是最高层次和最终目的，而思维的辩证法贯穿于三者之中。人的哲学能力的诸环节虽然具有不断上升的特点，但实际上它们是一个相互渗透、相互依赖、相互融合的整体。

三、哲学能力的特征

与一般的理论思维能力不同，哲学能力具有更为突出的综合性、超越性和深刻性等特征。

1. 哲学能力的综合性

哲学能力具有高度综合性，这是因为哲学高度概括了具体科学及生产生活实践的规律性，同时又适用于各具体科学和实践领域。在此意义上，可以说哲学能力是对人和世界之间最一般关系的综合性反思能力。哲学思维可以从具体的、特殊的事物出发，但最终总是指向最普遍、最一般的本质。它考察思维与存在、主体与客体、人类与世界的相互关系，不局限于局部和具体层次内的问题，总是试图认识各个领域之间的普遍联系和一般原则，并借助于这些联系和原则对世界进行整体综合把握。从其对象领域来看，哲学问题是最具广泛性的问题，涉及世界观、历史观、人生观、价值观及方法论等诸多方面问题。哲学能力的运用可以涉及任何方面、任何问题，具有最高的广泛性、整体性和综合性，世间万事万物都可成为哲学思考的对象。因此，哲学在各种具体的认识和实践活动领域，都有普遍的指导意义或启发作用。

作为“时代精神的精华”，哲学渗透和活跃于每个自觉的社会历史主体的精神世界中，成为民族、社会、国家的精神世界中的重要支柱和核心内涵。在各个民族、社会、国家的历史发展中，哲学起着长期的、稳定的、潜移默化的作用。一个民族、社会、国家没有自己的精神世界是不可想象的，而一个民族、社会、国家的精神世界没有哲学同样是不可想象的。在当代，我们必须自觉地把体现科学的世界观、科学的哲学方法论和科学的理想信念相统一的马克思主义哲学，作为我们建设中华民族共有的精神家园，建设中国特色社会主义精神文明的活的灵魂。这对于提高我们的理论思维能力，开拓和丰富我们的精神世界，增强我们认识世界、改变世界、创造理想世界的能力，具有不可替代的长远的意义。

2. 哲学能力的超越性

所谓哲学能力的超越性，是说哲学能力在本性上是不断超越各种思想和现实的界限，追求极限、挑战极限。

对于哲学能力的这一性质，可以从人类思维的本性去理解。恩格斯指出，人类的思维是“至上性”与“非至上性”的辩证统一。“按它的本性、使命、可能和历史的终极目的来说，是至上的和无限的；按它的个别实现情况和每次的现实来说，又是不至上的和有限的。”① 作为最高思维能力的哲学能力，首先表现出人类思维的“本性、使命、可能和历史的终极目的”，即表现出人类思维的“至上性”和“无限性”，也是表现着思维对“终极性”探求的渴望。当然，这种思维的至上性是在一系列非常不至上地思维着的人中实现的。对于每一时代的一定的国家、社会、民族和哲学家个人来说，任何具体的哲学都具有非至上性和有限性。

我们知道，各门具体科学其实都包含着终极性的追求。化学寻找“基本元素”，物理学寻找“基本粒子”，生物学寻找“遗传基因”，任何一门科学都在寻找最基本、最终极的东西。哲学能力作为理论思维能力的最高层次，正是表达了人类思维对确定性、普遍性、必然性、统一性和终极性的追求。哲学能力就是在有限与无限的矛盾中实现的，而二者的统一就是极限。对于有限的和非至上的人类思维能力来说，它所能达到的无限即是极限，是有限的边界。这个极

① 马克思恩格斯选集：第3卷. 北京：人民出版社，2012：463.

限也就是人类生存、实践、认识所能达到的最大的广度和深度。哲学能力实际上就是这种趋向极限的能力，就是人们通过超越有限、趋向极限而去接近无限。

哲学能力的超越性，历史地表现为一个时代理性思维能力的高度和水平。它追根溯源，寻求终极存在、终极原因、终极解释、终极意义、终极价值等，哲学思维的发展历程是哲学家们不断超越局限，不断追求无限的历史。哲学的各个重要分支学科，正是由于对一些极限性、终极性、根本性问题的思考而获得了独特的、永恒的理论魅力和生命力。例如，本体论从发生学和存在论意义上，提出和探索世界的终极存在、终极原因、客观规律，探寻世界的本原、本性和本质。认识论从知识论和方法论角度，寻求对世界的终极认识、终极解释、终极理解，寻求认识及其实现的可能性，寻求普遍必然性知识的条件和根据。价值论从人生论和评价论角度，探寻人生的最高意义和价值，追求至真、至善、至美，寻找人类的精神家园，探求人类安身立命的最后归宿。因而可以说，哲学能力就在于追求和实现人的思维能力在一定历史条件下的最高水平、最大限度的超越性。

3. 哲学能力的深刻性

哲学思维是在日常思维和科学思维的基础上，继续深入思考事物的普遍本质和一般规律，它探讨的问题的层次和方面是较为深刻的。

人的哲学能力，首先表现为反思批判的深刻性。哲学反思是相对来说最为深刻的反思。这种反思不仅仅要对思维的对象进行全面、客观、深入的把握，更要对思维自身进行深入的反思。最为内在的哲学反思是对反思本身的反思，是对批判本身的批判，特别是对思想的根据和原则、对自身哲学思维方式的反思和批判。这是一种自我反思和自我批判，是哲学能力所能达到的极致深度，这是不具有反思性的思维不可能达到的深刻性。人们在各种各样的思想活动中，不仅要构成思想，即实现思维与存在的具体的统一，而且要反省反映存在的思想本身，追究已经构成的思想是否实现了思维与存在的统一。哲学能力之所以比一般思维能力更深刻、更有力，原因并不在于其思维对象更广、更深，而在于其自我反思和自我批判的能力。

哲学能力的深刻性还在于，它不仅能对旧思想进行反思批判，还能在更深刻的层次上对旧问题做出新解释，或提出新问题并给出解释。所谓解释的深刻性，也就是我们常说的看问题比别人更深、更透、更高、更远，就是毛泽东所说的思想的“望远镜和显微镜”。哲学能力这一特点，充分体现在马克思当年评论法国路易·波拿巴政变的真知灼见中。

路易·波拿巴 1851 年 12 月发动军事政变，在建立军事独裁后，于 1852

年 12 月称帝，建立“法兰西第二帝国”。对此事变有许多人发表了各种评论，马克思也写下了总题目为《路易·波拿巴的雾月十八日》的系列评论文章。维克多·雨果认为，这个事变只是一个人的暴力行为，因此他把路易·波拿巴这个小人写成了伟人。蒲鲁东则从这一政变的历史背景出发，对路易·波拿巴其人其事做了历史的辩护。而马克思则从哲学历史观的高度，说明正是法国阶级斗争造成的条件和局势，使得一个平庸可笑的人物变成了政治英雄。恩格斯评论道：马克思“对活生生的时事有这样卓越的理解，他在事变刚刚发生时就对事变有这样透彻的洞察，的确是无与伦比”①。马克思之所以有这样卓越的解释，就在于他具有正确的历史观和高超的哲学能力。因此，具有一定的哲学能力的人，看问题、解释问题总能看得更透彻、更深刻，解决问题的方法更合理、更有新意。

哲学能力的深刻性不仅在于解释世界的深刻性，更在于改变世界的深刻性，即从实践中来、形成思想，进而到实践中去、指导实践的能力。马克思主义哲学就是深刻地解释世界并深刻地改变世界的典范。学习、掌握马克思主义哲学的基本原理和方法，可以全面提升我们的哲学能力。如果要想提高我们的理论思维能力，具备这样一种具有综合性、超越性和深刻性的能力，学习、掌握和运用马克思主义哲学是一种最好的选择。更重要的是，学习和运用马克思主义哲学的立场、观点和方法，还能使我们更自觉、更合理、更有效地改变世界，进行社会实践。

习近平同志在纪念马克思诞辰 200 周年大会上的讲话中，概括了我们学习和实践马克思主义（包括马克思主义哲学）的九大方面：人类社会发展规律、坚守人民立场、生产力和生产关系、人民民主、文化建设、社会建设、人与自然关系、世界历史、政党建设。马克思主义哲学是一门抽象性、理论性和实践性、应用性都极强的学科，不仅是我们认识和改造世界的科学的方法论，也为我们提供了正确的世界观、人生观、价值观。学习和运用马克思主义哲学，是培养哲学能力的最重要途径。

第三节　哲学素质对人的价值

人的能力可以满足人类生存和发展的各种需要，对于人的价值不言而喻。

---

① 马克思恩格斯选集：第 1 卷. 北京：人民出版社，2012：666.

时代的进步、社会的发展对人的能力提出了越来越高的要求。人们越来越迫切需要一种新的能力，一种更具有综合性、创造性的能力。由抽象概括能力、逻辑反思能力和批判创新能力等环节构成的综合性、超越性和深刻性的哲学能力，越来越受到重视，越来越显示出对于社会和人的发展的重要价值。哲学能力为什么日益受到人们的重视？简言之，哲学能力对于人的价值在于，它能够帮助人们树立普遍总体的世界观和历史观，获得合理有效的认识论和方法论，养成积极健全的人生观和价值观，做一个顶天立地的人，做一个自由全面发展的人。

一、树立普遍总体的世界观和历史观

总体上说，哲学的思考对象就是人与世界的关系。学习哲学，能够使我们更自觉地树立普遍总体的世界观，也就是对世界的总体看法。人生活在世界中，要想活得更好、活得更明白，一定要对我们所处的世界有一个简明清晰的总体看法。世界观是其他一切观念的基础，是人安身立命之本。当然，人们即使不懂得哲学和科学，也可以对世界有一个总体的看法，但那种看法是感性直观的，是不自觉、不明确、不合理的。而学习哲学，可以使我们更好地树立科学的普遍总体的世界观，不仅有助于学习其他科学知识，而且有助于更好地认识世界和改造世界，更好地生活于世界上。

哲学建立世界观的方法主要是在感性经验基础上，通过自觉的理性在思维中建构观念客体的世界，以超越客观的现象世界，深入客观世界的本质，理解主观和客观世界的关系。这种世界观的科学性与合理性，取决于人的主观世界是否能够把握客观世界的本质和规律，是否能够满足人认识世界和改造世界的需求，是否能够经得起实践的检验。

各门具体科学也各自以不同的方式解释和把握世界。自然科学、社会科学、思维科学都是如此，区别只在于把握的对象和把握的方式不同。爱因斯坦认为科学追求的就是简单而深刻地描述世界，他的质能方程 $E=mc^2$ 被人们看作最具有简约之美的对物理世界的解释方式。具体科学对世界的看法通常是对世界的局部领域或不同角度的看法。在世界日益复杂化、全球化的今天，人们不再满足于对个别的局部领域的了解，而需要对更广阔的世界，从宇宙、地球、人类到社会、群体、个人各方面，都有所了解。建立在日常思维和科学思维基础之上的哲学思维，正是这样一种集整体性、深刻性和综合性于一身的思维方式。由此而产生的哲学世界图景，是对世界最广泛、最深刻、最简约的把握。

哲学能力的这种价值来源于哲学思维的特殊方式。哲学思维最重要的特征之一，就是高度的抽象概括性。哲学能力的这种抽象概括性，首先可以帮助人们以简约化的形式把握无限复杂的现实。用中国古代先哲的话说：大道至简，要言不烦。

这种简约化首先表现在，它是通过高度抽象的概念来描述客观物质世界的。在西方哲学的源头古希腊哲学那里，最早的哲学问题就是从哲学家们仰望星空开始的，即世界的本原是什么？世界是怎么来的？世界为什么是这样的？由此逐渐形成了自然哲学或世界观。后来，哲学家不仅思考外部世界的一般性、普遍性、规律性问题，也把目光转向了内部世界——人自身的问题，提出了关于个人与社会的一系列哲学思考，建立了认识论、伦理学、逻辑学、社会哲学、历史哲学、文化哲学、政治哲学等哲学分支学科，分别思考相应领域的一般性、普遍性、规律性问题。

在当代，面对日益复杂多样的世界，人们更需要这种简约地抓住事物本质的哲学思维能力，尤其是要做到跨学科领域、多层次角度的广泛而又深入的理解，就必须具备一定的哲学能力。哲学思维力求从有限的局部中把握全局和总体，从现象、特殊事物中把握本质和一般规律，从事物的运动、转化中把握其中的无限和永恒。因此就要以对全局总体性、普遍必然性、存在无限性、运动永恒性的思考，来把握局部的、特殊的、有限的、变动的现实世界。

在哲学史上，哲学世界观的基本问题即哲学的基本问题，是存在和思维（物质和精神）的关系问题。这个问题分为两个层次：一是存在和思维何者为第一性的问题，二是思维能否认识和把握存在的问题。哲学基本问题的概念是恩格斯首先提出并加以阐释的。根据对哲学基本问题（主要是第一层次）的不同解答，哲学史上的派别大体上可分为唯物主义与唯心主义。唯物主义认为存在、物质是第一性的，思维、精神是第二性的；存在、物质产生和决定思维、精神，思维、精神反映和反作用存在、物质。唯物主义又分为朴素唯物主义、机械唯物主义、辩证唯物主义等。唯心主义认为思维、精神是第一性的，存在、物质是第二性的，思维、精神产生和决定存在、物质。唯心主义又分为客观唯心主义、主观唯心主义等。根据对哲学基本问题第二层次（思维能否认识存在）的不同回答，可分为两个派别：存在的可知论和不可知论。与哲学世界观的基本问题相关的，还有世界的开端和边界、世界的运行和变化、时间和空间等基本问题。

从“世界”一词的中文词源上看，其原意是时空一体的。《说文解字》解为："世，三十年为一世。""界，境也"。《楞严经》曰："世为迁流，界为方位，汝今当知，东西南北、东南、西南、东北、西北、上下为界，过去、未来、现在为世"。而英文的 world 有地球、现世等含义，只相当于"界"（空间），没有"世"（时间）的含义。中国古代哲学世界观的主要范畴和问题，在于思考"天"、"地"与"人"的关系。老子、孔子、墨子、孟子、荀子等哲学家都曾思考和追问过"天"的道理，思考天人关系。

以往的唯物主义哲学家与唯心主义哲学家争论了几千年，谁也说服不了谁，分不出胜负。他们看似针锋相对，其实深层次的基本思维方式是一致的，就是二元对立的思维方式。这种思维方式把世界分为物质和精神、存在和思维、肉体和灵魂、现象和本质等两种因素的对立，并从其中一种因素出发，达到两种因素的统一。现代许多哲学家对唯物主义和唯心主义的争论，特别是本体论和二元对立思维方式产生了质疑和批判。他们追问，在哲学中能否问"世界是什么"这个问题？

首先，要问一个东西"是什么"，通常有两种意思：一是归于更高层次的类，如"杯子是什么？""是一种用具"；二是解释描述其性质、特征等，如"杯子是玻璃做的"。可是，就人类的认识能力而言，"世界"已经是最高层次的概括，它包含了一切，此外没有别的东西，那我们还能给世界下定义吗？

其次，现象背后一定有一个本质吗？变化背后一定有不变的东西吗？我们应该"是其所是"地按照世界所呈现给我们的样子来认识它，而不是在万物背后非要找什么"本体"，在现存事物之前非要找什么"本原"。对世界万物的认识和研究应该是自然科学的任务，哲学应该从中完全退出来。在现代西方哲学特别是科学主义流派中，这种反对追问"本体""本原""本质"的观点已经成为一股强大的思潮。有人甚至宣布，对"本体"的追问和传统哲学的本体论，只是对语言的逻辑误用而导致的假问题，应该用"奥卡姆剃刀"把它们从哲学中剔除出去。

然而，不论怎样消除语言的逻辑毛病，不管怎样"消解"本体论，对世界"本体"的追问似乎仍是哲学的必要任务。一些现代哲学家（例如海德格尔）已经不再像古代哲学家们那样给世界是什么的问题以一个武断的回答，他们倾向于认为，认识世界的"本体"不能靠逻辑和理性，而要靠心灵体验和感悟，并且是难以用语言表达的。如果勉为其难，或许可以用诗的语言来隐喻和暗示。这样，他们所说的"本体"就非常接近老子所说的恍兮惚兮不可名状的"道"，也非常接近古希腊哲学家赫拉克利特用晦涩的语言所暗示的"逻各斯"。中国先哲很少说"道""是"什么，而是说"像"什么。如老子说

"上善若水","上善"就是"不可道"之"道"。庄子说:"天地与我并生,而万物与我为一。既已为一矣,且得有言乎?"(《庄子·齐物论》)"说""不可说"的世界,是现代西方哲学世界观的一大特色,也成为哲学与自然科学对世界的思考方式的区别。

马克思主义哲学的世界观不同于现代西方哲学,开辟了另一条认识和把握世界的途径。马克思主义哲学对哲学史上的不同派别进行了深刻批判,以实践原则和唯物辩证法为核心克服了旧唯物主义和旧唯心主义的缺陷,提出了辩证唯物主义世界观,实现了哲学史上的伟大变革。辩证唯物主义世界观的基本原理主要有:世界是物质的,物质第一性,意识第二性;物质是运动的,运动的物质是普遍联系和相互作用的;物质运动是有规律的,主要有三大规律:对立统一规律,量变质变规律,否定之否定规律。物质的运动和联系除了三大基本规律,还有诸多矛盾范畴:原因与结果、现象与本质、内容与形式、可能与现实、偶然与必然、相对与绝对、有限与无限等。

通过树立和运用哲学世界观,人们可以准确把握世界图景和时代脉搏,从而全面提高主体的认识能力和实践能力,更自觉、合理、有效地处理人与世界的关系。尤其是马克思主义哲学的世界观至今在总体上仍然是正确的,还在发挥着重要的、不可替代的作用。当然,哲学世界观是现实世界的观念反映,总是随着科学和实践的发展而不断发生变化。任何生活、实践、科学、哲学的重大发展和变化,都不可避免地会引起哲学世界观的某种改变,有些还是根本性的改变。马克思主义哲学的世界观也不能故步自封,而应当与时俱进,不断发展和更新对世界的总体认识,为人们认识和改造世界提供更有力的思想武器。

历史观又称社会历史观,是人们对社会历史过程的总体看法。社会历史是整个世界中的一部分,因而社会历史观也是广义的世界观的一部分。由于社会历史是以人为主体、由人主导的生活世界,渐渐从自然世界中相对独立出来,成为哲学研究的主要对象,从而形成了区别于一般世界观的社会历史观。在哲学史上,与哲学基本问题相关,社会历史领域的基本问题是社会存在与社会意识的关系问题,对此问题的不同解答,形成以唯物主义社会历史观和唯心主义社会历史观为主的不同派别。马克思和恩格斯对以往的社会历史观进行了深刻的批判,以社会实践原则为核心,克服了旧哲学在历史观上的缺陷,提出了历史唯物主义的社会历史观,为人们科学合理地认识社会历史的基本问题,更好、更有效地进行社会实践提供了强有力的思想武器。历史唯物主义的基本原理主要包括:社会存在决定社会意识,社会意识能动反作用于社会存在；生产力和生产关系、经济基础和上层建筑的矛盾运动；社会有机体和社会形态理论；世界历史理论；人民主体观；等等。这些基本原理在一般哲学教科书中都有介绍和论述，这里就不再展开了。

总之，帮助人们树立并运用普遍总体的世界观和历史观，是哲学素质对人的首要价值，无论对个人还是全人类都具有不可或缺的重要作用。

二、获得合理有效的认识论和方法论

树立世界观和历史观是哲学对人的首要价值，但世界观和历史观的形成和运用离不开人的认识活动。人怎样认识世界、历史和自身，人认识世界的总体性的方法等等，就涉及哲学的认识论和方法论问题。西方哲学史上曾经发生过一次重大的变革，就是近代德国哲学特别是康德完成的从本体论到认识论的变革，康德自己称之为“哥白尼式革命”。认识论变革的主要含义是，哲学家们在认识和把握外部世界的问题之前，首先应当批判和检讨认识本身，特别是认识的前提、能力和限度。而人的认识主要是理性认识，所以对认识的反思和批判主要体现为对理性的反思和批判，即为理性划界：理性能做什么，不能做什么，什么样的理性能做什么。由此康德写了著名的三大批判：《纯粹理性批判》、《实践理性批判》和《判断力批判》，分别论述了人类理性认识的三个重要层次。认识论转向的主要意义在于，使哲学家思考的重心从对外部世界的独断式认识，转向对自身认识的认识、批判的批判。这种思维的反思使人们更加科学合理、清楚明白地运用自己的思维去认识客观世界，极大地促进了近代以来哲学与科学的变革和进步。

直到今天，认识论（有些哲学家称为知识论）仍然是哲学中非常重要的组成部分。在当今这样的信息化时代，科学文化迅猛发展，信息数据爆炸式增长，如何在纷繁芜杂的信息数据中提取有价值的知识，如何认识和把握日新月异的变革的世界，如何认识和处理复杂多样的问题，对人们的认识能力和思维能力提出了越来越高的要求。为此，人们可以在具体科学中学习各种知识和方法。任何具体科学都是对世界的特定领域、层面、片段、部分的特殊性的认识，人们如果学了具体科学的知识和方法，可以对具体科学涉及的领域有深入的专门认识，但在这些领域和专业之外却成了“外行”，隔行如隔山。在工业时代，分门别类的专业生产和分门别类的专业学科成为主流，学科和专业越分越细。专才和专家越来越多，学科、专业、知识之间的隔阂也越来越深。这一方面促进了具体科学的发展和工业分工的发展，另一方面也带来严重的问题：科学文化的分裂和人的片面发展。人类正在从工业时代向信息时代转变，未来还可能进入智能时代。世界日益复杂化、系统化、灵活化，适应工业化的专业分工和科学上的学科分化已经越来越不适应时代发展的要求，越来越需要能够打破学科、专业、领域界限的“通才”“博士”，即复合型、通用型人才。

与具体科学的认识方法和知识不同，哲学认识论具有高度的总体性、一般性、普遍性，提供的是对世界总体的一般认识，既是具体科学认识的前提和基础，也能突破具体科学认识的局限和隔阂。超越具体科学局部和片面的知识，在更高层次、更广范围、更深意蕴中把具体科学认识整合和贯通起来，把各学科的知识和各领域的实践联系起来，对科学和实践发展的特征、趋向和前沿做出总体上的综合、概括、判断、预测和规划。所以，现代人如果要对当代世界、人与世界的关系有更透彻清楚明白的认识和把握，除了学习更多具体科学知识、掌握某些专业能力外，更重要的是学习哲学认识论和方法论。

所谓方法论，就是人们认识世界、改造世界的根本方法，是总体的、一般的、普遍的方法。这是普遍适用于各门具体科学并起指导作用的范畴、原则、理论、方法、手段的总和，是方法的方法。如果说世界观主要解决世界“是什么”的问题，那么，方法论则主要解决“怎么办”的问题。方法论既包括认识问题的总体方法，也包括解决问题的总体方法。方法论是哲学的重要组成部分。学习和掌握科学合理的方法论，对于人们更好地认识和实践具有非常重要的作用。因为无论是世界观、历史观，还是各种理论知识，都必须经过方法论的环节和途径，才能实际地认识和解决问题。如果没有方法的环节和途径，再好的理论知识也不能产生实际作用。离开了方法的中介，抽象的理论知识会变成无用的教条。而在所有方法中，哲学方法论又是最根本的方法，是其他具体方法的前提和基础。匈牙利哲学家卢卡奇曾说过：“正统”马克思主义并不意味着无批判地接受马克思研究的结果，它不是对这个或那个论点的“信仰”，也不是对某本“圣”书的注解。恰恰相反，马克思主义问题中的“正统”仅仅是指方法。毛泽东也说：“马克思主义的方法就是政治上军事上的望远镜和显微镜。”①

因此，人们要想更好地认识和解决问题，在树立正确的世界观、历史观、人生观、价值观的基础上，还必须获得合理有效的方法论。运用好的哲学方法论，可以对各种知识进行融会贯通，可以对各种能力进行协调指导，可以

① 毛泽东选集：第1卷. 北京：人民出版社，1991：212.

更加科学高效地认识和解决实际问题。当然，人们要认识和解决问题，离不开具体科学的具体方法，如调查统计、科学实验、猜想推理、文献综述、文本解读、历史总结、比较分析、数据分析、抽象概括等，但对于普遍性、系统性、复杂性问题，必须有更好的一般方法论的原则指导。即使要认识和解决具体问题，如果能灵活运用一般方法论原则来指导具体方法，也有利于综合把握、统筹协调，认识和解决问题会更加全面、深刻和高效。如果运用具体方法而不懂得一般方法论原则，那么，往往只能解决一些简单问题，面对复杂问题就束手无策；或者把简单问题复杂化，把复杂问题简单化；或者缺乏方向、原则、目标，把问题搞成一团乱麻。

在具体工作中，哲学方法论使我们看问题、抓工作，能够全局在胸、高屋建瓴、纲举目张、举一反三。抓住全局，把握整体，认清主要趋势，解决主要矛盾，带动次要矛盾的解决，常常产生事半功倍的效果。反之，只见树木不见森林，一叶障目不见泰山，捡了芝麻丢了西瓜，不可能把事情做好。古语云：不谋全局者，不足以谋一隅；不谋大势者，不足以谋一时。在新时代贯彻新发展理念，加强顶层设计和总体战略，更加注重经济社会发展和人的发展的全局性、整体性、协调性、长远性，就是哲学方法论在治国理政方面的最好应用。当然，学会了哲学方法论，也不能代替具体科学的方法，不能把二者对立起来。哲学方法论来源于对具体科学方法的提炼概括，又反过来贯通协调具体科学方法。

哲学方法论也有很多种，不同的哲学有不同的方法论。马克思主义哲学的方法论已被历史和实践证明，这是到目前为止最合理、最有效的哲学方法论，对于我们认识和解决自然界和人类社会面临的复杂问题，具有不可替代的重要作用。学习马克思主义哲学的方法论，是我们学习哲学、培养哲学能力、提升哲学素质的关键一环。马克思主义哲学的方法论主要包括以下内容：

1. 实践原则与实事求是方法

实践原则是马克思主义哲学的首要的方法论原则，是贯穿于全部马克思主义哲学的根本原则。这是马克思主义哲学区别于其他哲学的主要标志。实践是人类社会存在和发展的基础，也是人的认识得以发生和发展的基础。人们在实践中发现和提出问题，对实践经验进行理论概括和总结，通过实践检验和发展理论。“人的思维是否具有客观的真理性，这不是一个理论的问题，而是一个**实践的**问题。人应该在实践中证明自己思维的真理性，即自己思维的现实性和力量，自己思维的此岸性。关于思维——离开实践的思维——的现实性或非现实性的争论，是一个纯粹经院哲学的问题。”①

实践原则的具体应用就是实事求是方法。实事求是是马克思主义哲学首要的基本方法论，是中国共产党的思想路线。实事求是范畴，是毛泽东首先阐述并作为党的基本思想方法的。“实事”就是客观存在着的一切事物，“是”就是客观事物的内部联系，即规律性，“求”就是我们去研究。毛泽东指出，如果违反了实事求是方法，就会犯主观主义的错误，就不能正确地认识和解决问题，就会导致理论的错误和事业的失败。他严肃批评了两种主观主义的错误：教条主义和经验主义。“他们对于研究今天的中国和昨天的中国一概无兴趣，只把兴趣放在脱离实际的空洞的‘理论’研究上。许多人是做实际工作的，他们也不注意客观情况的研究，往往单凭热情，把感想当政策。这两种人都凭主观，忽视客观实际事物的存在。……无实事求是之意，有哗众取宠之心。华而不实，脆而不坚。自以为是，老子天下第一”②。前者是教条主义者，后者是经验主义者，他们都不懂得实事求是，“不注重研究现状，不注重研究历史，不注重马克思列宁主义的应用”③。理论上的教条主义和经验主义会产生无用或有害的理论，实践上的教条主义和经验主义则会造成事业的失败。坚持贯彻实践原则和实事求是方法，说起来容易做起来很难。无论革命和战争还是建设和改革的历史证明，只要我们坚持实践原则和实事求是方法，我们的事业就取得成功；只要我们背离实践原则和实事求是方法，我们的事业就产生失误乃至失败。

2. 社会系统与社会矛盾方法

与一些社会历史科学把人类社会看作要素的简单相加，对社会的具体问题进行分门别类的专业化研究不同，马克思主义哲学把人类社会看作一个复杂的大系统，具有高度的整体性和有机性。马克思曾做过一个形象的比喻：一袋马铃薯是多个马铃薯的简单相加，整体等于部分之和；而人类社会完全不同，多个个人组成一个社会，不只是每个人的简单相加，而会产生远为复杂的新特征、新属性、新事物，整体不等于部分之和。

马克思提出两个概念来解释社会系统：社会有机体和社会形态。社会有机体主要是在空间结构层面，表达社会各要素之间有机结合为社会系统。社会形态主要是在时间历史层面，表达由于社会各主要要素的矛盾运动推进社会历

① 马克思恩格斯选集：第1卷. 北京：人民出版社，2012：134.

② 毛泽东选集：第3卷. 北京：人民出版社，1991：799-800.

③ 同②797.

史变革而形成的不同社会类型。这也就是我们所熟知的社会基本矛盾——生产力和生产关系、经济基础和上层建筑的矛盾——推动社会历史变革。马克思主义的社会形态理论分为三种。

第一种是所谓“五形态”的经济社会形态，即根据生产关系的变化把人类社会历史分为原始社会、奴隶社会、封建社会、资本主义社会和共产主义社会五个阶段。第二种是所谓“三形态”的经济社会形态，即根据人的发展的标准把人类社会历史分为“直接的社会关系”、“物化的社会关系”和“自由人的联合体”三大阶段。这三大阶段分别对应于以自然经济为基础的社会、以商品市场经济为基础的社会和以产品经济为基础的社会。

“五形态论”与“三形态论”是马克思在不同时期根据不同角度、不同标准提出的理论，不是对立排斥关系，而是相互补充关系，不能以其中一个否定另一个。二者存在着大致的对应关系：“五形态”中的原始社会、奴隶社会和封建社会大致对应于“三形态”中的自然经济社会，资本主义社会大致对应于商品市场经济社会，共产主义社会大致对应于产品经济社会。我国目前所处的社会主义初级阶段正处于从商品市场经济向产品经济、从“物化的社会关系”向“自由人的联合体”过渡的阶段。

马克思还提出过第三种社会形态理论——技术社会形态，即以生产力、科学技术和产业结构为标准划分社会形态，人类社会历史可分为渔猎社会、农业社会、工业社会和信息社会。用技术社会形态理论解释，我国目前正处于从工业社会向信息社会过渡的阶段。

社会矛盾方法主要包括社会分层理论（阶级和阶层）和社会要素矛盾方法。社会分层理论根据一些标准（主要是经济标准）把社会主体划分为不同阶级和阶层，并研究不同阶级和阶层之间的矛盾与斗争。社会要素矛盾方法是在社会基本矛盾基础上分析社会各要素之间的矛盾，分清主要矛盾和次要矛盾、矛盾的主要方面和次要方面、内部矛盾和外部矛盾等。如党的十九大首次提出，新时代我国社会主要矛盾已经从人民日益增长的对物质文化的需要与落后的社会生产之间的矛盾，转变为人民对美好生活的需要与不平衡不充分发展之间的矛盾。社会主要矛盾的变化意味着我们改革发展的阶段性重大变化。

3. 社会主客体方法

社会主体指社会的主导方面——人（个体和群体），社会客体指主体认识和改造的对象与环境。把社会分为主体和客体并分析主客体之间的关系，是大多数社会历史科学通用的方法，马克思主义哲学只是提出了新的观点。社会历史的运行和发展是主客体的对立统一，是主观能动性与客观规律性、合目的性与合规律性的对立统一，是作为主体的人有意识、有目的地认识和把握客观规律，改造客观事物，实现主观目的。社会历史既不是完全与人无关的客观必然性作用产物，也不是人为所欲为、完全主观目的的实现的结果。

现代哲学还提出，在分析和处理社会主客体关系的同时，还要分析和处理主体间的关系，即人与人的关系。对于认识和解决现代社会问题而言，可能人与人（即主体与主体）的关系比人与对象（即主体与客体）的关系更为重要。在日益发展的当代社会生活中，社会主客体的问题越来越集中表现为社会主体间的问题，即社会公共性问题。当代马克思主义哲学关注的中心，正在发生由人的主体性向社会公共性的转换，这是社会主客体方法应用中的明显变化。

4. 社会发展与世界历史理论和方法

马克思主义哲学从来不把社会看作固定不变的状态，而是坚持用发展变化的观点、方法认识和解决社会问题。社会整体和社会各层级主体——个人、群体、民族、国家、人类，都是不断发展变化的。当代社会发展的速度越来越快，复杂程度越来越高，改革创新成为新时代精神，僵化保守没有出路。这就要求我们坚持与完善马克思主义社会发展理论和方法，把握社会发展与变革的基本趋势和规律，与时俱进，改革创新，顺势而为，适应乃至引领社会发展和时代变革。具体而言，社会发展方法还包括认识和把握社会发展的阶段、趋势、动力、速度、效益，准确认识和处理社会主要矛盾及矛盾的主要方面，全面规划和把握各个区域、各个领域发展之间的关系。当代中国的科学发展观、新发展理念、以人民为中心的发展思想等，都是马克思主义哲学的社会发展理论和方法在中国特色社会主义理论中的创新成果。

在社会发展理论和方法中，马克思和恩格斯还提出了一个具有独创性的重要理论和方法：世界历史理论和方法。“各个相互影响的活动范围在这个发展进程中越是扩大，各民族的原始封闭状态由于日益完善的生产方式、交往以及因交往而自然形成的不同民族之间的分工消灭得越是彻底，历史也就越是成为世界历史。”① 资本的大工业“开创了世界历史，因为它使每一个文明国家以及这些国家中的每一个人的需要的满足都依赖于整个世界，因为它消灭了各国以往自然形成的闭关自守的状态”②。马克思和恩格斯在一百多年前

① 马克思恩格斯选集：第1卷. 北京：人民出版社，2012：168.

② 同①194.

的预言，今天已经随着全球化进程的不断深化而变成现实。他们提出的世界历史理论和方法，也被学界公认为当代全球化理论的先驱。虽然他们没有提出“全球化”这个概念，而是用“世界历史”概念，实质上说的完全是一回事。

世界历史理论和方法是我们今天认识与解决全球化进程中的问题的根本指针。全球化的形成和发展以生产力、分工、交往的发展为物质基础，以大工业和世界市场为主要形式。全球化就是由于生产力和交往的普遍发展，使人类活动超越民族和地域局限，形成全球范围内各民族之间全面的互相往来、互相依赖的趋势和过程。全球化的目标在于全人类的自由全面发展。人的自由全面发展、历史转变为世界历史，与共产主义的实现是同一个历史进程。共产主义是全球化进程即“历史向世界历史转变”进程的最终结果。

综上所述，哲学不仅渗透到科学领域，渗透到社会生活、日常生活的各个领域，形成时代的思维方式，而且也渗透到每个人的精神世界。哲学作为世界观和方法论，在精神世界中居于统摄与核心地位，起着灵魂和支柱的作用。它能够把人的精神世界中的各种因素有序组织起来，使之按照一定的程序、方式和方向发挥作用。不管自觉不自觉，不管有没有意识到，人们总是按照一定的世界观和方法论来解释世界和改变世界。对于一个民族而言，其哲学素质的状态代表着这个民族思想的成熟程度和发展水平。对于个人而言，其哲学素质是整个综合素质的核心组成部分。哲学素质的有无和高低，无论对个人、民族乃至整个人类都非常重要。凡是卓有成就的科学家、思想家、政治家、军事家、艺术家、企业家等，无不具有较高的哲学能力和素养。

对于当代中国大学生来说，拥有一定的哲学素质是十分必要的。而要提高哲学素质，主要应学习哲学的世界观和方法论，其中最重要的是学习马克思主义哲学的世界观和方法论。马克思主义哲学由于其科学性、全面性、深刻性、实践性等特点，可以应用和渗透于任何一个领域、学科、专业。无论学习哪个学科或专业的大学生，学习、掌握、运用马克思主义哲学的世界观和方法论，对自己的学习、工作和生活都大有助益。

三、培养积极健全的人生观和价值观

哲学除了可以帮助人们树立合理的世界观、历史观，获得科学的认识论和方法论，还可以帮助人们培养积极健全的人生观和价值观。对于个人来说，所要面对和处理的重要关系不外乎三种：个人与自然界、个人与社会（他人）、个人与自我的关系。对这三大关系的总体思考，分别形成世界（自然）

观、社会历史观和人生观。自然界、社会和人都属于世界，因此，广义的世界观包括自然观、历史观和人生观。虽然从前提和基础的意义上说，自然界和社会对于个人具有优先性；但对于个人而言，自我才是主体，自己的人生才是最重要和最切近的。所以，哲学不仅要为人们树立世界（自然）观和社会历史观，还要为每个人树立人生观和价值观；不仅要思考世界（自然）是什么、怎么样和社会历史是什么、怎么样的问题，更重要的是要思考我是谁、我的人生有什么意义、我的人生怎么过的问题。相对于世界（自然）和社会历史的问题，人生的问题虽然范围窄一些，但对每个人来说，意义更加重要而切近。只有宏大的世界（自然）观和社会历史观，没有人生观和价值观的哲学，不是完整的哲学。

在哲学史上，人生观的问题始终是不可或缺的重要内容。尤其是在当代，社会的发展与时代的进步，使每个人面临着越来越紧迫而又重大的挑战。“不是我不明白，这世界变化快”。人们面对剧烈的社会变革，往往难以适应。在一些人那里，特别是精神世界中，出现大量混乱和失范现象，如精神空虚、道德模糊、理想失落、迷信泛滥、心理疾病等。这些问题的出现有社会的原因，也有个人的原因，主要是个人的人生观和价值观不健全。一个人要想更好地生活，只具有一定的世界观、历史观和方法论是不够的，还必须形成积极健全的人生观和价值观。

人生观是人们在实践中形成的对于人生目的、价值、意义和理想的根本看法。它决定着人们实践活动的目标、人生道路的方向，也决定着人们行为选择的价值取向和对待生活的基本态度。人生观是世界观的重要组成部分，受到世界观的制约。人生观的主要部分并不是由对事物的事实判断形成的知识，而是一些价值判断即价值观的选择和导向。像人生有什么意义、人为什么活着、什么是好人等人生观的问题，实质上是价值判断即价值观的问题。所以，我们在讲到人生观时，常常与价值观相提并论，再加上人生观和价值观的前提或基础——世界观，这就是我们在日常语境中所说的“三观”。这“三观”对个人的成长和发展至关重要。

哲学人生观是对人生问题的总看法，也称为人生哲学，是其他关于人的科学的总原则和总依据。哲学人生观有很多种，不同哲学派别提出了对人生问题的不同看法，我们需要根据其科学合理性以及自己的实际需要，进行辨别和选择。2018 年，在中国举办的世界哲学大会的主题“学以成人”，正是人生观的核心问题：学习如何成为一个健全的人，一个顶天立地的人，一个自由全面发展的人。马克思主义哲学的人生观是科学合理健全的人生观，可以指导我们形成积极健康的人生目标、态度、意义和理想，可以指导我们更好地应对和解决人生遇到的各种问题。

哲学人生观中，人是什么？我是谁？这是人生观的首要和基础问题，在哲学上就是关于人的本质的问题。古希腊哲学家苏格拉底开创了哲学主题从自然界向自我的转变，强调比认识外部世界更重要的是“认识你自己”，比自然哲学问题更重要的是人生哲学问题。由此也开启了哲学史上关于人的本质问题的讨论。关于人的本质（人是什么）的问题，哲学史上有许多不同的解答，到现在也没有一个标准答案。

迄今为止，最为全面与合理的解答是马克思做出的。马克思关于人的本质主要有两个著名观点，其一，“人的本质不是单个人所固有的抽象物，在其现实性上，它是一切社会关系的总和”①。其二，“劳动这种**生命活动**”“是产生生命的生活”。“一个种的整体特性、种的类特性就在于生命活动的性质，而自由的有意识的活动恰恰就是人的类特性。”② 人的目标是自由全面发展。前者是从人与人的关系层面界定人的本质，认为社会性是人的本质属性；后者从人的活动层面界定人的本质，自由的有意识的活动使人成为人。一方面说，人是社会的类存在物；另一方面说，人是自由的有意识的存在物。“有意识的生命活动把人同动物的生命活动直接区别开来。正是由于这一点，人才是类存在物。或者说，正因为人是类存在物，他才是有意识的存在物，就是说，他自己的生活对他来说是对象。仅仅由于这一点，他的活动才是自由的活动。”③ 马克思主义人生哲学的这个首要和基本的观点，是我们认识人生根本问题的指导原则。

大学生处于青年时期，是人生中最美好的时期。1957 年，毛泽东在接见中国留苏学生时讲过一段著名的话：“世界是你们的，也是我们的，但是归根结底是你们的。你们青年人朝气蓬勃，正在兴旺时期，好像早晨八九点钟的太阳。希望寄托在你们身上。”他还教导同学们说：青年人应具备两点，一是朝气蓬勃，二是谦虚谨慎。习近平同志也明确指出，青年兴则国家兴，青年强则国家强。当代中国大学生是一个特殊群体，有其特殊性，如年轻、有活力、个性强、创造力强，正处于学知识、长身体、健心理的阶段等。这一群体又有其一般性，即他们都是成长中的人。要想成为特殊的人，必先成为一

① 马克思恩格斯选集：第 1 卷．北京：人民出版社，2012：135.

② 同①56.

③ 同①56.

般的、合格的、健全的人，而教育和引导他们成为一个一般的、合格的、健全的人，应当成为教育的首要目标。教书育人，教书只是手段，育人才是最终目的。这个作为目标的“人”，应该是什么样的人？用马克思的话说是“自由全面发展的人”，用冯友兰的话说是“使人成为人，而不是成为某种人”。这个目标可以概括为做“顶天立地”的人。按理说，教育首先要育人，学生学会做人，应该越早越好，应该从娃娃抓起。但可惜的是，我们从小学开始的教育存在工具化、知识化倾向，往往没有自觉地把育人作为教育的首要目标，所以我们不得不在大学阶段“补课”。

大学是人生经历中的关键时期，是人生路上一个非常重要的“路标”。在这段路上，学会做“顶天立地”的人，比学会很多具体知识更重要。知识随时都可以学，缺了还可以补，错了还可以改，而做人（人生观教育）越早越好。一旦进入社会，走上工作岗位，已经形成固定的人生观、价值观，再想重塑就难了。如果没有学会做人，其所学知识可能对己、对人、对社会不一定起到好的作用。所谓“顶天立地”，是说人既要诗意地栖居于大地上，又要时常抬头仰望天空。“顶天”就是要有理想梦想，有精神追求。有了理想梦想和精神追求，才有生活的方向；有了方向，在路上前行才有意义。“立地”就是要脚踏实地、立足现实，认真务实地去实现自己的理想梦想和精神追求。只要认准方向，一步一步坚定走下去，梦想就不会成为空想，就可以变成现实。

人“顶天”和“立地”，本质上是同一种姿态：“顶天”意味着可以通过最广阔的视野来审视人的目标和理想，确定正在实现的目标是否具有落到实处的意义，从而使人更踏实地立于大地之上。“人”这个汉字本来就是一个顶天立地的形象。顶天立地是中国人对男子汉大丈夫的要求，在一般意义上也是对做人的要求。顶天立地的人是大写的“人”，是“大我”，而不是“小我”。这样的人不仅要正确认识和规划自己的人生，不断自我发展、自我完善，还要正确认识和处理自我与他人、社会、自然的关系，把个人的命运与民族、国家乃至人类的命运紧密联系起来，从而实现自我的最大价值。只不过在现实生活的压力和外部世界的诱惑面前，很多人只知满足“小我”的需求，失去了“大我”意识。他们既丧失了仰望天空的勇气，又没有脚踏实地的作为，于是过着一种飘在半空中的“悬浮”生活，导致了人生观和精神世界的迷惘空虚。

有了做“顶天立地”的人这一理想目标，我们还要培育和引导大学生树立合理健全的世界观、人生观、价值观；完善人性和人格，懂得生命的尊严和人生的意义；有积极向上的人生态度，有远大理想和信仰，又有脚踏实地的目标；完善自我，尊重他人，承担责任，奉献社会；有充沛的理性、情感、意志，有健全的身体和心灵；有良好的道德品质，有合格的与他人、社会、自然交往的能力；还要懂得如何看待生老病死，如何应对顺境逆境、成功失败、功名利禄，如何发挥人格优势，取长补短，不断自我完善；等等。更重要的是，人生观的培养应当摒弃那种大而空的说教模式，让学生懂得做一个顶天立地的人，形成积极健全的人生观，不是一蹴而就、一劳永逸的事情，而要从生活中做起，从每一天做起，从每一件小事做起，落到实处。

教育的首要目标是做人，并不排斥通常的目标——做某种人。在确立了做顶天立地的人的首要目标后，也应当确立做某种特殊的、专业化的人的目标。社会有分工，术业有专攻。培育特殊的有某种专业知识和技能的人才，是社会发展的现实需要。专业化、职业化的教育是必要的，但不能把这一目标当作教育首要的甚至唯一的目标。在做“某种人”之前先要“学以成人”，成为社会普遍意义上的人，一个大写的“人”。特殊的专业教育、职业教育，应该建立在人生观教育的基础上。由于工具化和专业化的教育模式与急功近利的实用主义心态，中国大学教育的工具化和专业化的弊端已经充分显露。专业越分越细，教育越来越急功近利，学校过多注重升学率、就业率和适应社会需求。社会更强调学生的专业知识和技能，学生也只能拼命学习各种实用的知识和技能，以应对竞争和压力，自觉不自觉地忽视了教育的根本目的。只重知识不重价值，只重做事不重做人，过于偏重专业职业教育而忽视人文素质教育，使我们在经济社会文化建设中付出沉重的代价。这个教训很深刻，迫切需要反思和调整。

当然，真正做一个顶天立地的人，养成积极健全的人生观、价值观，不是很容易的事。人无完人，每个现实生活中的人都有各种各样的缺点，但也正因为如此，人生观、价值观的教育和培养才成为我们的教育的根本目标。在中国当代社会中，我们最缺乏的不是专业的知识和职业的技能，而是健全的人格和完善的人性。所以，对于中国的未来发展，树立教育的根本目标和任务意义重大。而在这方面，哲学具有独特的优势。国家近年来提出的以人为本的科学发展观、社会主义核心价值观、以人为中心的发展理念、新时代中国特色社会主义的“立德树人”教育思想等，都为我们的高等教育确立了新方向和新任务，也成为个人培养积极健全的人生观和价值观的重要指针。

哲学素质培养在帮助人们树立科学合理的世界观、历史观、认识论、方法论、人生观、价值观之外，还有一点需要特别强调，就是培养我们的创新能力。人类的实践活动在本质上是一种创造活动。没有创造就没有人的实践活动，也就没有人类文明的产生和发展。今天人类已经进入全球化和信息化时代，生产力、交往和科学技术高度发展，人们的生产方式、生活方式、思维方式、价值观念等也在迅速变化。无论对于个人还是全民族、全社会，创新能力的提升成为重中之重。习近平同志指出："创新是一个民族进步的灵魂，是一个国家兴旺发达的不竭动力，也是中华民族最深沉的民族禀赋。在激烈的国际竞争中，惟创新者进，惟创新者强，惟创新者胜。"①

哲学能力的创造性价值是哲学能力最突出的价值。哲学能力何以能够成为巨大的创造能力，是因为哲学能力综合了多种能力，并且能够把思维与实践紧密联系起来。它能使观察更敏锐、判断更犀利、理性更深刻、想象更丰富，从而使思维更敏捷、行动更理智、实践更有成效。随着科学技术的发展和人类实践、生活方式的进步，哲学能力越来越同科学能力、实践能力融会在一起，在各个方面推动人们形成和发挥创新能力。

马克思主义哲学是富有创新能力和创新精神的哲学，它的蓬勃生机和不断发展就是这种内在本性的充分展现。作为时代精神的精华，真正的哲学不仅要反映和表达时代精神，更要引导和塑造时代精神。马克思主义哲学的创新在于面对时代和实践新的情况，提出新的问题，开拓新的领域，得出新的结论，产生新的思想。在马克思、恩格斯之后，列宁主义、毛泽东思想、邓小平理论、"三个代表"重要思想、科学发展观、习近平新时代中国特色社会主义思想，都是把马克思主义基本原理同新时代、新实践、新问题相结合的创新成果。如果没有足够的哲学能力，即使面对伟大的社会历史变革，面对很多重大的新情况、新问题，也难以做出这样的思想理论创造。

综上所述，哲学能力和素质对于当代社会以及每个人的发展，具有重大的不可替代的价值。我们需要在努力学习科学文化知识的同时，自觉培养提升自己的哲学素质，树立合理健全的世界观、历史观、认识论、方法论、人生观、价值观，做一个顶天立地的、自由全面发展的人，成为德才兼备的复合型、创新型人才。只有这样，我们才能担负起时代的重任，应对时代的挑战，成为合格的、优秀的中国特色社会主义事业建设者和接班人，为实现中华民族伟大复兴的中国梦贡献力量，并且过一个更美好、更有价值的人生。

思考题

1. 哲学思维区别于具体科学思维的特点有哪些？

---

① 习近平．在欧美同学会成立100周年庆祝大会上的讲话（2013年10月21日）．http://www.gov.cn/ldhd/2013-10/21/content_2511441.htm.

2. 结合自己学习和成长的实践体会，谈谈学习哲学知识和培养哲学能力的关系。

3. 现阶段，你的人生目标是什么？为实现这一目标，你做了什么准备？有哪些优势，哪些不足？

4. 阅读一部人生哲学的著作或一部优秀人物传记，谈谈主要收获。

第三章　哲学的阅读

“学而不思则罔，思而不学则殆。”（《论语·为政》）哲学素质的培养不可能一蹴而就，需要通过对哲学的学习、研究和思考来实现，并把哲学素养转化为自己的能力。而哲学学习的基础在于哲学的阅读，特别是哲学经典文献的阅读。哲学的阅读既有一般阅读的共同点，也有哲学阅读的特殊性。我们可从一般性的阅读方法入手，进而探讨哲学阅读的特殊性。形象地说，哲学阅读就是要不断把凝固在文献中的哲学智慧以一种敞开和流动的方式重新在我们的头脑中呈现出来，并转化为我们自己的智慧。在阅读哲学文献过程中，我们可以摸索出一套适合自己阅读哲学文本的方式，在潜移默化中逐步提升自己的哲学素养，塑造自己的哲学品质。要阅读哲学文献，首先须学会从形式和内容上对文献进行甄别、筛选，从而选定适合自己水平和需求的高质量哲学文献，并借助读书笔记等辅助方式来提高阅读效率、加深思想理解。

第一节　哲学文献的形式

古今中外的哲学文献浩如烟海。如何缩小文献范围、圈定重点阅读书目，这是阅读哲学文献必然要面对的首要难题。哲学研究对象的复杂性与哲学历史的复杂性，决定了哲学文献的多样性，流派众多，关系复杂，主题纷呈。这就决定了哲学文献具有整体性、系统性和交叉性等特征。通常意义上的哲学论著，是对日常经验认识和具体科学知识的概括和总结，是世界观和方法论的理论体系。我们可以从学科分类角度明确哲学文献的整体框架结构，从而缩小文献范围，选定适宜个人水平与需求的核心文献和相关文献，进而通过文本和版本的筛选，为初学哲学的人在阅读哲学文献时提供有益的建议。

一、哲学文献的整体把握

我们首先应当对哲学文献进行整体把握。要对哲学文献进行整体把握，就必须了解哲学学科的一些基本常识。哲学同数学、物理学、文学等一级学科一样，是由其所属的二级乃至三级学科分支构成的学科体系，这些分支学科是历史形成的。我们简要介绍一下哲学分类形态的历史演变及其现状，为选择哲学文献提供一种可能的较为科学的方法。

1. 哲学分类的历史和现状

在西方哲学史上，最早明确对哲学进行分类研究的主要代表人物，是古希腊晚期斯多葛学派的创始人芝诺（公元前336—前264）。芝诺把哲学分为物理学、伦理学和逻辑学三个基本分支。在他看来，“哲学就像是一个果树园，在那里面逻辑学就是墙，物理学就是树，而伦理学则是果实；或者又像是一个蛋，逻辑学就是蛋壳，物理学就是蛋白，而伦理学则是蛋黄”①。近代以来，在芝诺的哲学三分法基础上，笛卡尔将哲学分为形而上学、物理学和伦理学三个基本分支，而黑格尔则把他的哲学分为逻辑学、自然哲学和精神哲学三个分支。

到了现代，随着西方哲学的传入，西方哲学的分类法也被引入中国。胡适曾把哲学分为宇宙论、名学（逻辑学）、知识论、人生哲学（伦理学）、教育哲学、政治哲学、宗教哲学等分支②，这已经很接近中国现代哲学的学科体系。冯友兰则认为，哲学主要包含宇宙论（“对于世界之道理”）、人生论（“对于人生之道理”）和知识论（“对于知识之道理”）三大部分，并说“此三分法，自柏拉图以后，至中世纪之末，普遍流行；即至近世，亦多用之。哲学之内容，大略如此”③。

由此可知，哲学的分类方法本身就是一个哲学问题，非常复杂，并无定论。人们可以按照学科来分类，也可以按照流派、历史、地域、专题等标准来分类，如图3-1所示。然而哲学分类方法和标准的多样，对于哲学本身来说并不是坏事。无论哲学派别如何分歧和多样，皆同属于哲学，都是为了追求智慧，可谓殊途同归。正如苹果、香蕉、葡萄等虽各有特性，但都属于水果。这种分歧绝不意味着哲学所关注的对象或揭示的真理是抽

---

① ［英］罗素．西方哲学史：上卷．北京：商务印书馆，1982：327.

② 胡适．中国哲学史大纲：卷上．北京：东方出版社，1996：1-2.

③ 冯友兰．中国哲学史：上册．北京：中华书局，1961：2.

象对立的，反而是理解哲学本性、进入哲学思考的必由之路。正如黑格尔所言："哲学系统的纷歧和多样性，不仅对哲学本身或哲学的可能性没有妨碍，而且对于哲学这门科学的存在，在过去和现在都是绝对必要的，并且是本质的。"①

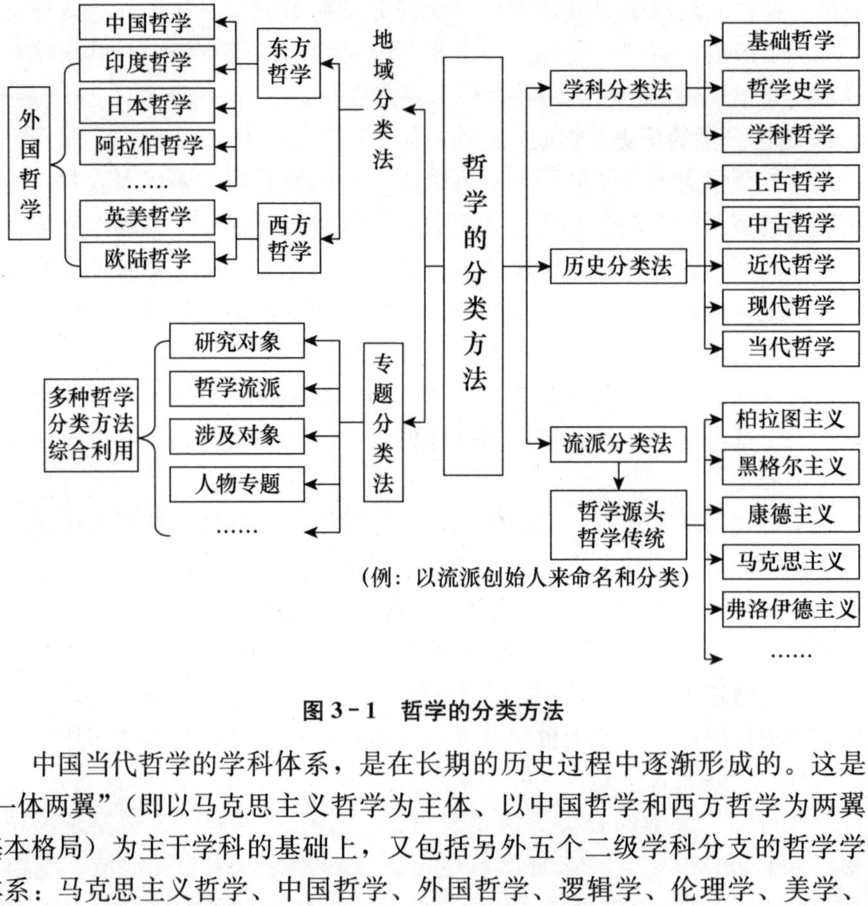

图 3-1　哲学的分类方法

中国当代哲学的学科体系，是在长期的历史过程中逐渐形成的。这是在"一体两翼"（即以马克思主义哲学为主体、以中国哲学和西方哲学为两翼的基本格局）为主干学科的基础上，又包括另外五个二级学科分支的哲学学科体系：马克思主义哲学、中国哲学、外国哲学、逻辑学、伦理学、美学、宗教学、科学技术哲学。严格说来，这种分类体系并不是以单一标准来划分的分类体系，而是以多种标准来划分的综合分类体系。其中，马克思主义哲学是按学派分，中国哲学、外国哲学是按地域分，后几种是按学科或主题分。现在还有一些新兴的分支学科，如政治哲学、经济哲学、文化哲学、社会哲学、生态哲学、信息哲学等，虽暂未进入正式的哲学学科体系，但发展前景

① ［德］黑格尔．哲学史讲演录：第1卷．北京：商务印书馆，1959：24.

很好，也值得学习者关注。哲学的范围太大，分类标准略显驳杂。我们可以中国现代哲学的学科体系即以八个二级学科为基础，分门别类地检索，借以寻找适合自己的哲学文献。

2. 哲学文献的内容和形式分类

为了进一步阅读、学习、研究哲学文献，我们有必要对哲学二级学科做进一步划分，也就是上面提到过的学科、流派、历史、地域、专题等划分标准的进一步应用。按照时代来划分，西方哲学文献可分为古希腊罗马哲学、中世纪经院哲学、欧洲文艺复兴时期哲学、近代欧洲哲学、现代西方哲学等哲学文献，中国哲学文献可分为先秦前哲学、先秦诸子哲学、秦汉哲学、魏晋南北朝哲学、隋唐五代哲学、宋元哲学、明清哲学和近现代哲学等哲学文献。按照流派来划分，中国哲学文献可以划分为儒家哲学、道家哲学、法家哲学、墨家哲学等哲学文献。按照人物专题来划分，马克思主义哲学文献包括马克思、恩格斯、列宁、毛泽东等经典作家和现代马克思主义哲学家的文献。西方哲学可划分出柏拉图哲学、亚里士多德哲学、笛卡尔哲学、康德哲学、黑格尔哲学等。更复杂的方式则是对学科、流派、历史、地域、专题等划分标准的延伸及综合交叉应用。

以上哲学文献的分类，主要是内容上的划分。同时，还可以根据哲学的形式和载体的不同，对哲学文献进行分类。这种分类主要有三种：

其一，按照哲学成果编著、出版的类型，哲学文献可分为哲学著作、论文、研究报告、资料汇编、古籍整理、教材、译著、工具书、论文集、普及读物、一般文章、数据库等。在信息时代，这些文献既可能是纸质版，也可能是电子版。其中，哲学著作和论文是学习和研究哲学较常用的文献。著作又可进一步分为专著、合著、单行本、选集（文集、文选、选读）、全集、书信集和专题汇编、摘录等不同形式。著作单行本，如柏拉图的《理想国》、亚里士多德的《形而上学》、康德的《纯粹理性批判》、黑格尔的《小逻辑》、马克思的《资本论》、恩格斯的《自然辩证法》、海德格尔的《存在与时间》等；著作全集、选集，如《马克思恩格斯全集》《列宁全集》《毛泽东选集》等。

其二，像其他学科的文献资料一样，根据哲学文献的不同载体形式和技术，将哲学文献分为印刷型、缩微型、电子型和多媒体型四大类。随着信息时代的来临，以纸质印刷为主的传统哲学文献形式越来越走向电子化、信息化和多媒体化。

其三，可依据文献加工层次和程度的不同，将哲学文献分为零次文献①、一次文献、二次文献和三次文献等。要想学好哲学，培养哲学素质，最重要的是学习一次文献，即以作者本人的研究成果为依据而创作并正式发表的原始文献。这是人们常说的“第一手资料”，无疑是我们学习和研究哲学最重要的文献信息源。然而有些哲学原著浩繁晦涩，对于初涉哲学的人来讲，直接阅读难免困难，也会打击学习哲学的积极性，甚至有曲解作者思想的危险，故而需要将在一次文献基础上加工整理而成的具备有序化和浓缩特征的二次文献以及三次文献（文摘、索引、述评、辞典、百科全书等）作为阅读的辅助环节。至于零次文献，因其所具有的零散性、不成熟性，主要是在对哲学做进一步深入研究时作为辅助性文献。至于如何以一次文献为主，快速、方便、高效地寻找适当的二次、三次、零次文献，这就需要我们利用一定的检索工具。

3. 哲学文献的检索来源和方法

要从内容丰富、形式多样的哲学文献中快速找到适合自己的文献，就必须学会使用检索工具。按照文献检索载体的不同，检索工具分为印刷型和电子型。印刷型检索工具包括目录、索引、文摘，以及年鉴、百科全书等具有纸质或其他物质载体的工具书，俗称“手工检索”。较常见的哲学文献的印刷型检索工具有《1900—1949年全国主要报刊哲学论文资料索引》（四川大学、复旦大学哲学系资料室编）、《中国哲学论文索引》、《全国报刊部分哲学论文目录索引》、《中国大百科全书》（哲学卷）、《辞海》（哲学分册）、《哲学大辞典》、《中国哲学大辞典》、《现代西方哲学词典》、《美学词典》、《伦理学词典》、《中国哲学年鉴》等。此外还有一些哲学某一领域的专题资料也很有用，如《中国哲学史资料选辑》《中国近代思想史参考资料简编》《西方哲学原著选读》《现代西方主要哲学流派资料》《西方伦理学名著选辑》等。

相较于传统的手工检索，电子型检索工具即电子信息检索更方便快捷且内容更丰富。常见的哲学文献电子数据库有《中国期刊全文数据库（CJFD）》中的哲学与人文科学（1994年至今）、万方数据库中的哲学类学术论文、《中文科技期刊数据库》中的哲学类、《中文社会科学引文索引（CSSCI）》来源期刊中的哲学论文、《人大复印报刊资料》全文数据库中的哲学类（全文从1995年至今，索引从1978年至今）、《全国报刊索引数据库》等。不论是手工检索

① 零次文献，指未经过任何加工、未经正式发表或未形成正规载体的一种原始文献形式，如书信、手稿、笔记、谈话记录、会议记录、实验记录、原始录音录像等。

还是电子信息检索，都要求我们在明确查找目的与要求的前提下选择合适的检索工具，确定检索途径和方法。文献检索是一项实践性很强的活动，只有通过经常性的实践，才能逐步掌握文献检索的规律，从而迅速、准确获得所需哲学文献。

最后，我们除了要了解各种哲学文献的不同特点，分门别类地检索、学习和研究，还要注意从整体、全局的角度把握哲学文献，注重哲学各分支学科和不同类别文献中的深层的、内在的共同性，触类旁通，融会贯通，真正掌握哲学论著的真谛。

二、文献内容：核心文献和相关文献的确定与筛选

要对哲学文献进行整体了解和把握，单纯圈定范围是不够的。经过系统的分类和检索，仅靠兴趣点以及学习者水平和需求所划定的哲学文献范围仍然是巨大的。比如对古希腊哲学感兴趣，需要读的书目非常多，如《柏拉图全集》4 卷，《亚里士多德全集》10 卷；再比如对马克思、恩格斯的思想感兴趣，那么由中央编译局出版的《马克思恩格斯全集》（第一版 50 卷；第二版已出近 30 卷，计划共出 70 卷）就足以令初学者望而却步，更遑论其他相关著作。要想对收集到的文献进行分析研究，使之能真正为我所需、为我所用，从而达到阅读目的，必须对这些文献做进一步区分与筛选。否则，即使收集、查阅的文献资料再多，也无法获取足够的有效信息，反而徒增负担。区分与筛选核心文献和相关文献的能力，显然是一项重要能力。

1. 核心文献和相关文献的内涵及区分必要性

什么是核心文献？什么是相关文献？我们所说的核心文献，是指文献中所含的信息密度以及文献价值，对阅读者的学习或研究有直接有效的帮助，且能集中满足阅读需要的文献。而所谓相关文献，则是指围绕核心文献而形成的辅助文献。这类文献所含的信息密度和文献价值相对于核心文献较低，与学习研究的关系比较间接，重要性不如核心文献。

为什么要注意区分核心文献和相关文献呢？除了“信息爆炸”时代需要我们具有迅速获取有效信息的能力以外，这也是由当代文献分布异常分散，内容重复交叉、互相渗透等特点决定的。在我们学习和研究中，只有分清主次先后，才能提高效率，达到事半功倍的效果。对于哲学学习来说，分清核心文献和相关文献，可以让我们很快抓住主要内容，针对难点、重点加以突破。再者，由于科研工作具有历史的连续性和继承性，通过阅读核心哲学文献，我们可以了解自己的选题是否别人已进行过研究、现在研究的程度和水

平如何，并据此及时修改和完善自己的研究内容，以避免低水平重复和减少研究的盲目性。此外，作为辅助的相关文献，可以将我们所关注的哲学焦点置于更大的理论平台上予以审视，从而启发思路、开阔视野。

2. 筛选核心文献和相关文献的内在目的原则

了解了区分核心文献和相关文献的重要性后，在具体的哲学学习和研究中，我们还要明确学习和研究的目的，以便于确定核心文献和相关文献。

第一是学习和理解的目的。为达到这个目的大致可以按照常识了解、历史梳理和重点钻研三个步骤来进行。首先，选择阅读哲学教科书这一类初步的介绍普及型文献资料，例如《哲学通论》《哲学概论》《哲学入门》等。哲学教科书是较为系统而完整地阐述哲学理论或历史的著作，具有科学性、逻辑性和规范性，能使初学哲学的人快速了解哲学，掌握哲学基本常识。其次，在对哲学常识初步了解后，可进一步阅读哲学史类的哲学文献。通过对哲学发展脉络的梳理，就可以建构起整体的哲学框架，奠定哲学素养的思想史基础。最后，在基本常识和历史背景都建立起来后，学习者就可寻找到自己的兴趣点或研究方向，有针对性地朝着自己预定或期待的方向重点深入钻研。简言之，要有一个由浅入深、由博到专到通的过程。

第二是研究和写作的目的。研究和写作是学习和理解的进一步深化与拓展，可以直接沿用出于学习和理解的目的选择阅读文献的三个步骤，还要加上一些哲学专题研究和写作的方法。研究和写作需要相当的广度和深度，在文献数量和质量上的要求也要高于普通的出于学习和理解的目的对于哲学知识的学习。然而，在文献数量和质量上的拓宽不应是盲目的，而应有一定的方向可循。既可以采用由外向内逐渐深入的方式，也可以采取直接切入主题的方式。如果是初学者，可以先读一些前沿性、权威性的综述和评述，以便了解该问题研究的基本情况，然后选择一些相关论著进行研读，最后再对核心论著进行有针对性的精研。如果研究者对所欲探索的哲学问题已经有了一定的认识，就可以略去一般性的阅读，直接寻找以自己研究的问题为主题的论著，将其作为核心文献进行详读、消化、吸收，以及做必要的分析、批判。在此基础上，尽量以此为核心向外扩展视野，查阅相关文献，以便得到多层面、多角度的深层次上的启发。

第三是丰富和拓展的目的。有时我们阅读哲学书籍，并不是为了特定目的，而是为了提高自己的哲学素养，甚至只是为了体会哲学思想的乐趣。这样学习哲学，相较于第一种学习和理解的目的更显自由随性，因而没有必要严格按照前面所说的步骤去做，如果时间精力允许，完全可以根据自己的兴趣爱好选择阅读具体的哲学文献。这样也许看起来针对性不强，甚至有点“浪费时间”，但往往在随性阅读中得到意想不到的灵感和启发，反过来对专业性的学习和研究会有助益。在进行专业性的哲学学习和研究的基础上，也要保持阅读和学习的开放性和想象力。

无论出于哪种目的，原始文献作为第一手资料在学习研究中的地位是不容置疑的。但是也不能把读原著绝对化。原著一般比较深、难、专，学习者要选择那些适合自己现有水平、符合自己阅读目的的原始核心文献。如果不顾具体情况，盲目拿来原著就读，反而会适得其反。别林斯基说过：“阅读一本不适合自己阅读的书，比不阅读还要坏。我们必须学会这样一种本领：选择最有价值、最适合自己所需要的读物。”比如，你如果对西方哲学史没有基本了解，一上来就读康德的《纯粹理性批判》，非但不能很好理解其内容，还会打击学习的积极性。

3. 区分核心文献和相关文献的外在形式原则

确定了内在目的后，还要了解区分核心文献和相关文献的外在形式原则，也就是一定的标准。但这标准不是绝对的，而是依据不同的文献研究目的而有所不同。不仅不同的哲学文献相对于不同的研究目的，其重要性有所不同，即使同一哲学文献，在不同的使用目的中也有各不相同的地位。因此，如何确定核心文献，要因人、因时、因目的而异。但一般来说，核心文献还是具有一定的共性的，这也是我们确定核心文献所要遵循的基本原则：第一，相关性，即所搜集的哲学文献应与我们的研究目的直接关联。这是确定核心文献第一位、最基本的要求。第二，丰富性，这一原则包含两方面的要求：其一，内容上的丰富性，尽可能广泛搜集古今中外所有论及相关问题的原始文献，信息源越丰富越好；其二，形式上的丰富性，不仅要有与研究密切相关的印刷型文献，也要有相关电子网络文献；既要有公开出版物，也要有内部资料和各种档案文件。第三，前沿性，要求及时了解、收集和利用与研究目的直接相关的最新资料信息，以提高研究的时效性。

对于以上三个基本原则，可以结合个人具体情况和研究目的灵活采用。筛选核心文献和相关文献的一般顺序是：

首先，内容相关性。根据个人情况以及研究的需要，经过快速、粗略、广泛查阅与浏览文献的目录、提要、关键词、简介、综述，必要时再进一步阅读序言、重要章节等，从而快速淘汰一批研究价值不大、与研究目的无关的文献，以确定可用的文献为相关文献。

其次，丰富延展性。上一条侧重以缩小范围的方法从可用文献中确定核心文献，而丰富延展性则反其道而行之，先挑选出核心文献，再扩大范围扩展延伸选取丰富的可用文献作为相关文献，并淘汰不用文献。比如，我们要对《资本论》中有关劳动价值论的理论进行研究，可将马克思在《资本论》（包括不同版本）中对劳动价值论的论述作为核心文献，然后再扩大搜索范围，查阅马克思和其他学者论述劳动价值论的有关论著和资料，从中选择相关文献。

最后，前沿时效性。找到相关文献后，在通过看目录、摘要和简介等方法确定该文献与个人需求相关之后，接着可以看参考文献，如果参考文献中80%以上不是最近5年内（可根据需要适当放宽年限）的文章，那么该文献的参考价值就不大了（经典文献除外）。但前沿时效性标准一般应该在上述两个原则之后作为辅助性标准来使用。

总之，要更好区分与筛选核心文献和相关文献，这不是一个理论问题，而是一个实践问题。了解标准和原则并不能真正解决问题，还要在具体的学习研究过程中不断检验、总结经验、发现规律，寻找到适合自己的区分与筛选方法，从而增强自觉性，减少盲目性，提高阅读效率。

三、文献质量：文本和版本的选择与甄别

除了要在文献内容方面区分出核心文献和相关文献外，还要注意文献的文本和版本的选择与甄别。相对于区分核心文献和相关文献，文本和版本的选择是其次的、细节的问题，但并非不重要。

1. 文本和版本的定义及其重要性

什么是文本和版本？文本是指作品的文字组成的实体。在一般的意义上，文本是指具有某种物质载体的大于句子的语言组合体或其结构组织本身，通常指以印刷的书籍为形式的作品。任何思想都必须通过语言或文本的形式表达出来，以供他人阅读理解，虽然“言不尽意”，但这是表达和交流思想的必要中介。因此，对文本的理解会直接影响对其所表达的思想的理解，同一思想用不同文本表达出来会有不同的理解，不同的读者对于同一思想和文本也会有不同的理解。作者有什么思想是一回事，作者的思想能否通过文本更好地表达出来是另一回事，读者如何理解作者通过文本表达出来的思想又是另一回事，情况非常复杂。

再来看版本。“版本”一词最早出现于宋初。“本”原指写字缣帛，“版”为简牍。汉代刘向编校群籍时，采用的是“一人持本，一人读书”的方式，“本”指的就是底本。而雕版印刷推行以后，就把印本书称为“版”，未雕的

写本书称为“本”。“版本”两字连用至宋代出现，它作为对雕版印刷图书的专称，广泛地得到使用。后来，“版本”所指范围扩大，也就泛指雕版印刷以前的简策、帛和纸的写本，以及雕版印刷以后的拓本、石印本、影印本、活字本等一切形式的图书。

一般来说，同一文本往往有不同的版本，不同版本之间会出现内容和形式方面的许多差异。有些是由于印刷和传播中的“无意之失”造成的差异，更多则是由于编写者、修订者或传播者“有意”地修改、增删、注解，甚至是伪造、变造。一般来说，一本著作流传历史越久远，版本的情况就越复杂。这种复杂性体现在数量、质量以及内容上，数量上的庞大、质量上的芜杂和内容上的变动，使选择合适的哲学文本和版本成为困扰哲学学习者、研究者的重大难题。数量上的庞大以《老子》为例，据不完全统计，自先秦产生以来，《老子》的版本以及诸多的注、释、解、疏、补、评、证、诠、译、辨、校，多如牛毛，其中有名有姓者不下 300 种。质量上的芜杂以《资治通鉴》为例，在现今留存的各种刻本中，以清代胡克家的据元本翻刻本最为流行。但有人将它与宋本对照校订，发现其正文中的脱字、错字及前后颠倒竟达万字以上，其中仅脱字就达 5 200 多字。① 内容上的变动以马克思、恩格斯的《共产党宣言》为例：1848 年《共产党宣言》出版，后来又有 1872 年德文版、1882 年俄文版、1883 年德文版、1888 年英文版、1890 年德文版、1892 年波兰文版、1893 年意大利文版等多个不同版本、几十种中译本。马克思、恩格斯为《共产党宣言》的不同版本写了多篇序言。他们在 1872 年德文版序言中认为：“《宣言》是一个历史文件，我们已没有权利来加以修改。”② 但是，他们还是根据历史条件的变化和研究的深入，在各个版本的序言中对《共产党宣言》中一些地方加以说明、订正或补充，使之更加完善。

区分与筛选核心文献和相关文献是要解决读什么文献的问题，而文本和版本的选择则是要解决读什么版本的文献的问题。文本和版本的选择对于文本的理解乃至哲学的学习、研究至关重要，研究这些版本的差异并从许多复杂现象中探求共同规律的版本学成为独立学科就是明证。作为文献客观实体的文本和版本，直接关系到作者的表意以及学习者的理解，把同一文献的不同版本加以比较、相互印证，可以比较优劣、勘误纠谬，从而鉴定文献的全面性和可靠性，尽可能全面准确理解真实的思想。同一本书的不同版本的差

① 姚伯岳．版本学．北京：北京大学出版社，1993：12.

② 马克思恩格斯选集：第 1 卷．北京：人民出版社，2012：377.

异有些无关主旨，不必深究，有些则直接影响思想内容的表达和读者的理解，一些次本、劣本、伪本书籍很容易误导学习者，这时就必须对其进行认真的比较鉴别。我们读书、学习需要慎重选择文本和版本，如果是进行学术研究，更需要鉴别不同的文本和版本。因为在学术研究中，对收集来的文献资料进行鉴定、验证，即对资料的可靠性、科学性、完整性进行审查，是保证研究成果可靠可信的基础。郭沫若曾说："无论作任何研究，材料的鉴别是最必要的基础阶段。材料不够固然大成问题，而材料的真伪或时代性未规定清楚，那比缺乏材料还要更加危险。因为材料缺乏，顶多得不出结论而已，而材料不正确便会得出错误的结论。这样的结论比没有更要有害。"①

2. 文本和版本选择所参照的原则

文本和版本之间主要有哪些方面的差异？我们应该从哪些方面进行比较，从而明确差异、辨析真伪呢？一部书因多次编辑、修订、传抄、排版、印刷或装订形式不同而形成各种不同的版本，其"不同"的内涵包括书写或印刷的形式、年代、版次、字体、行款、纸墨、装订，内容的增减修改，以及该书在流传中所形成的记录，如藏书印记、题识、批校等。

在比较和选择不同版本时，所应依照的标准是什么呢？这里就涉及文本和版本的溯及力、多数原则以及权威问题。具体而言，主要有三个原则：

（1）时间远近。对于处于不同年代的文本和版本的判定，可以依据距离文本作者所处时代的远近作为是否取信或采纳判定的标准。对于文献中所提及的某些具体观点的取信判定，也基本依据此标准。《老子》（即《道德经》）是中国道家哲学最重要的代表作，其作者老子是对中华文化发展起奠基性作用的哲学家。然而，由于年代久远，《老子》的不同版本差异甚多，歧解纷呈，甚至老子生于何时和《老子》成于何时都不能确定。我们对于其成书年代的推算和具体章节内容的校勘，一般依据当时所能见到的最古老的版本。1973年，湖南长沙马王堆第三号汉墓出土的帛书《老子》，就推翻了之前《老子》成书秦后的假设。1993年，湖北荆门郭店楚墓出土了竹简《老子》，把《老子》的最早版本提前到帛书本之前的春秋末年，对于我们理解真实的老子有非常重要的意义。再来看具体内容方面的版本比较：

> 一般认为，儒道对立的，道家对儒家持激烈批判态度。譬如今本《老子》中说："绝圣弃智，民利百倍；绝仁弃义，民复孝慈；绝巧弃利，盗贼无有。"（第十九章）这便是一条典型的道家反儒宣言，它所要求弃

① 郭沫若．十批判书．北京：人民出版社，1954：1.

绝的，正是儒家所力求奉行的。其中的圣和智，是儒家所倡导的理性主义；仁和义，是儒家思想的基本核心；巧和利，则是儒家所谓的“正德、利用、厚生”三德之一。现在道家却斥之为万恶之源，必欲斩尽杀绝而后已；两家的差距和对立，可以想见一斑。可是谁也不会料到，正是这一段文字，在简本中，竟有着关键性的差异：“绝智弃辩，民利百倍；绝巧弃利，盗贼亡有；绝伪弃虑，民复孝慈。”（简本甲）

简本中，“弃智”变成了“绝智”，“绝圣”变成了“弃辩”；这一变非同小可。我们知道，“圣”之一词，在儒家体系中，不仅代表着智慧和理性，而且更是其诸多道德范畴中的最上范畴。今本《老子》倡言“绝圣”，本有从根本上否定儒家之意。而简本原非绝圣，而是“弃辩”，则显然不是冲着儒家去的。因为，弃辩和绝智，也是儒家的主张，是他们所反对的“巧言佞色”（《论语》）和“凿”（固执，见《孟子》）。至于“绝仁弃义”变成了“绝伪弃虑”，认为民之丧失孝慈不是由于仁义，而是由于缺乏诚意，由于矫揉造作，那更与儒家观点毫无二致了。需要强调的是，简本与今本（以及帛本）的这一差别，应该不是抄写上的差错，因为其他章中也无公然反儒的词句。因此，我们可以说，在简本《老子》时代，道家和儒家的不同，并不像后来那样厉害。道家之无情挞伐仁义，当是从《庄子》开始的，因为彼时“仁义”的名声，已经不太好了。①

（2）相互印证。对处于同一时代的文本或版本，可以将其与同一时代的其他相关文献相互印证来进行甄别选择，原则上少数服从多数。如果某一文本或其中所表达的某个观点能够得到同时代其他多数相关文献的印证，那么，一般情况下我们会采取取信态度。以1973年湖南长沙马王堆第三号汉墓出土的帛书《老子》为例，其“德”编在前而“道”编在后，这正是《韩非子》解老、喻老所本的顺序。这既表明帛书《老子》所编顺序是当时通行的版本，也在一定的程度上回答了《韩非子》解老、喻老所本的顺序为何与今本《老子》顺序不同。

（3）权威原则。在年代相同或者无法判定年代，也无法通过其他相关文献的印证来进行文本和版本比较的情况下，一般信任比较权威的文本或版本。那么，某一文献权威的判定标准又有哪些呢？套用马克斯·韦伯对权威三种来源的划分，我们可以将权威文献的权威性来源大致划分为三类：一是传统。通常依赖于传统习俗形成的社会大众或学术界对于某些文本和版本的认可。

① 庞朴. 存世最早的《道德经》——漫说郭店楚简之三. 寻根，1999（3）.

例如对古代官刻本的重视，还有现今对于一些出版社（如中华书局、商务印书馆、人民出版社等）出版物的认可，都属于长久以来认可积淀所形成的权威。二是魅力。当某个哲学家在特定的哲学领域内取得很高成就，并得到时间检验或同行学者普遍认可时，其在该领域内的论著就成为魅力型权威。例如海德格尔在现象学领域所写的著作。三是理性。这种权威主要源自其所依据的客观理性的运作方式和严格的科学化规则，并经长期实践检验和研究者普遍认同。例如世界著名的三大科技文献检索系统，SCI（科学引文索引）、EI（工程索引）、ISTP（科技会议录索引），如果某一文献被这三大索引收录，其就具有了某种权威性，一般要优于其他未被收录进去的文献。对于哲学文献来说，是否被 SSCI（社会科学引文索引）、CSSCI（中文社会科学引文索引）等索引收录，无疑是其是否权威的重要标志之一。

如果根据时间远近、相互印证和权威原则，仍旧无法做出对于文本和版本的甄别，可以找相关专家鉴定，学习者也可以自己依据具体情况进行对比鉴别，尽可能确保自己所选文本和版本的全面性、可靠性。

为了能选择质量较高的版本，有必要了解一些版本学知识，使自己少走弯路，达到事半功倍的效果。正如张之洞在《书目答问略例》中所言："诸生好学者来问应读何书，书以何本为善。遍举即嫌絓漏，志趣学业亦各不同，因录此以告初学。读书不知要领，劳而无功，知某书宜主读而不得精校精注本，事倍功半。"① 通过广泛收集不同文本和版本的文献资料，不仅可以知道文献的性质、形式、类别等信息，也可以了解其产生的社会背景，包括文献产生的时间、地点，以及作者写作的动机、目的和社会影响等；还可以了解不同版本的出版制作情况——源流、演变、真伪和优劣。这些都是我们阅读哲学文献所应做的基础性工作，如果少了这道工序，那么在哲学文献的阅读中就很难完整确切地理解文本作者的思想，自然也就谈不上在此基础上的总结概括和创造。

第二节　哲学文献的内容

通过一定的方式依照相应的标准选择好适合自己的哲学文献之后，接下

---

① 张之洞，撰．范希曾，补正．徐鹏，导读．书目答问略例．上海：上海古籍出版社，2001：3.

来就要进入阅读过程。虽然阅读哲学文献的方法多样，但无一不打着时代的烙印。21 世纪是一个竞争空前激烈的世纪，经济全球化、政治多极化、社会信息化、文化多样化趋势不断发展，科学技术进步日新月异，我们正处于从工业时代向信息时代转变的时代，知识和信息已成为诸多领域竞争和社会发展的主导因素之一，这就需要我们的高等教育能培养出符合社会发展要求的能力更全面、水平更高、综合素质更强的人才。

当代社会发展需要具有坚实理论基础、广博背景知识、合理知识结构和高度综合素质的人才，这种要求同样体现在哲学文献的阅读中。作为“时代精神的精华”的哲学是与时俱进、发展创新的开放体系，所以要真正进入哲学的殿堂，就不能只把哲学文献看作是僵化、被动的历史文本，阅读者的主观能动性和时代性特征也应被带入阅读中去。也就是说，要培养符合时代潮流的知识结构，在此知识结构指引下的哲学阅读，才能更好地服务于符合时代要求的哲学素质培养。

一、时代性：知识结构的博与专

哲学文献具有时代性、地域性、流派性等一般特征。某一时代、某一国家、某一流派和某一哲学家的哲学著作，都带有其所处时代、国家、传承以及个人特点的影响。比如，工业社会传统人才的知识构成，多为仅有某一专业知识的结构，即知识型结构，这是适应过细的专业分工需要的。反映到哲学上，就是它的分化和专业化。近代以来以科学为标准力图构建大而全的哲学体系，逐渐分化为各种具体的哲学分支。这种越来越专的哲学发展思路，极大地深化了哲学对于其所关注对象的认识，提高了哲学的专业性、具体性和实用性。然而，如同工业社会中传统的知识结构由于单一性和狭隘性所导致的发展困局，过度分化和专业化的哲学研究也面临着严重的困境和危机，不能更好地适应信息社会对于新型人才的更高要求。传统的单一求“专”的思路必须予以改进，应当增加人才知识结构的综合性、系统性和实用性，培养更多、更好的既博又专的新型人才。

1. 时代对于知识结构的淘汰及塑造

总体来说，适应时代要求的优秀知识结构具备以下两个特征：

第一，整体性。知识结构是一个有机整体，组成整体的各部分之间，都相互联系、相互作用、相互制约。如果知识结构只有数量优势，没有相互协调融通，就很难产生知识结构的整体优势。整体优势的发挥有赖于知识结构的流动性和开放性。并且知识结构不是静态的，而是动态的，是随着社会发展和个人发展而发展变化的。在社会不发达的阶段，知识结构相对而言较为简单，随着社会进步，科学技术日新月异，人们应根据社会需要，对知识结构经常进行调整、充实、提高。优秀的知识结构必然是一个具有流动性和开放性特征的整体。

第二，有序性。从一般知识结构的组成来看，有从低到高、从核心到外围的层次。从低到高是指从基础知识到专业知识，再到前沿知识，要求知识由浅入深地积累并逐步提高。从核心到外围是指在核心知识确立的情况下，将那些与核心知识有关的知识紧密地联系在一起，构成一个合理的知识结构，突出核心知识的中心作用。一个好的知识结构必然是有序的。杂乱无章、主次不分的知识结构，哪怕知识数量再多，也无法发挥知识结构的整体作用。

整体性和有序性是优秀的知识结构所具有的共同特性，但具体的知识结构并没有绝对的统一模式。新型的人才知识结构，通常有三角形、宝塔形、衣架形、H 形、X 形、T 形等不同的样式。前三个类型一般是指专业技术人员，这些知识结构的主干是专业知识，只是有某些宽窄变化或小的分叉。这在整体上仍相当于传统型知识结构，其特点是注重专、精、深，容易把所具备的知识集中于主攻目标上。传统专业化教育大多培养的就是这样的知识结构。

后三个类型则是掌握两个以上领域知识的通才。H 形知识结构是把两个知识领域连接起来的知识结构。X 形知识结构是两个知识领域交叉形成的知识结构。T 形知识结构是一种更新型的知识结构，字母“T”形象地表明其特点——有横有纵、纵横交错。字母“T”中的“｜”表示某一方面专业知识的深度，而“—”则表示与其专业知识相关的知识面的跨度或广度。在 T 形知识结构中，博与专在一定的程度上形成了合力，既有广博的知识面，又有较深的专业知识。总体而言，T 形知识结构更加符合当代社会对于新型人才的要求，其实这也预示了哲学未来的发展方向，以及我们在阅读哲学文献过程中所应采取的态度和方法，特别是在如何处理博与专的关系问题上。

古今中外，“博览群书、学有专长”一直都是优秀人才不可或缺的基本素质之一。唐代的韩愈知识渊博，他曾自述道：“仆少好学问，自五经之外，百氏之书，未有闻而不求，得而不观者。然其所志，惟在其意义所归。”（韩愈：《答侯继书》）莫斯科大学创立者罗蒙诺索夫，被诗人普希金称为“俄罗斯的第一所大学”，他在语言、文学、教育、化学和物理学上都做出了重要贡献，被誉为“俄国科学史上的彼得大帝”。虽然他涉足的领域比较多，但精深的也只是有限几个方面。所以说，T 形知识结构虽是新型的，但也是在对传统知识结构传承基础上创新发展而来的。

T形知识结构可以称为通才的静态结构。有人指出，一个现代人才的知识结构如果缺乏时间维度，没有反映知识更新率，也是不完整的。于是他们给T形知识结构又加上时间的维度，或称通才的动态结构，认为只有这样的知识结构才是理想的知识结构。通才的动态知识结构的主要指标有三个：深度、广度和时间度。

T形知识结构的特点是，既注重知识的广度，又注重知识的深度，还要注重知识的更新和创新。知识的博与专是有机统一的，二者相互作用、相互促进，在博的基础上求专，在专的目的下求博。由博而专，以博养专，与专紧密相连的博可以使专得到丰富的营养；以专带博，为专而博，与博紧密相连的专可以使博具有方向性。一个人的智力不可能掌握所有的学问，知识太杂而不专深的人，所掌握的知识容易流于肤浅；如果太专而不博，会造成认知狭隘不通达，也不利于知识的深化和创新。因此，博必须与专相结合，只有使纵向、横向知识相交错与结合，共同发挥专业基础知识与传统学科、新兴学科的优势，才能造就高素质的具有创造性的通才型人才。

综上所述，当代人才培养的方向，是培养T形知识结构的博与专统一的人才。所以，在哲学的阅读过程中，也要处理好博与专的关系。在前文提到的区分与筛选核心文献和相关文献的三个原则中，这一点就有所体现。了解基本哲学常识、梳理历史脉络，以求构建框架，都是在博的层面进行延伸和拓展；而具体找准某一个方向或角度进行深挖，则是在专上下功夫。找准焦点，重点突破，或者说把核心文献视作“专”，而把相关文献看成“博”，这是对于知识结构博与专结合的要求在哲学学习中的体现。那么，在具体的哲学阅读过程中，我们该如何运用那些既符合时代要求又匹配个人具体情况的建基于新型知识结构的方法呢？

2. 新型知识结构培养中的交叉特征

当今世界科学技术在一定的程度上已进入交叉科学的时代。交叉的发展来自时代的要求，诸多重大问题都涉及多个方面，所以需要从多学科、多角度、多方法来认识和解决问题。从这个角度看，如何培养适应时代发展要求的新型知识结构的问题，其实就是如何在交叉科学大背景下处理纵向知识和横向知识的关系。

纵向知识和横向知识是相互依存、相辅相成的。纵向的专业知识我们不必多说，重点是如何建构横向知识结构。横向知识是围绕纵向知识的需要而展开的，至于包括的知识范围究竟应以多宽为好，很难给出统一的、明确的标准。从总体上看，我们可以把横向知识结构分成相邻型知识、工具型知识和通识型知识三类：

相邻型知识，是指邻近的专业知识。比如哲学专业的学生，一般来说应该多学习些文学、历史学和社会科学方面的基本知识。

工具型知识，是指具有方法论功能，能为专业研究提供必要的思维方法和研究手段的知识。比如，马克思主义哲学是科学的世界观和方法论，因此，掌握马克思主义哲学的基本立场、观点、方法，对于人们认识和改造世界有重要的方法论意义。

通识型知识，是指更广的自然科学、人文社会科学以及工程技术知识等。由于这类知识涉及面比较广，个人精力有限，只能做一般了解，难以达到熟练掌握和精通的程度，但至少不能完全不懂。在当今社会，人文社会学科人才必须了解一般理工科知识，理工科人才也必须了解一般文科知识。文理之间可以有分工，但不能有隔阂。

从历史上看，许多杰出的科学家都具有较高的哲学素养，许多哲学家也具有较高的自然科学素养。解析几何学创立者笛卡尔、微积分创立者莱布尼茨、相对论创立者爱因斯坦、量子力学创立者玻尔、控制论创立者维纳、耗散结构理论创立者普利高津等著名科学家，都具备较高的哲学素养，有的就是哲学家。

近代以来，由于科学技术发展越来越迅猛，科学技术成为第一生产力，而人们对科学技术的理解往往窄化为自然科学和技术科学，忽视了人文社会科学的同等重要性，重理轻文的现象比较普遍。必须强调，社会生产力的发展离不开人文社会科学，因为生产力的发展固然与劳动工具的改进有直接关系，但离开了人这个主体，任何生产力都无法真正得以实现。自然科学和技术科学虽然在改进劳动工具、拓展劳动对象、提高劳动者科技素质等方面发挥越来越重要的作用，但在协调生产力诸要素、合理配置生产资源、提高劳动者人文素质等方面却不能不依靠人文社会科学。此外，哲学社会科学在推动经济社会发展、促进人的自由全面发展、提高人的文明素质等方面，具有不可替代的重要作用。因此，我们必须像重视自然科学和技术科学知识一样，重视哲学社会科学知识的学习与掌握。

在“知识爆炸”的今天，科学高度分化又高度综合，迫切需要既博又专的交叉型人才。系统论、信息论、控制论等科学理论，就是体现交叉科学时代精神的现代综合方法论。到目前为止，通过学科间相互作用、相互结合而形成的交叉学科，约占全部学科总数的50%，其中90%以上的交叉学科是在近几十年内出现的。学科之间的交叉、融合、渗透和借鉴成为新学科的生长点，许多重大成果都出现在学科之间的交叉处。这就要求我们在学习和研究中摆脱传统单一学科建制与观念的束缚，更重视运用多学科理论和方法去分析、解决复杂的重大问题。当今社会发展中任何一个比较重大的现实问题，都不是单靠一个学科所能把握和解决的，必须依靠各学科通力合作，联合攻关。因此，从单一、分化走向统一、综合，是当代科学发展的显著特征。

所以，今天从事哲学学习和研究的学者，在精通自身专业知识的同时，也要熟悉哲学各二级学科的知识，并要主动突破学科边界，尽可能了解周边的人文社会科学、自然科学和技术科学。目前，哲学与其他学科交叉形成的学科已成为哲学研究的新生长点，经济哲学、政治哲学、社会哲学、文化哲学、法哲学、生态哲学、管理哲学、信息哲学等交叉学科的研究蓬勃发展，方兴未艾。

总之，在我们的学习与研究中，一定要正确处理知识的专与博的关系，树立交叉科学的意识，形成交叉科学知识结构，从而接受时代对我们的选择、回应时代对我们的挑战。在哲学文献的阅读过程中，我们既要培养哲学专业阅读能力，也要养成视域交叉的阅读意识，突破哲学学科界限，可以尝试用其他相关学科的视角来解读哲学文献，在学科交叉中得到更新、更多、更好的收获。

二、文献研判：具体材料的选择与提炼

知识结构的“博”与“专”之所以对于信息时代的学习者如此重要，归根到底在于信息时代各种知识的爆炸性增长。当今时代，随着信息技术的飞速发展，图书文献信息出现了种类繁多、数量剧增、内容交叉重复等特征。如果不懂得如何对文献知识进行有效的选择与提炼，那么终究会被知识的滔天大浪所吞没，完全丧失主动学习的能力。因此，对于知识的筛选也是一种社会适应能力的体现，而一个人的知识结构就体现了这种素质。

其实 T 形知识结构并不是唯一符合当代社会对于复合型人才要求的知识结构类型，此外还有蜘蛛网形知识结构、幕帘形知识结构等。这些知识结构就朝向的对象以及所要处理的关系而言并无多大的区别，都是要从浩如烟海的文献中选择与提炼真正适合我们需要的且有益于个人水平提高和综合素质培养的精华。从抽象的层面上讲，都是要处理好知识广度上的“博”与深度上的“专”的辩证关系，只是在具体的操作层面有所差异而已。比如蜘蛛网形知识结构，是以所学的专业知识为中心，与其他专业相近的、有较大相互作用的知识作为网状连接，形如蜘蛛网。这种知识结构以自己的专业知识作

为“中心点”，与其他相近的作用较大的知识作为网络的“组结”相互联结，形成一个适应性较大并能在较大范围内左右驰骋的知识网，所采取的方法是由点到面、以专带博。所谓幕帘形知识结构，是指具体的社会组织对其成员在知识结构上有一个总的要求，而作为该组织的个体成员，将依其在组织中所处的层次，在知识结构上又存在一些差异。这种知识结构强调个体知识结构与组织整体知识结构的有机结合，类似在“面”的基础上突出与自己相应位置相适应的“点”，属于由博而专、以博养专。

为适应信息社会“信息爆炸”的特点，仅仅学会搜集与阅读资料是远远不够的。且不说整体的知识科学门类，就拿单一的哲学来说，其所涵盖的文献仅就数量而言已令人无所适从。如果无法从数量和质量上对文献进行有效筛选与甄别，那么，也就根本谈不上对文献资料进行阅读与理解，更不用说高效率、创造性地加工处理文献信息。本章第一节提到的区分与筛选核心文献和相关文献、对哲学文献的文本和版本进行甄别比较，就是为了从数量和质量上对收集来的文献进行归类整理，从而为进一步内容上的加工提炼提供可能。总的来讲，不论是形式上对文献进行的处理，还是内容上对文献的加工，都要面对“博”与“专”这一难题。学习者自身的知识结构，不仅需要在对文献进行数量和质量这类外在形式的选择与甄别中学习锻炼，还需要在具体文献所述的内容层面上得到进一步加强。而知识结构的建立，又可以反过来使学习者在文献形式和内容的筛选上更加得心应手。那么，如何在具体文献所述内容的层面上对文献进行选择与提炼呢?

1. 文献内容的选择

对于文献内容的选择，就是要快速有效地从文献中找出所需的内容来，具有“量”和“质”两方面的要求。一般可将选择分为两个步骤：

第一步是浏览。浏览就是将收集到的文献资料先粗略翻阅一遍，使自己对所收集的文献有初步了解，并从整体上判断文献的价值，从而为进一步选择奠定基础。这是从“量”层面上说的，带有“略读”“概读”的性质。举例来说，浏览一本书，一般要先看书名、著者、出版社、内容提要和目录，前言或序，后记或跋，以及注释、参考文献等。概略的了解能使我们对全书的框架和内容有个大概的印象，从而能快速判断该书对于自己的价值，以及书中哪一部分对自己有用。再如浏览论文和其他种类文献，要先大致看一下文献的摘要、篇幅、层次、大小标题、主要观点和论据等。通过浏览可以抓住这些文献的要点，大致判断出文献的适用读者群、信息量和创新程度等，从而确定哪些文献可以直接服务于个人需要。

浏览所采取的原则并不像在哲学文献形式的具体甄别中那么明确，而是诸多原则的混用，力求抓住关键信息、理清筋骨脉络。其目的更加明确和具有针对性，就是以自己利用文献的目的为根据，为保证有系统、有目标、有计划地阅读文献，做到多而不乱。一般来讲，浏览时首先要把所收集的文献行云流水式看一下，做到大致了解文献基本内容。对于那些与专业学习和研究间接相关的书刊，如果只是为了扩大知识面、开阔自己的视野，就可以粗粗地广泛涉猎一遍。对于有些书籍只要了解个大概，知道其基本思想、基本内容即可，有的可以只了解其中部分内容。而对于与专业研究关系较大的文献资料，则应相对专一地认真通读，并对其利用价值进行判别。举例来说，如果一篇文献看完摘要后感觉对自己的研究思路帮助不大，仅仅能够帮助了解别人研究进展，读完摘要即存档不再继续读下去；读完摘要如果觉得该文献的内容有待拓展，或者有未说清楚的地方，可以再仔细看看参考文献。一般来讲，这种"略读""概读"的文献占总阅读量的三分之二以上，而"详读""精读"的文献占总阅读文献数量的10%左右为佳。

快速浏览要注意掌握科学的方法。通常得到广泛认可的一些快速浏览方法，都可以依个人的具体情况进行参照和借鉴，例如视读法、脑眼配合法、扫描法、调整速度法、上下联系法、摘重法、详略法、跳读法等。无论采取哪种方法，都要以能为把握文献内容服务为标尺。具体来讲，在浏览阅读中，要能达到理解、记忆和速度的高度统一：速度要"快"、记忆要"清"、理解要"对"，这是浏览阅读总的要求。比如，列宁就养成了一种快速看书的习惯。当他看书的时候，视力沿着书页快速移动，好似纵向阅读。他不是一行一行看，而是一页一页看，并且很快大体掌握所读内容。最后必须指出的一点是，在浏览中要注意逐步养成提问的习惯。因为提问是理解的前提，也是阅读的关键，这是"学问"之所以为学问的入门基础。

第二步是筛选。在通过广泛浏览圈定了大量有用材料的基础上，通过筛选，根据需要将众多文献分成必用、可用、不用三部分，这是从"质"的层面上说的。要做到古训所说的"读书破万卷，下笔如有神"很难。一个人即使从生到死手不释卷，所读书籍也很有限，而且也不宜以有限的精力去读一些对自己无用甚至有害的书，"开卷"并非都"有益"。

怎样去筛选呢？这里可以参照确定与筛选核心文献和相关文献所依据的三个原则：相关性、丰富性和前沿性，通过混合变通的方法来对文献进行多次分层的筛选。首先，依据一定的原则或标准，在大量文献中筛选出可读文献与不读文献。其次，依据学习或研究的主题，从众多可读文献中筛选出应读文献来。所谓应读文献，是指与自己的读书目标有关的书。最后，依据质量高低及重要性，从应读文献中筛选出必读文献。对于专业学习而言，必读文献主要指自己所学专业的基本文献。对于问题研究而言，必读文献主要指与所研究问题直接有关的基本文献。经过这样几次筛选，各类文献也就层次分明、序列清楚了，为有顺序、有区别地阅读提供了基础和可能。

筛选是一种价值选择，价值选择的尺度来自选择主体的需要，也受制于主体的鉴别和选择能力。选择者要善于比较文献信息质量的多少和优劣，从而做出恰当的选择。可请有经验的教师或学者帮助自己开列主要书目，同时注意报纸杂志的新书介绍、书评。在时间上，要注意选择不同时期的代表作品，特别应注意最先论述某一问题的原本和最近论述这一问题的文献资料；在内容上，要注意选择那些概括不同事实、阐述不同观点的各类代表作。此外，如果一本书有多种版本，应力求好中选优，选出代表性强、水平较高而又适合自己学习或研究需要的版本。

2. 文献内容的提炼

选择偏向于机械性的辨别和收集材料，主要停留在辨识和理解的层面；而提炼就带有创新性，是对所选择文献的一种加工处理。在这一阶段，学习者起着主导作用，此前查阅和挑选的有关文献在这一阶段变成学习的辅助。大致来讲，提炼也包括两方面的含义：整理和加工。

首先是整理。整理是对文献选择所做工作的进一步延伸，主要是把查阅到的有价值的文献信息抄录下来，以供进一步分析研究。抄录的方法有全录和摘录两种形式。全录是一字不漏，照抄全文。如果某篇文献对自己很有价值，可以全录或复印。摘录是只摘要记录自己需要的资料，可分为摘录原文和摘录原意两种。摘录原文是整段落或整句的摘录，连标点符号也要与原文一样。摘录原意则是根据自己的要求，用自己的语言，把原文的主要观点、事实和数据概括或简写成一个摘要性的文件。摘录时要注意完整记录原文献的主要信息，如出处、书名或论文题目、作者姓名、出版单位、版本、出版时间，还有期刊的年号、期号，报纸的时间等。此外，还要注意不要打乱原文的结构和逻辑顺序，不要曲解原意、随意发挥。

其次是加工。加工是对文献做进一步分析思考，剔除假材料，去掉过时、重复的材料，而对有价值的材料进行研究的一项工作。我们可以通过做标记、写批语、写提要、做札记、写综述等方式，对文献进行初步加工，从而为进一步学习和研究提供便利。做标记就是对重点、难点、精彩之处或自己感兴趣的内容画上的各种标记号；写批语则是在所摘录资料的空白处写上自己的见解、解释或质疑。这两种方法具有整理的性质，但由于其具有灵活性、随感性等特点，故归之于加工的阶段。写提要、做札记和写综述，属于典型的加工。写提要是对包含各种信息的研究文献进行总结，即把原文的基本内容、主题思想、观点、独到之处或重要事实、数据，用自己的话加以概括。做札记则是在笔记本上随时记下自己读书时的心得、体会、感想、批评、疑点、意见等。写综述就是汇总自己所查找的某一类别的所有资料，然后进行加工处理，写成一份综合评述性的报告。每一份综述实际上就是一项研究报告，它能为自己或别人的研究提供有价值的东西。

通过对文献内容的选择与提炼，我们可以真正进入具体文献所呈现的内容视域中，在一种对话的意义上去扬弃文献所提供的知识性材料，为创造性地理解和解读提供可能的基础。人类哲学思想并非僵化的、一成不变的，在哲学的发展、演化中，存在着同其他文化思想不断融合和逐步分化的过程。由此决定了哲学文献具有整体性、综合性、交叉性等特征，这就要求我们在哲学文献阅读之前、之中与之后都要贯彻这种整体性、综合性、交叉性的方法。在阅读哲学文献之前，我们要在形式上求得数量的精简与质量的保证；在哲学文献阅读中，我们要明晰"博"与"专"的关系。这样，我们以一种优化的知识结构为内在指导，依照自己的具体需要选择和筛选材料，为初次阅读之后进一步的精读、理解乃至融会贯通奠定基础。

三、文献新生：阅读文献之后的再创新

依据具体的目的，从有价值的文献中挑选出有价值的内容和材料后，还需要对这些内容和材料进行更进一步的精读、理解、消化、吸收，由此才可能读出文献所无法直接传达出的意思，并在时代性的意义上获得一种既切合又超越个人具体境遇的理解。只有把阅读哲学文献的所感所悟融入自己的知识体系乃至实际生活中去，阅读哲学文献的目的才算达到了，我们的哲学素养也就在一定程度上培养起来了。那么，如何实现这种跨越呢？这就需要从文献的筛选、材料的收集进入到精读和理解。

1. 文献的精读和理解

（1）精读。精读是一种理解和研究性阅读。它要求对文献资料读深读透、深入思考、透彻理解、融会贯通。精读要求从内容到形式、从整体到部分对文献进行分析、概括、比较、揣摩、咀嚼，寻求并掌握知识中的意义、精髓和规律性的东西。开始总览一本书，精读要求一是要细读书序（前言、后记、跋）等说明性的文字，了解著作者写作或出版的主旨以及对该书评价，借以

明确著作的性质和阅读的任务。二是要通读书的目录，了解该书的体系、层次、结构及主要观点。读前言可以了解著作者的意图；读标题能够了解全书的框架结构、脉络体系；读引文、提要是为了强化理解论点，明确中心，把握纲要；读事例和后记则可以充实证据、帮助理解、掌握结论等。在此基础上，再加以综合分析，便能比较正确地掌握全书的体系、层次和精神实质。

精读之读首先是一种“认读”。认读不同于用口来读的诵读，是用眼睛辨识文字，了解文字所表示的语言意义。精读要求从字、词、句入手精研细读、咬文嚼字、一丝不苟，甚至反复阅读。细读时可以读读想想、圈圈画画，利用各种符号做重点标示。比如毛泽东每读一本书或一篇文章，都要在重要的地方画上圈、杠、点、直线、曲线加直线、二直线、三直线、双圈、三角等各种符号。在精读过程中，遇到疑难，可查阅工具参考书、相关书籍、辅导资料等帮助理解。认读时要理出文章或著作的层次结构，归纳要点，使其条理化、简洁化；要知道该书或文章是由几部分组成的，每部分所包含的段落、层次，并尽可能把每部分的段落、层次的基本内容按序排列。此外，在这个细读阶段，还应做摘要、写读书笔记等。

认读时，学习和研究者根据自身掌握知识的情况，可以进行全读、分读、复读和研读。对于那些自己熟悉的或较容易理解的内容，可以一次读完。对于生疏的或较难的内容，可以一部分一部分地读。对某些已读过的最重要的部分或初读时遇到困难的内容，应该反复阅读，以便加深印象、避免遗忘。在复读时还须积极思考问题，层层深入，反复品味，以达到在每次重读中都有新的认识和理解的目的。这就是研读，即研究式的阅读。

中外名家多有认真精读的例子。黄侃是中国著名的语言文字学家。他在读书治学时，采取“扎硬寨，打死仗”的方法。在研读有关自己研究专业的书时，他总是要反复阅读数十遍，一直达到能举出其篇、页、行数，基本无误差为止。一次他研读孙诒让的《周礼正义》，自限 180 日读完。凡遇其中需要计算的地方，他都要一一列算式加以推算验证。他在读《清史稿》时，全书 100 册，从头到尾一卷一卷详加评注圈点。列宁对一些喜爱的书反复阅读。车尔尼雪夫斯基的《怎么办?》是列宁青年时代最喜欢读的一本书，这本书对他的革命人生观的形成起到了很大的启蒙作用。列宁在一个夏天里，把该书一连看了五遍。他对托尔斯泰的作品也是很喜爱的，侨居瑞士日内瓦时，曾把一本《安娜·卡列尼娜》残书读了一百余遍，直至对书中的内容和句子都能背诵出来。

（2）理解。不论采取什么样的阅读方式，理解都是阅读的核心。冯友兰说，读书要解其言、知其意、明其理，这是读好书的最基本要求。不求甚解，往往会失去读书的意义，甚至害人害己。一般来说，理解性阅读包括微观理解和宏观理解。微观理解要求对文献的每一个概念、判断和推理过程，以及每一个句子、段落都要读懂读透。宏观理解指对整个文献的逻辑关系、整体内容、篇章结构、写作方法、社会价值，乃至作者情况的全面理解。微观理解和宏观理解是紧密联系的，其文字和意蕴、局部和整体都处于辩证统一、相互影响之中。例如，阅读马克思主义理论书籍，就不仅要理解个别词句和论断，还要知其全貌，并善于举一反三。这样，才能真正掌握马克思主义理论的真谛，在实践中运用科学的世界观和方法论分析问题、解决问题。

提问是由阅读达到理解的关键之一，这一点在前文对文献内容进行选择的浏览中已有提及。学会在读书过程中提问，就是要学会寻找新旧信息之间的矛盾，寻找信息符号与记忆表象乃至生活实践之间的矛盾，并在诸多矛盾中发现其间的统一关系。理解性阅读最有效的方式，就是在阅读的同时深入思考问题，做到多思、深思、会思。阅读哲学文献，更应该多思考、多质疑。要从纵与横、前与后、新与旧、正与反、现象与本质、形式与内容、理论与实际等方面，多角度、多层次地提出问题，寻求正确答案。对自己已经具备一定理解基础或阅读多遍的哲学书籍，要能继续提出一些具有一定深度和难度的问题，不断地追问。要学会从复杂的现象中抓住问题的本质，从各个不同的侧面向着事物的中心进行分析论证，使问题逐步得到解决，求得深刻的理解和正确的答案。在阅读哲学书籍时思考哲学问题，仅仅能思还不够，还要会思。应学会用辩证唯物主义世界观和方法论质疑、发现、分析和解决问题，这样才能完整、透彻地理解文献内容。

2. 读书和创造性阅读

通过精读和理解，并在阅读过程中善于吸纳、运用、创新，就能做到融会贯通。运用、创新才是读书的出发点和归宿点。毛泽东曾说过："读书是学习，使用也是学习，而且是更重要的学习。"① 这就对我们读书提出了两方面的要求：

第一，不能死读书，要把书读活。死读书就是唯书、唯古和唯上。古语有言：尽信书不如无书。读书应持一种理性的态度。书本上的知识不仅受作者观点的影响，而且还受到其所处时代的局限。因此，我们应采取分析批判的态度，对书本知识进行"由表及里、由此及彼、去粗取精、去伪存真"的

① 毛泽东选集：第1卷. 北京：人民出版社，1991：181.

加工。对于一切经过实践检验的真知，我们要学习、掌握和应用；对于过时的甚至是错误的内容，我们应当抛弃。把书读活，就是要把学到的书本知识与实际和实践联系起来，在实践中检验书中的认识和验证自己通过读书形成的认识的正确性，并能运用这种认识来解决学习和工作中的实际问题。要能做到使所读之书为我所用，就要能在正确理解原文的前提下，运用自己的知识对读物进行综合分析、客观评价、剔除糟粕、汲取精华。综合分析就是要思考作者是怎么写的，为什么这样写，有无更好的写法，语言表达有哪些特色，有无更好的表达方法，以及分析并借鉴他们观察问题的角度、认识事物的方法、谋篇布局的思路、表情达意的技巧等。分析不仅要能理解作者字里行间的意思，还要能在书的空白处读出作者的心声，读出作者的言外之意。除了认真综合分析外，还要客观评价，即对文献引用的事实、阐述的思想、得出的结论等做出客观的判断和全面的评价。

第二，既能读得进，又能跳出来。读书的人应先求读懂，懂了以后方能钻进去，取其精髓。但读书只到这一步不行，还得学会从书里跳出来的本领。如果钻不出来，被束缚在一本书里，就成了书本的奴隶。所谓跳出来，意味着能够灵活自如地运用所学到的知识。这种出入法的关键在于，首先要能真正深刻领会书中的思想和方法，进而善于灵活运用，懂得在继承的基础上创新。读哲学文献尤其要注意“进”和“出”的问题，正如薛定谔所指出的那样，当我们在知识的道路上前进的时候，必须让哲学的无形之手从迷雾中伸出来指引我们。但同时也要每时每刻保持警惕，以防止哲学的诱惑把我们引离正道而坠入深渊。读哲学文献既要能进入哲学的思维领域中去汲取其营养，从而指导自己的实践；又要能跳出来，以免被哲学文献吞噬了自己的思维，从而使自己误入歧途。

创造性阅读是最高级形式的阅读，这是一种带来新的见解、能从读物中发现未曾有过的新思想的阅读。它能超越作者本意，产生出创造性结论，在一定程度上可以视作文献的新生。创造性阅读要求读者具备较高的评价、分析和推理能力。只有这样，才能主动站在时代的认识高度，对随着时代变换产生了新问题的读物提出新疑问，从而不断发现新意义、受到新启示、提出新见解。马克思《1844 年经济学哲学手稿》在阅读大量古典政治经济学著作基础上批判创新，创造性地提出新的政治经济学。毛泽东活用中国古代文献中的“实事求是”概念，来概括马克思主义的哲学方法，就是一种创造性阅读。阅读哲学文献之后的再创新，不仅是一种个人意义上的哲学素质培养，从更大的范围看，这种文献的新生也代表了哲学未来的发展方向，具有深远的意义。

第三节 读书笔记的作用和方法

要对哲学文献从内容上进行深层次加工和提炼，以达到一种创造性阅读的地步，还需要一些辅助性的方法，读书笔记无疑是不二之选。读书所讲究的“四到”：眼到、口到、心到、手到，其中的“手到”就是指读书笔记。读书笔记是阅读书籍或文章时，在遇到文中的精彩部分和有了自己的心得体会时整理和记录的笔记。读书应根据不同情况，随时做好读书笔记。写读书笔记，对于深入理解、牢固掌握所学的知识，对于积累学习资料以备不时之需，很有必要。如果我们将阅读一本好书比作搭乘一艘豪华游轮，这艘游轮可以将我们的思想和想象带往一个美丽的国度，那么，读书笔记就是记录这趟愉快的旅行中最精华、最有趣部分的照相机或摄影机。做读书笔记是阅读和思考的一部分，对于促进学习和研究的深化具有重要作用。极而言之，不会做读书笔记，就不会做学问。

一、读书笔记的作用

为什么要做读书笔记呢？从性质上讲，笔记只是一种辅助性手段，然而却受到人们的高度重视。从小到大，我们常常被教导要做笔记。虽然笔记与学习二者并不直接画等号，但在很多时候，在人们的意识中，记得一手好笔记就意味着学习好。这表明，虽然人们不一定能清楚说明笔记的重要性，但仍可以切身感受到笔记的重要性和不可替代的作用。读书笔记对于读者来说，主要有三方面的价值和意义。

1. 加强记忆

这是读书笔记的首要作用，也是与其他笔记共有的特性。正因为其所具有的这种备忘功能，笔记得到许多人的推崇。读书笔记有助于备忘，帮助记忆读物内容，克服边读边忘的毛病。读书笔记是人们记忆力的强化和延长，是脑外记忆的贮存库。经过做读书笔记，思维就经过了整理、加工，头脑里形成了系统的思路和表现形式，因而不易散失或遗忘。现代社会的知识量巨大，而且更新速度极快。一个人如果读一本丢一本，光读书而不做笔记，即使记忆力再好、读的书再多，也只能是走马观花，最后的印象如同雾里之花，留不下确切的知识。

不可否认，记忆对于积累知识是重要的，但是不能迷信记忆。俗话说：

"好记性不如烂笔头"。历史上许多大学问家都有"不动笔墨不读书"的良好读书习惯。列宁具有惊人的记忆力，却也写下了大量的读书笔记。俄国文学家托尔斯泰要求自己身边永远带着铅笔和笔记本，读书时碰到一切美妙的思想和话语都把它记下来。进化论的创始人达尔文有许多藏书，他怕看过以后忘记，就自己动手做了几千张卡片索引，写下书的提要或精华。他在开始研究一个问题时，要看过所有的简短的卡片索引，然后再编制一份总的分类的索引。这样，在需要的时候，只要取出一个或几个卷宗，就得到了长期收集得来的有关这一主题的全部资料。马克思有很强的记忆力，但他也从不放过用记笔记等方式来加强自己的记忆。拉法格在《忆马克思》一文中说："画横线的方法使他能够非常容易地在书中找到所需的东西。他有这么一种习惯，隔一些时候就要重读一次他的笔记和书中做上了记号的地方，来巩固他的非常强而且精确的记忆。"①

2. 培养习惯

经常做读书笔记，有助于养成良好的学习习惯。更重要的是，有助于在潜意识中养成勤于思考的习惯，有利于思想水平和文字表达能力的提高。在我们阅读过程中，有时会忽然在脑海中产生一些想法，这是由于边读边想而碰撞出的思想火花。有些想法是对书中思想的补充或深化，有些则是对书中思想的批判或创新。这些心得、感想等思想的火花往往一闪即逝，如不及时记录，过后就会烟消云散，消失得无影无踪。因此，要想及时把这些想法记录下来，就要一边阅读，一边写读书笔记。此时所记的笔记已带有研究的性质，它把一些想法或疑问经过自己的认真思考，用自己的语言形成文字。这中间存在着一个思考和加工的过程，故而这种锻炼会在潜移默化中提升我们思考能力和文字表达能力。

毛泽东在阅读时就勤于思考，并善于及时记录自己的心得和评价。他读10多万字的《伦理学原理》一书时，用工整的小楷写在页边、行间的批语就有12 100多字。读《辩证唯物论教程》两个不同的版本时，写在书眉和空白处的批语就达13 000字。其中，既有对原著的扼要概括，又有赞同的评语，更有联系中国革命实际对某些观点的引申和发挥。毛泽东读书时，对书中的谬误，包括错误的观点或引用不当的材料等，也用笔记形式改正。例如，《新唐书·徐有功传》说："命系庖厨"，何足惜哉。毛泽东指出这种说法不恰当，认为历史上的志士仁人"以身殉志，不亦伟乎!"《南史·孔靖传》说："十岁

① [法] 保尔·拉法格. 回忆马克思恩格斯. 北京：人民出版社，1973：4.

便能为盗，长大何所不为”。毛泽东指出此说不妥，十岁为盗，长大不一定为盗，可惜这种形而上学的推论，“今天也还有之”。这些都说明毛泽东治学的严谨和刻苦钻研的精神，勤记读书笔记极大地锻炼了毛泽东思考问题的水平和高度，也提升了他的文字表达能力。

3. 温故知新

记读书笔记的过程是一个积极思考的过程，可调动眼、脑、手一起活动，通过做笔记获得新知识、新信息。记笔记积累的资料不只对巩固记忆有很大作用，更重要的是，同类问题的资料积累多了，达到一定的广度和深度，我们对之加以分析、归纳和比较、鉴别，从中可以发现一些关键的疑惑之处及解决问题的线索，这有助于培养我们的研究和创新能力。要想做到“温故知新”，就要养成积累资料的习惯。有些人读了不少书，但没有把有价值的信息及时记录下来，一旦要用时便东翻西找，十分被动。那么，该如何通过记笔记来积累资料呢？通过记笔记积累资料时，需要注意以下三点：一是目的性。面对大量资料，积累什么，怎样积累？一定要经过自己的思考，将有价值的精华部分选取并记录下来。二是忠实性。对原始信息，要按原文准确无误地抄录，并详细注明其出处，以便于引用和核对。三是定期性。资料要经常翻翻，温故而知新。应养成习惯，定期“清仓查库”，及时将一些过时的、不再具有使用价值的资料剔除，随时把新资料补充进来。

我国著名学者钱锺书从 20 世纪 30 年代在牛津大学读书时起就养成了边读边记的习惯，至今存世的有 400 多本书稿，共计 7 万余页。这些手稿中绝大部分是他多年的读书笔记，其中包括外文、中文笔记和以“日札”为题的读书心得。其《谈艺录》《管锥编》《宋诗选注》等学术著作，援引的参考书目数以万计，且涵盖了文、史、哲、心理学等多门学科。有趣的是，他自己的藏书很少，著书却不少，这当中博览图书馆书籍时大量的读书笔记发挥了重要作用。起初，自恃有过目不忘的记忆力的钱锺书在清华大学读书时，对“读书须作笔记”的观念很不以为然。毕业后到上海光华大学任教时，在备课、写文章的实践中，他才认识到读书单凭记忆是不行的，遂开始读书必做笔记，并养成了良好的习惯。《管锥编》主要资料来源，就是钱锺书写下的五大麻袋读书笔记。这些素材是他多年读书心血的积累，而《管锥编》这部洋洋百万言的学术宏著无疑就是读书笔记温故可知新的最好明证。① 读书笔记不仅有助于加强记忆，而且可以养成良好的思维习惯，进而有助于深入理解读

① 刘保富．钱锺书与读书笔记．光明日报，2001-08-02（4）．

物内容，加深对书籍的消化和理解。作为积累文献信息最常用方法的读书笔记不只是抄书，以读书笔记的形式积累资料，是学习、调查和研究的过程，是训练阅读和开动脑筋思考的过程，因而也是创造的过程。

曾国藩在家信中说："盖士人读书，第一要有志，第二要有识，第三要有恒。"这三条也可以略做意义上的变动用在记读书笔记上：记读书笔记要有确切目标和方向——"志"，也要有分辨优劣好坏的标准——"识"，更重要的是要有持之以恒的信念和坚持——"恒"。我国清代学者顾炎武就很注重资料积累，认为知识是日积月累的结果，既要坚持刻苦读书，又要进行实地考察。他说："愚自少读书，有所得辄记之。其有不合，时复改定。或古人先我而有者，则遂削之。积三十余年，乃成一编。"（《日知录·自序》）顾炎武的名著《日知录》，就是他从青年时代开始积累资料，花了30多年心血完成的读书笔记。取"日知"二字为书名，正反映了他治学求知之认真。顾炎武的《天下郡国利病书》，是其27岁科场失意后就着手撰写的资料性较强的关于社会政治经济状况的历史地理巨著。为此他曾历时24年，通读了二十一史及天下郡国志书、地方志书、名人文集、奏章典册等，行程二三万里，往来南北东西进行实地考察，直到他去世前一直没有定稿刊刻。

笔记是读书与思考的产物，因而记读书笔记必须以对所读内容具有清楚透彻的理解为前提。例如，列宁曾用十年时间研究土地问题，详细摘录了美国、法国、比利时、德国等国的大量文献和统计资料。仅这方面的笔记材料，在《列宁全集》中，就有三卷之多。列宁做笔记时，就是一边做摘录，一边阐述和发挥自己独特的见解。所以在做读书笔记时，我们必须考虑哪些资料要撷取、哪些要舍弃、哪些要浓缩、哪些会引发感想和议论等，这样无形之中就加深了对作品的理解，也在潜移默化中培养了读书的兴趣。总之，阅读不仅意味着被动接受书本信息，它也是读者对阅读文本进行积极思考、相互交流的过程。人们只要读书，就会思考，就会边读边想。如果在读书过程中能经常把书本上的新知识和自己原来的知识互相对照、辨析，就会温故而知新，深化对新知识的理解。从加强记忆、培养习惯和温故知新这三个层面上，足见读书笔记对于读书的重要性。要想做好读书笔记，了解其重要性只是解决了动机问题，也就是"为什么"的问题，然而要想知道"怎么做"，我们还需要了解读书笔记有哪些种类（内容上）和方式（形式上）。

二、读书笔记的种类

从内容上对读书笔记进行归类，可分为提纲式、摘录式、仿写式、评论式、心得式、存疑式、简缩式等。以功用为标准对这些种类做进一步划分，可大致分为三类：一是摘录式笔记，二是评注式笔记，三是体会式笔记。三种类型之中还可以再分若干小类，基本涵盖了常见的读书笔记种类，具体可见图 3－2。

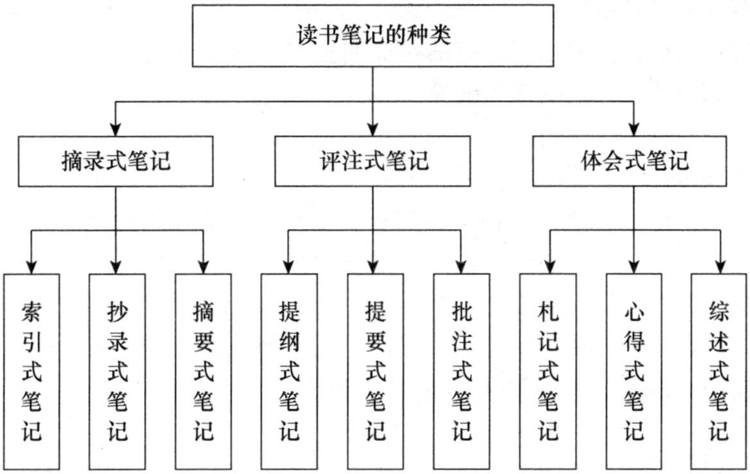

图 3－2　读书笔记的种类

1. 摘录式笔记

摘录式笔记，就是在阅读文献资料时，把一些自认为重要和有用的内容按照原文摘录下来。记这种笔记，可以帮助我们理解和记忆原文的主要内容，能为日后的研究和写作带来极大便利。

记摘录式笔记，要注意以下三点要求：其一，详细。要写明摘录的时间、出处，如书名、作者、版本和页数。其二，准确。准确性有形式和内容两方面的要求：一是摘录形式上的严格性。要求摘录时要按照原文准确无误抄写，任何字句或标点符号都不要随意更改。如果是只节选其中的几句，对前后或中间不摘抄的部分用省略号表示。二是意思理解上的准确性。摘录时要认真体会上下文的意思，严防断章取义。其三，便捷。笔记可以写在专用的本子上，或者摘录在卡片上，以便捷为目的，方便日后查找和分类整理。

按性质区别，摘录式笔记可以进一步分为以下三种：

（1）索引式笔记。在阅读时，看到某些东西十分有用，但内容太多或抽不出足够的时间去读书，又怕遗忘，可以用一个专门的笔记本把所阅读文章的篇目名称、作者姓名、章节目录、写作年代、主要参考资料等记录下来，作为资料保存，以备需要时查阅。这就是索引式读书笔记。史学家陈垣指出：

教学和研究要从目录学入手，目录学就好像一个账本，打开账本，前人留给我们的历史著作概况，可以了然。所以，平时应把所看到的资料，按照内容本身的性质记录整理成一个目录，以备使用时信手拈来。

（2）抄录式笔记。摘录文献资料中与自己兴趣和学习关系密切的章节、段落。有的可以摘录对问题的论证和结论，帮助自己深刻掌握文献的主题和重要论点或公式的论证；有的可简明扼要地抄录文章论述的主要问题、中心思想和重要的公式图表、试验方法、实例等。

（3）摘要式笔记。在理解和掌握原文内容的基础上，按照原文顺序，简明扼要地摘录其要点和主旨。摘要可以用原文，也可以用自己的语言，这是它不同于抄录的地方。列宁写的哲学笔记，很多用的就是这种形式，如《黑格尔〈逻辑学〉一书摘要》《亚里士多德〈形而上学〉一书摘要》等。

2. 评注式笔记

评注式笔记不是单纯的摘录，而是既摘录其内容，又把阅读后的体会和评价简练地写下来。这类笔记是一种积极思维的产物。评注式笔记可分为三种。

（1）提纲式笔记。对于需要潜心研究的重要文章，为统摄全盘、领会要旨，可以写出提纲或纲要。提纲式笔记用纲要的形式，把文献的论点、主要论据或基本内容提纲挈领地记录下来。提纲笔记可以按原文的章节、段落层次，把书中的主要内容扼要地写出来，也可以采取原文的语句和自己的语言相结合的方式来写。提纲的语言要简洁扼要，具有高度的概括性。经常编写读书提纲，可以帮助我们加深理解和记忆，锻炼我们把握文章思想主旨和逻辑结构的能力。

（2）提要式笔记。读完文献全文之后，可以对文中的某一内容进行全面分析、归纳、概括，并用自己的话将其要点写出来，就形成了提要笔记。与提纲式笔记是逐段写出要点的方式不同，提要式笔记要综合全文，并用自己的话写出内容提要。提要应力求简明扼要、脉络分明，最好以某一主线为中心展开。例如，可以突出主要人物及其作用、重大事件及其影响等等。在写法上也可以灵活多样，如可用列表法使其内容对比明显、一目了然。

（3）批注式笔记。所谓批注，是阅读文章时随手在书页空白处做评点及画符号，是一种读书心得、体会、评语或疑问的即时实录。这种笔记形式具有简便易行、随读随写、便于温习查证的特点。凡评点处都是要点、重点或疑点。例如，可在句子下画“——”表示重点；画“==”表示特别重要；画“……”表示精彩部分；画“?”表示对文中说法有异议或疑惑，有待研究考查。如毛泽东读书就经常使用批注法，并在空白处写出自己对文章的看法和意见。如果有的文章写得精彩优美，他往往会批上“此论颇精”“此言甚合我意”等评论；如果有的文章写得有较大出入，不符合实际，他会批上“不通”“荒谬”等。

3. 体会式笔记

体会式笔记是阅读完文献之后写出自己的认识、感想、体会、收获和评论的一种笔记形式。写这种笔记一般以自己的语言为主，也可适当引用原文。体会式笔记包括以下三种：

（1）札记式笔记。札记笔记是把读书时的要点、感想、意见等随时记下来的一种笔记方法。读者要对原文内容全面理解、融会贯通，变成自己的学问，才能写好札记。如果对原文没有真正的领悟和深刻的体会便写札记，要么是写不出来，要么只能是空泛而谈，收益很少。另外，札记的形式比较灵活，可对这本书进行评议，也可以不受书的限制，旁征博引，辨证考订。在字数上可以有话则长，无话则短。

札记是读书笔记的一种高级形式，往往是科研论文、著作的毛坯，有时甚至就是创造的半成品或完善的精制短篇。一旦需要时，就可以加工成为有价值的作品。马克思、恩格斯、列宁都非常重视并善于应用读书札记这种笔记形式，如马克思《1844 年经济学哲学手稿》《人类学笔记》，恩格斯的《自然辩证法》和列宁的《哲学笔记》，都堪称读书札记的名篇。宋代沈括的《梦溪笔谈》，以及清代卢文弨的《钟山札记》《龙城札记》，也都是札记中的精品。

（2）心得式笔记。心得式笔记又叫读后感，就是读完一本书或一篇文章后，经过深入思考，尽量用自己的话把阅读后的体会或感想写出来。心得式笔记有助于我们丰富知识，提高理论水平和写作水平，常写可以帮助我们提高自学能力、分析能力、理解能力等。

写心得式笔记，要着重在“读”和“感”两个字上做文章，使“读”和“感”有机地联系起来。“读”就是要把文章读透，要认真多读原文，从字、词、句到文章的谋篇布局和主要思想，都要力求读懂。如果没有读懂原文，没有了解主要思想，就不可能有深刻的感受，也写不出好的读后感。既然是“感”，就要有感而发。要选择自己感触最大和体会最深的东西来写，有真情实感和独到见解，不能人云亦云。写读后感要突出重点，不能面面俱到。应当抓住自己感受最深的一点，结合自己亲身经历使感受升华为思想。这样才能做到中心明确、观点鲜明，使人读起来亲切舒服、有启发。

（3）综述式笔记。读过几本或几篇同一主题的文献后，可以写读书综述。综述往往是对摘录和摘要的综合运用，有很强的实用价值。要写好综述，必须深入理解各家各派对同一问题的看法，准确掌握各自的主要内容及其异同，然后进行归纳、综合、概括。在综述中，尤其要注意抓住重点和中心，尽可能全面准确地叙述各种观点和思想，说明该问题研究的现状与趋向，同时也要写出自己的看法。做好这种笔记，可以为写作专题论文打下扎实的基础，对于我们培养自己的分析和综合能力大有好处。

以上三类读书笔记，是从读书笔记本身繁简、深浅不同划分的。从内容上看，无非可分为两类，一类以记原书内容为主，即摘录式笔记；一类以记阅读后的感受为主，即评注式笔记和体会式笔记。在阅读过程中，具体使用哪种笔记方式，可以根据所读内容、阅读目的和个人习惯来决定。

读书笔记种类的多样，其实就是为了减少读者在做读书笔记过程中可能遇到的困难，尽量接近或达到前面提到的“志”“识”“恒”，从而更好地发挥读书笔记加强记忆、培养习惯和温故知新的作用。“志”“识”“恒”的要求略显抽象，我们可以将其具体化为五点要求：一是勤，要随读随记，随时收集有用的资料；二是少，要记得精简，经过咀嚼、消化，然后再抄录摘编；三是靶，要有一定的目的和方向，不能无目的、无轻重地散记；四是透，要透彻了解，切忌记“流水账”；五是恒，要持之以恒，切忌“一曝十寒”。除了从内容上进行具体划分，以求适应读者具体需要和相应水平来达到上面所说的五点要求；还可以从形式上入手，也就是在具体的物质载体上下功夫。

三、写读书笔记的方式

呈现出读书笔记的外在物质形式多种多样，最常见的有三种，分别是：直观式笔记；独立式笔记；整理式笔记。

1. 直观式笔记

这里的“直观”是“直接”的意思，指在读书过程中不借助所读书籍之外的物质记录载体。最常见、最简便的直观式笔记，就是指直接记在书上的批注式读书笔记，具体包括做记号和写批注两种形式。这种笔记是根据自己的阅读目的，在书上把自己认为重要的、精彩的地方标示出来，同时也可以写上自己的理解或看法。书上的笔记具有直观性，其优点是可以直接而准确地寻找到自己在读书过程中所感兴趣、认为重要或精彩的语句，也可以直接找到引发自己思考的文本源头，有利于我们温故而知新。每当我们回头复习重读自己的标记及对某些问题的眉批、旁注时，可能都会有新的体会。这时如果又在该页写下一些新体会，前后的笔记相对比，能够明显反映自己认识的深化过程。另外，还可以在书中圈点，画上符号，以便于对重点、难点、疑点的理解和记忆。拉法格在回忆马克思时说："他常折叠书角，画线，用铅笔在页边空白上做满记号。他不在书里写批注，但当他发现作者有错误的时候，他就常常忍不住要打上一个问号或者一个惊叹号。"①

在书上做笔记的缺点，是这种笔记在客观存在上依赖于书籍本身，因而在日后查询中多有不便。对此也只能尽量在记笔记的过程中清楚、明白、简洁，以求减少日后温习查询的困难。比如在做记号的过程中，要注意三点：一是醒目清楚。画记号应醒目，各种记号代表的意思要清楚、前后一致，不要记混了。二是简洁突出。记号不宜太多、太复杂，如果一页书上画满了各种各样的重点记号，处处都是重点，重点反而不突出了。三是清晰明快。做记号要清楚、干净，如果涂得满纸凌乱，自己看了不舒服，日后翻阅时也不易找到重点。批注文字时也要求书写工整，字迹清楚，注意用简要的文字写在书的"天头""地脚"，以求日后翻阅时各条批注能重点突出、历历可辨。最后，必须注意的是，批注式的读书笔记只能在自己的书上写，如果是借来的书，在上面圈点、批注都是不礼貌、不道德的行为。

2. 独立式笔记

要想进一步实现读书笔记在温习和查询方面的便捷性，以及解决自己所拥有文献数量少且涵盖面单一的问题，独立式笔记无疑是最好的选择。所谓独立式笔记，是指独立于书籍而单独存在的一种笔记。最常见的是记在笔记本上的笔记，即把阅读过程中得到的有价值的资料和自己的体会等记在笔记本上。笔记本适用于记载钻研重要著作之所得，有足够的篇幅可以用来写提纲、提要、札记、心得等。用笔记本做读书笔记的分类也是灵活多样的，一般可分为专著笔记和专题笔记。专著笔记适用于专著作品的专用笔记，包括记录研讨后掌握的要点，重要内容的摘录、提要、感想等。专题笔记，则是阅读涉及或围绕同一问题的书籍、文章，把各家各派的不同观点记载下来。笔记本的页面也可分为两部分，一边用来边读边记，另一边留些空白地带，用于记下自己的认识、体会、疑点等，这样会方便以后复习时补充一些新内容、新看法。

利用笔记本做笔记的好处有：便于随时携带，适于记篇幅较长内容的笔记，易于保存和单独成册等。当然，用笔记本做笔记，不如在书上做笔

---

① ［法］保尔·拉法格．回忆马克思恩格斯．北京：人民出版社，1973：4.

记涉及原文的那种准确性和直观性。在手工摘录原文过程中，难免会有不完全、不准确的瑕疵。所做的发散性笔记随着所记笔记量的剧增和时间的推移，往往会模糊甚至失掉与原始文本的关联，这些都是其缺点。在灵活性以及易于调动方面，最具优势的是卡片、活页等具有整理性特点的读书笔记。

3. 整理式笔记

顾名思义，整理式笔记最大的特征就是极具整理性，便于查找、使用和携带，在灵活度上要明显高于直观式笔记和独立式笔记。常见的整理式笔记是活页纸或是卡片式笔记。黑格尔在文科中学读书时，就开始做摘录笔记，就是将摘录记在活页上。“按照语言学、美学、面相学、算学、几何学、心理学、史学、神学和哲学等项目加以分类。每一类都严格按照字母次序排列。所有摘录都放在贴有标签的文件夹里。”① 利用卡片做笔记，就是将有关文献资料、提纲、心得、体会等记录在标准卡片上。这种笔记最大的优点就是简便、灵活，便于查找、排列使用和分类整理等。卡片可小可大，如果大到相当于笔记本的一页，就是一种活页笔记。在选取卡片或活页纸时，要注意大小一致。

大致来讲，卡片式笔记一般可分为以下几类：第一，摘要卡。主要包括：(i) 摘录，摘录文献中的内容；(ii) 概述，也就是内容提要。第二，索引卡。记录书名或论文题目名称，提示在哪里可以查到原文。第三，拓展卡。这种卡片的笔记具有发散性、独特性、创新性等特征。主要包括：(i) 提要整理，适用于较为艰深的专著或论文，将其内容要点用观点排列的形式记下来，便于掌握全文的内容和逻辑结构；(ii) 随感体会，将自己在读书和工作中随时想到的体会、问题写在卡片上，便于以后整理使用。

记卡片须注意三点：一是精炼短小。每张卡片最好只写一个问题、观点或事例。这样既灵活，又不乱，便于分类整理装订成册。另外，文字要写得清楚、简练、易认。在把原文缩写成自己的语言时，既要注意避免近似摘引原文，又要注意解释的准确性。二是归属明确。为了便于查对使用，在每张卡片上要写明资料归属类别、来源、书名、篇名、论文名、作者、页码、出版社名称、发行年月日、见报日期和存放地点等。三是以博养专。随着学习水平的提高，应注意积累卡片向某些方面集中，使之更加系统和深化。记卡片要根据自己工作、学习和专业需要来做，做到有的放矢。漫无目的地乱抄，

① [苏] 阿尔森·古留加. 黑格尔小传. 北京：商务印书馆，1978：5.

往往只会浪费时间和精力。

总而言之，做读书笔记的方式不是固定不变的，而是灵活多样的。只要能为自己的学习和研究服务，自己使用起来方便易行，哪种方式都能为我所用。直观式笔记、独立式笔记和整理式笔记也可以结合起来使用，并不一定非要局限于某一种。有一些记笔记的方式，本来就是一种以上记读书笔记方式的结合。比如剪报式笔记，就是把报纸上有用的资料剪下来，长文章可贴在笔记本或活页本上，短小的材料可贴在卡片上。剪报材料可加评注，也可分类张贴，但皆需注明出处，以便日后查询和使用。在剪报式笔记的制作过程中，上面提到的三种记读书笔记的方式都可以采用，在一定的程度上做到了扬长避短。与此类似，比剪报更加合理地融合了这三种记读书笔记方式的优势的，是利用计算机做电子文档笔记。电子文档笔记相较于手工笔记，在准确、便捷、灵活、有序、查询等方面具有更大的优势，代表未来的发展趋势，但也不能完全取代纸本笔记。

对于各种做读书笔记的方式，我们可以在阅读学习和做笔记的实践中，博采众长，摸索出一套最适合自己的方式，以为我们的学习和研究服务。无论采取哪种方式，最基本也是最关键的因素就是“恒”，做笔记要持之以恒、日积月累，还要经常整理、使用。特别是对于卡片式笔记，养成定期整理的习惯尤为重要。如果不按性质或需要把卡片编上页码、分类插放，那么，这种本为使自己平时分散、零碎的知识系统化、条理化的读书笔记形式，会由于其杂乱琐碎而成为负担，自然也就谈不上为查找使用提供方便了。

做读书笔记忌讳光记不看。如果只是一味埋头记笔记，而不适当回顾反刍，那么，读书笔记也就丧失了其原本的意义。对各种读书笔记都需要不断温习、补充和提高，不定期地回顾、复习所记内容，进行分析研究。我们可以根据自己的实际情况，每隔一段时间再重读自己的读书笔记。这样，一方面能够巩固和加深记忆，另一方面也可以不断补充和完善自己的笔记，以便在不断的学习中提高自己做笔记的水平和能力。只有熟悉和消化了笔记的内容，才能在需要的时候派上用场，也才能真正发挥读书笔记的作用。

思考题

1. 简述中国当代哲学的学科体系，以及如何从学科的角度检索哲学文献。

2. 阅读有关哲学文献及其他学科书籍时，如何处理博览与精读的关系？

3. 读书笔记有什么重要作用？它可以分为哪些种类？

延伸学习

1. 选择阅读下列资料中的一组，谈谈你对其中观点的理解。

赫拉克利特论智慧①：

(1)“爱智慧的人应当熟悉很多的事物。”

(2)“博学并不能使人智慧。”

(3)“智慧只在于一件事，就是认识那善于驾驭一切的思想。”

(4)“如果你不听从我本人而听从我的‘逻各斯’，承认一切是一，那就是智慧的。”

(5)“人的心没有智慧，神的心则有智慧。”

(6)“最美丽的猴子与人类比起来也是丑陋的。”

(7)“最智慧的人和神比起来，无论在智慧、美丽和其他方面，都像一只猴子。”

(8)“掩盖自己的无知要比公开表露无知好些。”

(9)“思想是最大的优点；智慧就在于说出真理，并且按照自然行事，听自然的话。”

(10)“人的性格就是他的守护神。”

关于你自己：

(1) 德尔斐的神的要求：“看着你自己，认识你自己，保持你自己。”(蒙台涅：《散文集》)

(2)“你必须对你自己忠实……对自己忠实，才不会对别人欺诈。”(莎士比亚：《哈姆雷特》)

(3)“人必须认识自己。”(帕斯卡尔：《思想录》)

(4)“大胆地运用你自己的悟性!”(康德：《什么是启蒙》)

(5)“相信你自己。”(爱默生：《自信》)

(6)“你可能遇见的最大的敌人仍是你自己。”(尼采)

2. 威尔·杜兰特说：“哲学具有一种乐趣，哪怕是形而上学的海市蜃楼也有它引人入胜的魅力，这是每一个学者都领略到的。虽然物质生活令人不愉快的必需品，会把他从思辨的天堂拉回到经济上的利害冲突、患得患失、

① 北京大学哲学系外国哲学史教研室，编译. 古希腊罗马哲学. 北京：商务印书馆，1961：22-29.

熙来攘往的生活中来。……有某种黄金时代，那时候哲学事实上是柏拉图称之为的‘那种可爱的娱乐’；那时候爱好相当难以捉摸的真理，无可比拟地比肉欲的享受和世俗的追求要光荣。”结合这段话以及自己在阅读哲学文献时的切身感受，谈谈你对杜兰特所说的哲学所具有的那种“乐趣”的理解，写一篇体会式读书笔记。

第四章　哲学的思考

哲学的本性是“爱智慧”，内在地包含着对人的整体性的思维能力和根本性的思维方法的训练。换言之，“爱智慧”也就是要追求智慧，从而掌握智慧。爱智慧的突出特点就是爱思考，特别是爱深思、沉思和反思。在这个意义上，学习哲学也就是要学会深思、沉思和反思。通俗来讲，就是要培养人的感知、想象、辨析、领悟、发现、创造等思维能力。每个有理性的人都在思考，在一定的程度上，我们可以将思考视为人的一种存在方式，将其看作人之为人的根本特征之一。思考有个别和一般、特殊和普遍的区别，有浅层和深层、短暂和持久的区别。同日常思考和科学思考相比，哲学思考是更为一般、普遍、深层和持久的思考。哲学思考要比别的思考更深沉，是一种深思、沉思和反思，是对思考的思考。

第一节　哲学思考的基本特征

要迈入哲学之门，品味其智慧神韵，单靠阅读哲学文献是远远不够的。阅读哲学书籍可以让人了解哲学的外在风貌，却无法直接领略其内在风骨。要想窥见哲学内在本质，就必须了解其思维模式，学会以哲学的方式来思考。思考能力是伴随着个体生理和心理逐渐成长的一种能力。虽然人的各种思考的基本形式和基本方法具有相关性、相通性、相似性和互补性，但不同对象、不同内容、不同层次的思考所表现出来的思考特征有着鲜明的差异，使得它们相互区别开来。

从思考对象、内容和层次来看，可以从总体上将人类的思考分为形而下的思考和形而上的思考，“形而上者谓之道，形而下者谓之器”（《周易·系辞》）。形而下的思考可分为维持生存需要的日常生活思考和探索外在世界、有形事物的本质及其规律的具体科学思考；形而上的思考也可以分为神学思考和哲学思考，或称为宗教哲学和理论哲学的思考。人类思考结构分类大致如图 4－1 所示。当然，这只是一种分类方法，并不是唯一的分类方法。

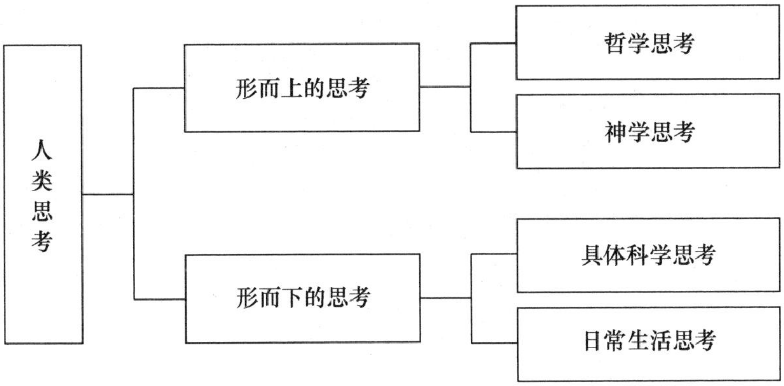

图 4－1　人类思考结构

在人类思考中，哲学思考在过去一直被视为人类最高层次的、最具有一般意义和本质性的思考。虽然近代以来随着科学技术的迅猛发展，哲学所具有的这种意味有所消减，但不可否认的是，哲学思考是一种寻根究底的思考，从不同的方向达到某种终极关怀。在这个意义上，哲学思考是抽象的、形而上的思考，是对世界本原、人生意义的终极思考。但这并不意味着哲学思考脱离具体的实践活动，哲学思考最终还是集中于现实的人的现实生活中的现实问题。因此，哲学思考又是一种非常具体的现实关怀、现实思考。一方面，哲学思考离不开其他类型思考所提供的认识素材和思维方法的支持，是以人类基本思考模式为基础的更高层次的思考；另一方面，哲学思考又与人类其他思考模式相区别，具有自己独特的思考品质和特征。这些独特的品质和特征，揭示了哲学思考何以在人类思考中具有那种一般性、根本性和本质性地位的原因。

一、哲学思考的整体性

哲学是关于世界观、人生观和价值观的学问，是对包括自然界、人类社会、人的精神在内的世界的一般性看法和根本观点。自然界、人类社会和人的精神世界是一个相互联系的整体，不能分割开来加以考察。哲学思考对象的整体性，规定了哲学思考本身的整体性原则。哲学的整体性思考是从整体到部分，再由部分到整体的思维过程。哲学的整体性思考虽强调整体性原则，但这并不意味着可以忽略或轻视对部分的分析认识。整体由部分组成，没有部分也就没有整体。哲学的整体性思考是辩证分析与辩证综合相统一的思维方法。也就是说，在哲学思考运作过程中，整体性和统一性是相伴而生的。思考的整体性是由其对象的整体性规定的。而分析与综合的统一性更多是从方法论层面概括出来的，是作为整体性思考的延伸和展开。故而分析与综合的高度统一性，是哲学思考的另一与整体性相伴生的基本特性。

1. 注重整体性的哲学思考

几千年来，人们孜孜以求探索诸多看似孤立的事物背后的相互关联，苦苦寻找那种把自然界、人类社会和人的精神世界统一起来并起支配作用的内在联系。最早出现的哲学形态是古希腊的自然哲学。作为一种整体性思维的产物，它试图对整个世界最具有普遍性的问题（世界的本原及其运行规律是什么）做出解答。在一定的意义上，整体性思维是哲学思考诞生的源泉，虽然整体性思考并不等于哲学思考，但哲学思考的首要特征就是整体性。

（1）探讨整体性的历史缘起。万事万物存在和变化的复杂性，使得具体的个体在面对世界时，往往觉得世界上各个具体事物是孤立存在的。似乎并不存在整体性，偶尔存在的事物间的联系，也只是为了区别于他物而存在于一定范围内。从人的一般认识顺序来看，人的认识总是从对有限的具体事物的个别方面或局部的认识开始的。然而，人的思维本性总是不满足于此，不愿意停留在“管中窥豹，只见一斑”的状态。人总是对周围未知的事物“惊异”。正是由于这种“惊异”的激发，人类才逐渐从原始的混沌性思维中解放出来，开始以理性而不是神话的方式去追问和表述自然万物生成的基本原理。哲学思考也就在这种整体性的追溯中诞生了。正如在柏拉图《泰阿泰德篇》中苏格拉底所说的那样：“疑惑感是哲学家的一个标志，哲学确实没有别的起源。”① 亚里士多德也基本持相同的观点：“古往今来人们开始哲理探索，都应起于对自然万物的惊异；他们先是惊异于种种迷惑的现象，逐渐积累一点一滴的解释，对一些较重大的问题，例如日月与星的运行以及宇宙之创生，作成说明。”②

这种形而上的整体性思考，自古至今从未中断。譬如，中国古代先哲老子以无所不在而又难以言说的“道”作为贯穿万事万物的根本，把世界看作浑然一体的整体。在他眼中，世界上的事物虽然品类繁多、纷然杂陈，但万物普遍联系、相互制约，“人法地，地法天，天法道，道法自然”（《老子·第

① ［古希腊］柏拉图全集：第2卷．北京：人民出版社，2003：670.
② ［古希腊］亚里士多德．形而上学．北京：商务印书馆，1959：5.

二十五章》)。古希腊哲学家试图寻找一个统一的世界本原，不同本体论思想之间的争论热烈而持久。历史上虽也曾有过二元论、多元论的观点，但从源头上追溯，这些观点与一元论一样，都是整体性思考的结果，因而并不是对哲学思考整体性的否定，反而体现了哲学思考的整体性特征。对于具体个体而言，由于接触和感受到的往往只是事物的“现象”，是一些变化过程中的“片段”，所以在没有确切实践依据的前提下，对于世界整体性的把握很容易出现以主观想象代替客观存在的情况。如中国古代哲学的元气论、五行说等，古希腊哲学家提出的“火一元论”“水一元论”“数一元论”等。

不同于传统哲学的整体性思考，现代哲学的整体性思考建立在现代科学思维基础之上，与古代哲人的整体性思考有本质上的区别。它克服了先哲由于不懂得部分与整体的辩证关系，在整体性思考中所导致的直观性、模糊性和猜测性，纠正了那种缺乏分析的整体性思考的非科学性和非逻辑性。

(2) 对事物整体思考的必要性。世界是由无数具体事物及其联系构成的有机统一整体。因此，“要真正地认识事物，就必须把握住、研究清楚它的一切方面、一切联系和‘中介’。我们永远也不会完全做到这一点，但是，全面性这一要求可以使我们防止犯错误和防止僵化”[①]。这就要求我们，必须在一种全面的意义上对事物进行整体性思考。这种全面性既包含空间的全面性，也包含时间的全面性即动态性，也就是说还要从事物的发展、运动和变化中考察事物。从时间上把握事物的整体，这种整体性的存在也就是动态性的存在，是动态的系统整体。列宁以玻璃杯为例来说明这个问题。他指出就玻璃杯来说，这一点不能一下子就很清楚地看出来，但是玻璃杯并不是一成不变的，特别是玻璃杯的用途，它的使用，它同周围世界的联系，都是在变化着的。

现代系统论学说的理论和方法不仅是对哲学整体性思考的实证，也是对哲学整体性思考的科学化和具体化。系统论认为，任何客观事物都有其结构，构成事物结构的各要素相互联系而又相互作用、相互依赖而又相互制约，这是决定事物运动和发展的内因。事物与事物之间，或系统与系统之间，也是相互联系而又相互作用、相互依赖而又相互制约的。整个世界是一个普遍联系之网。系统是开放的，系统与系统之间的相互联系，成为系统运动发展的条件。任何系统都是动态系统，系统的动态是由其内因决定的。系统不断从环境中吸纳各种信息，依据外界信息调节内部结构关系，实现自己的整体功

① 列宁选集：第 4 卷. 北京：人民出版社，2012：419.

能。凡是充满活力的系统，总是能有选择地筛选有利于自身发展的信息，吐故纳新，发展自己。凡是缺乏活力的系统，或者消极被动地被外来信息所左右而无所适从，直至丧失自我，失去前进的方向；或者阻塞与外界环境联系的渠道，自我封闭，逐步走向衰落。因而对于系统整体，必须从其动态上加以思考，才能真正做到整体的把握。

整体性是哲学思考的首要特征，以整体性的视角看待世界并以此指导具体实践活动，能开阔视野、启发思路，进而激发创新意识。爱因斯坦就曾受益于斯宾诺莎关于世界统一性的整体性思想，他的上帝（自然或实体）是非人格化的，是“那个在存在事物的有秩序的和谐中显示出来的”① 大自然本身。对世界的和谐与统一的深层的爱，使他克服了科学征途上的许多障碍，朝着富有探索成果的道路迈进。正如他自己所说的那样：“相信世界在本质上是有秩序的和可以认识的这一信念，是一切科学工作的基础。”②

（3）整体性思考的最优化目的。哲学的整体性思考不仅要考察事物在某个阶段的整体性，还要不断思考事物内部诸要素之间、事物与环境之间由不协调到协调，再由协调到不协调再到协调的整体过程。哲学的整体性思考是真理性和价值性的统一，这种思考的目的是促使系统内部诸要素、系统与环境的协调达到相对最优化，使事物的整体功能达到最大化。系统整体功能的最大化表现在两个方面：

第一，系统的整体功能可能大于构成系统诸要素各部分功能之和。一个企业引进现代化管理制度，使企业中人的要素与物的要素达到最佳组合，充分调动各方面积极性，就可以使企业发挥出超常的整体功能。现代足球运动十分重视一支球队的整体配合，甚至不在乎把个别耍态度的大牌球星排斥出局的情况，说明了系统的整体功能不等于其构成要素各部分功能的简单相加。

第二，系统的整体会形成一些在部分中没有的新功能，这是系统整体性功能的突出表现。人体是由各个器官构成的，但具体的人的智能和体能不等于人体的消化系统、循环系统、神经系统、呼吸系统、内分泌系统等功能之和，而脱离人体的部分器官是没有任何功能的。水是由氢与氧化合而成的，氢和氧本身都没有水的功能。社会上相同的人群，处于不同的集体或组织中，对社会存在和发展会有不同的作用。在积极进步、充满活力的氛围中，他们可以成为推动社会进步的力量；在腐朽黑暗、消极落后的条件里，他们可能

---

① 许良英，范岱年，编译. 爱因斯坦文集：第1卷. 北京：商务印书馆，1976：243.

② 同①284.

沦为破坏、阻滞社会发展的力量。

总之，坚持整体性思考原则，努力调整好系统内部及系统外部的结构和关系，发挥系统最大的良性功能，是我们在理论上和实践上追求的共同目标。在具体思考实践中，要做到这一点，还要坚持辩证分析与辩证综合的统一。

2. 分析与综合的统一

整体性思考要求把认识对象看作一个不可分割的整体。虽然客观事物是由部分组成的整体，但作为内在联系的整体是不可任意分割的。整体是由诸多要素构成的，要把握事物整体的构成及其本质和规律，必须研究构成这个整体的各个组成部分，否则就不是科学的态度。那么，如何解决这个矛盾呢？虽然在实践中无法直接实现对于整体各组成部分的认知，但我们可以通过实践接触事物的各个方面，在思维中把整体分析为各个部分，再把分析了的各个部分综合起来，从而获得对于事物本质特征和基本规律的科学认识。

（1）整体性视域中的分析与综合。分析与综合的统一，是哲学的整体性思考的延续和展开。整体性思考特别强调的是，构成整体的诸要素不是偶然的集合，也不是杂乱的堆积，而是相互依赖、相互作用、相互制约的有机联系的系统。因此，人们在认识一个事物或现象时，包括对特定问题的思考，都要遵循整体性思考原则。整体性思考不仅要研究该系统各组成部分的性质特点，更要研究构成系统的要素在系统中的地位和作用，研究诸要素之间的相互关系，研究每一要素与系统整体功能间的关系。在此基础上，再按照事物的本来面目综合为一个整体，在更高层次上重新达到对事物完整的认识。哲学的整体性思考的重点在于说明，如果不从整体出发，试图通过部分和部分简单相加的认识方法，那么，将永远无法真正揭示该事物的性质和内在规律。

我国在社会主义初级阶段，经济建设的中心任务是大力发展生产力。影响生产力发展的要素很多，包括：扩大生产需要足够的资金，先进的科学技术，形成恰当比例的良性循环的社会经济结构，现代化的科学管理，不断扩大的销售市场，能够满足生产需要的劳动力和原材料，良好的社会秩序和人文环境，完备的法律制度，公平合理的竞争机制，开放创新的社会机制，安定团结的社会局面，人的综合素质，等等。然而，所有这些要素都不是各自孤立起作用的，而是相互联系、相互作用、相互依赖、相互制约的。如果我们单从一个方面或几个方面考虑经济社会发展，不从社会整体最优化角度思考问题，就不可能搞好我国的社会主义经济建设。譬如设计修建一条道路，必须同时考虑它与其他建筑物、道路和设施的关系，考虑它与环境保护、文物保护的关系，考虑它与城市规划、经济建设等的关系。不仅要考虑其短期效益和影响，还要考虑其中长期效益和影响。在上面所举的两个例子中，面对具体事物和特定问题所采取的视角是整体性的，对于其各组成要素的研究也是出于整体的考虑，但其中所贯穿的思维方法却是分析与综合的统一。分开来讲，分析与综合是两个方向的思维运动的不同方式，但在整体性视域中实际上是一种合二为一方法，即分析与综合。

（2）分析与综合的种类及其内涵。分析法可分为具体分析法和辩证分析法：其一，具体分析，是具体科学研究中经常使用的定量分析法。为了达到认识某个事物或现象的目的，我们把事物中一个个组成要素分离开来分别加以认识，尽可能详尽把握局部事物的性质、功能和数据。例如，要认识一种食物的营养，就要分别研究它的营养构成和具体含量，还要分析其所含蛋白质、维生素、糖分、微量元素、碳水化合物、脂肪等的属性，才能确定它的营养价值和食用方法等。其二，辩证分析，又称哲学分析法。它继承了具体分析法的长处，又弥补了它的不足，是更高层次的分析。习惯于具体分析法的人往往片面地认为整体即各个部分相加之和，认清了部分就可以认清整体，认识了部分的性质和功能就可以认识整体的性质和功能。这种非辩证法的形而上学的分析法，在历史上曾一度成为阻碍科学进步的桎梏。辩证分析法强调整体认识的重要性，把事物的构成要素放到整体的框架中进行分析，不仅要分析它们的不同和区别，还要分析它们之间的联系和相互作用。

综合法是同分析法相对而言的，没有分析就没有综合，而分析总是以一定的综合为前提。综合法可分为直观综合、机械综合和辩证综合三种类型。其一，直观综合，是与人的直觉思维相联系的悟性的综合。通过对事物零散的、局部的、个别的现象和特性的认识，人们形成对事物朦胧的整体认识。这种综合虽然缺乏充分科学分析的前提，具有或然性，但往往对进一步深入分析事物起指导作用，是辩证分析的必要前提。其二，机械综合，是相对于机械分析而言的。它侧重对事物的“拆解”，在进行孤立的精确分析之后，再将其机械地组合起来。这种综合容易“只见树木，不见森林”，即把事物某一方面的性质、某一局部的特性当作整体的性质和属性，并且进行简单的类比。其结果是，抹杀高级生命与低级物质的根本区别，或抹杀整体事物间的联系。其三，辩证综合，是在直观综合指导下，经过科学的定量分析、辩证分析所达到的更高层次的现实的整体认识。这种辩证综合认识包括其他综合思维形式的合理性，按照事物自身原有的联系恢复事物的本来面目，内在地包含了事物产生、发展及消亡的规律性。辩证综合不仅能反映事物当下的真实面目，而且可以反映事物按其本性的应然面目和符合事物发展趋势的未然面目。

（3）哲学思考中的分析法与综合法。在现实中，单纯的分析法或单纯的综合法都是不存在的。分析的思维与综合的思维是相互依赖、相互转化的。没有分析作为前提就没有综合，没有综合就不会有正确的分析，分析与综合缺一不可，二者是可以相互转化的。哲学思考相较于一般的日常思考，更加注重分析与综合的统一。哲学思考中的那种分析与综合带有辩证性。哲学思考要求我们，要想准确认识以及把握某一事物，就必须进行科学的、辩证的分析，而科学的、辩证的分析离不开对该事物已有的综合认识的指导。当我们在这种综合认识的指导下，辩证地分析了事物的各个组成部分和各个组成部分之间以及部分与整体之间的矛盾关系之后，思维就跃入了辩证综合阶段。辩证综合是以辩证分析为基础的，没有深刻、全面、科学的分析，就不可能有正确的综合。没有以科学的分析为基础的综合，只能是笼统的、神秘的、不可理喻的“混沌”的综合。总之，哲学思维中的分析与综合是辩证统一的，不能截然分开。

辩证的分析与综合是深入把握事物内在联系和发展趋势的方法。事物都是矛盾的统一体，为了认识事物的矛盾本性，必须使用这种矛盾分析、矛盾综合的方法，在对立中把握统一。在人类认识的历史上，由于受到认识能力、认识层次、认识工具、认识条件等的局限，人们在对分析与综合相统一的思考方法的把握上，出现过这样或那样的偏差。近代英法经验论哲学家反对经院神学，举起科学的旗帜，倡导对自然界进行分门别类的研究，倾向于分析方法。但他们只要承认世界的整体性，就不能排斥理性的综合认识的指导。与经验论哲学相对立的唯理论哲学倾向于综合法，但唯理论的哲学家们只要承认整体世界是由部分组成的，就不能否认分析法的存在。

总之，辩证分析是在理性具体的思维层次上的整体性分析，克服了理性抽象的思维层次上的分析的孤立性、片面性，这种分析本身就是在向综合过渡，是包括辩证综合在内的辩证分析。辩证综合是以辩证分析为前提的综合，它依照从整体上把握矛盾统一体的内在要求，使各个矛盾方面有机联系起来，重新回到事物的整体联系之中，从而在思维中再现对象的矛盾统一体。这种综合是内含辩证分析的辩证综合。在哲学思考中，分析与综合的这种辩证统一性是其基本的特征之一。

3. 思考的过去与未来

人们对不断变化、发展着的事情的认识永远不会有终结，与此相对应，人类的思考也是一个由低级到高级的辩证发展过程。如果说中世纪以前人类思考以直观综合为主要特征，那么，近代早期的科学研究就是以分门别类的分析与归纳为主要特征。18、19 世纪以康德、黑格尔为代表的哲学家建立了批判的、辩证的思想体系，形成分析与综合辩证统一的哲学思维方法。20 世纪在实证科学发展的基础上兴起的分析哲学的热潮，促进了人类分析方法的定量化发展，使之更加科学化、实用化，可称为人类思考的“分析的时代”。

进入 21 世纪，随着微观领域的生命科学、分子生物科学（基因科学）和宏观领域的理论物理、信息技术、空间技术等的进一步发展，呈现出科学认识高度分化与高度综合相统一的特征。人类越来越重视建立在科学分析基础上的科学综合，如发展生产与环境保护的统一，短期能源利用、开发与可持续发展的关系，微观领域与宏观领域科学研究中整体综合认识的特点，自然科学、技术科学和社会科学、人文科学的互渗与结合，预示着 21 世纪会再度成为“综合的时代”。

现代社会科学技术突飞猛进，人类已经进入了信息时代。时代变革所带来的全球化、信息化、多样化等特征，要求我们必须整体性地看待问题，处理好分析与综合的辩证统一关系。具体来说，就是不仅对事物的内在性质、规律的思考要从整体上加以把握，而且对某一特定的局部问题的思考，也要将它置于整体之中，在整体与局部的关系中加以考察。在信息时代，我们要保持清楚的头脑，更需要哲学的整体性思考；在一个倡导知识创新、理论创新、科技创新、制度创新的时代，我们离不开哲学的整体性思考；为了在充满坎坷和诱惑的人生路上，实现个人和群体的奋斗目标，我们依赖于哲学的整体性思考。

做这样的概括，绝不意味着某个时代的思维只有分析或只有综合，如前所述，分析与综合实际上是不可分割的。这里只不过强调不同时代人类思维发展在总体上带有不同的倾向，一个时代可以用某种占主导地位的思维倾向作为标志。然而，不论以哪种思维倾向作为标志，这种新的有价值的思考方式必须符合时代的要求，具有革命的、批判的性质，是对传统相对僵化的、过时的观念的超越和反思。否则，它就只能是一种老调重弹，也从根本上丧失了独立存在的意义。接下来，我们就具体谈谈哲学思考所具有的超越性与反思性特征。

二、哲学思考的超越性与反思性

客观世界无限纷繁复杂，我们面对的世界是永恒发展、变动不居的。世界越复杂，认识越深入，就越需要哲学的整体性思考方法。这种思考方法可以帮助我们较准确地把握特定认识对象，从整体上把握世界和我们在这个世界上的地位和作用。然而，这种整体性把握的实现，不仅要求思维方法上的辩证分析与辩证综合的统一，还有赖于一种超越性和由这种超越性带来的一般普适性。否则，就无法跳出我们所面对的那些“现象”“片段”，以及直接“在场”的东西所圈定的有限视野。要想思维不停留在经验的、常识的层次，并以一种超越性视角发现和领悟大量“不在场”的东西，就必须以一种反思性思维来看待我们周围的事物。从这个角度看，超越性与反思性是哲学思考在具体的活动中所表现出来的另一基本特征。

1. 哲学思考的超越性

从哲学的历史和现实来分析，哲学思考的超越性有三层含义。

（1）对物质功利的超越。这是指它作为理论思维的非物质性、非功利性。哲学思考是非功利性的，不是被直接的物质利益推动的，其前进动力源自人的精神世界本身。人的思维只要不停下来，就必然导致深思、沉思、反思。当然，哲学思考不是没有前提条件的。正如亚里士多德所言：“这类学术研究的开始，都在人生的必需品以及使人快乐安适的种种事物几乎全都获得了以后。这样，显然，我们不为任何其它利益而找寻智慧；只因人本自由，为自己的生存而生存，不为别人的生存而生存。”① 正是建立在那些实用的能够丰富生活必需品和增加人类娱乐的技术之上，“又出现了既不为生活所必需，也不以人世快乐为目的的一些知识，这些知识最先出现于人们开始有闲暇的地方”。他以埃及的数学为例指出：“数学所以先兴于埃及，就因为那里的僧侣阶级特许有闲暇。”②

亚里士多德强调哲学思维所要求的物质生活和社会生活的基本条件，而黑格尔则把这些基本条件的具备看作人类精神在纯粹思维阶段之前的需要的满足。他说：“事实上，从事纯粹思维的需要，是以人类精神必先经过一段遥远的路程为前提的；可以说，这是一种必需的需要已经满足之后的需要，是一种人类精神一定会达到的无所需要的需要，是一种抽掉直观、想象等等的质料的需要，亦即抽掉欲望、冲动、意愿的具体利害之情的需要。”③ 从哲学思维与日常思维和科学思维的关系上看，哲学思考是对于具体思维的内容的沉淀或升华，哲学思考是一种超越性的思维，它在通常思维停止的地方继续

① ［古希腊］亚里士多德．形而上学．北京：商务印书馆，1959：5.

② 同①3.

③ ［德］黑格尔．逻辑学：上卷．北京：商务印书馆，1966：10.

前进，在通常认识凝固的形态中升华出来。

（2）对具体存在的超越。这是指它作为理论思维的高度抽象性。哲学思考不是对某个事物、某个片段具体的感性认识，而是通过概括、分析、综合达到的对某类事物的本质和共性的认识，是超出具体事物的感性形态而达到的理性的抽象。抽象思维的基本单位是概念。概念是建构或表述思想的“组块”。概念是从各种实物及其关系中抽离出来的，是对各种实物及其关系中的本质和共性的概括，又与具体实物及其关系具有质的不同，二者构成思维与存在的关系。如“物质”是一个抽象概念，世界上一切不以人的意志为转移又能被我们感知的客观实在都可以称为物质，但我们又无法具体指认出不带有具体物质特性的纯粹物质。尽管如此，物质概念仍然是有意义的，因为“**一切**科学的（正确的、郑重的、不是荒唐的）抽象，都更深刻、更正确、**更完全地**反映自然”①。哲学的抽象是最高层次的抽象，它远离具体事物而又不完全脱离具体事物。从具体事物到哲学抽象，中间经过一系列实践和认识的环节，抽取出事物最普遍的本质和规律，这就是它的超越性。

（3）对现实局限的超越。它作为理论思维的理性的预见性，意味着对现实思维的局限性的超越。如前所述，哲学的抽象排除了事物外部的、偶然的、非本质的联系，表面上远离了事物本身，实际上是对事物本质和规律的概括抽象，因此是对客观事物的存在和发展更深刻、更准确的认识。由于它反映了事物的本质和规律，因而依据对事物本质和规律的认识，人们可以预见事物的发展趋势，为人们新的实践和认识导向提供理论支持。哲学思考立足于现实而又高于现实，既是对以往的概括，又是对未来的预见，这是哲学思考超越性的最重要内涵。当我们揭示了人类社会发展的客观规律后，人们的社会活动就由自在的、受规律制约的盲目的活动，逐渐转变为自觉的、按规律办事的有意识的活动。现时代人们有意识地研究社会生产力的发展状况，主动调节社会生产关系，使之更加适应生产力的发展要求，使社会生产力呈现出加速度发展的趋势。社会越发展，人的素质越提高，人们越需要正确的理论思维的引导。

哲学思考的超越性从上述三个层面给予人们理论指导的同时，常常会带来理论的创造和超越，这又表现为哲学思考的突破性。在人的思维过程中，无论从感性认识到理性认识再由理性认识回到实践的两次飞跃，还是从直观综合到辩证分析再到辩证综合的对立统一过程，都表现了哲学思考的突破性

① 列宁全集：第55卷．北京：人民出版社，1990：142．

功能。例如，从感性认识到理性思维是质的飞跃，它们有着外在的与内在的、具体的与抽象的、个别的与一般的根本区别，其间经历了由此岸到彼岸的跨越。获取抽象理性认识，要依赖大量感性材料的积累，并经过用辩证思维方法的加工。但是，抽象思维不等于无数感性材料的总和，从表面认识到本质认识没有直接通达的桥梁，只能借助理性思维的突破性力量进行跳跃。没有这个力量及其所带来的突破，就无法完成由此达彼的认识任务，此岸和彼岸之间的鸿沟就难以逾越。

综观人类认识发展史，我们常常看到这样的情况：在理论研究的某个关口，人们会因遇到靠已有方式解决不了的困难而束手无策。逻辑推理一筹莫展，现有理论无法解释，一时有步入死胡同的感觉。就在这百思不得其解之时，哲学思考的突破性可以冲开僵化的思维模式，启迪人的思考和领悟，使人茅塞顿开或另辟蹊径。伴随着思维的突破，往往是重要的理论发现或理论创造。但必须认清的是，这种思维突破不是逻辑链条的完全中断，而是在允许思维跳跃之后，再回过头来发现逻辑的环节，从而补充此前一时中断的逻辑链条。相反，缺乏这种哲学思维方法，就必然会因循守旧，囿于成见，束缚思考，窒息思想。

历史上许多科学家、思想家都有过这方面的经历和体验，例如著名物理学家普朗克。他本来已经选定了正确的努力方向，并做出了很大成绩，他提出的量子理论认为原子的能量辐射不是连续的，从而克服了经典物理学对黑体辐射现象解释上的困难。可是他不敢突破传统观念，而是设法把能量子削足适履地纳入经典物理学框架之内，企图使量子理论同经典物理学调和起来。其结果就像他自己在回忆这段经历时所承认的，15 年的时间“徒劳无功”，“近乎是一场悲剧”。相比之下，法国著名化学家拉瓦锡就拥有这种超越性思维，敢于突破。他大胆排除了当时流行极广的“燃素说”，发现了燃烧原理，第一次准确识别出氧气的作用。虽然在拉瓦锡之前有不少人做过类似实验，但由于没能跳出“燃素说”的圈定，所以都未能真正认识现实、揭示规律。

2. 哲学思考的反思性

哲学思考的不断超越、不断突破的品质，是由哲学理性反思的特性决定的。哲学思考的反思是一种追问的反思，是对思维本身的思维，作为理性的反思区别于具体的科学思维方法。具体科学的思维对象是客观事物，所追求的是“是什么”和“为什么”的认识结果。而哲学的反思是对已有认识结果及其认识过程和认识方式的再思考，追问的是这种认识的结果、过程和方式的前提性、合理性、合规律性、合目的性，等等。也就是说，不但追问“是什么”之后的“为什么”，还要问“为什么”之后的“为什么”，因而是反复之思和反身之思。任何哲学思维在其思维内容和思维形式上，都表现为在追问中反思、在反思中追问。在此意义上，可以说哲学既是一门追问性科学，也是一门反思性科学。这种追问性的反思可视为人类特有的深层次思维方式。反思有以下主要特征。

（1）后思性。反思的对象是人类已有的认识成果，是既成的思想、精神的现实状况。一般来说，它不是客观的物质存在，而是客观化了的精神存在，是一种精神产品或物质化了的精神产品。按照思考的发生顺序讲，反思是一种“后思”“后想”。“这种思索是从事后开始的，就是说，是从发展过程的完成的结果开始的。”① 近代工业革命过程中形成的人与世界的主客体关系观念，以主客相分、主客对立为基本特征。在这种观念指导下，人类向大自然宣战，对自然界进行前所未有的改造，生产了大量的物质产品以满足人的需要。与此同时，也造成地球能源枯竭、环境污染、生态恶化，使人类的发展成为不可持续的过程，甚至严重威胁着人类继续生存的可能性。所有这些问题都引起人们的反思，不得不重新思考人类与自然的关系，确立现代环保意识和天人关系的观念并将其付诸实践。哲学的反思常常自寻“烦恼”，时常对前人或自己已有的观念提出疑问，对人们习以为常、视为天经地义的意识加以追问，在反复的思考中找出问题，推动认识深入发展。

（2）批判性。反思是对已有认识结果和与之相关的既成现实的思考，本身就带有怀疑、辨析、甄别、批评的内涵，是对固有理论辩证的否定性、批判性的思考。哲学思考的批判性表现在，主体在整个世界面前永远保持着天真和好奇，从不满足已有的知识。例如，人们都把生命看作世上最宝贵的东西。这一事实促进了哲学的思考：到底什么是生命？生命的意义和价值何在？怎样才能实现生命的意义和价值？正是对这些似乎不是问题的问题无休止的追问，推动了关于人的本质、人与社会、人与自然关系的理论的发展。在哲学思考这种批判性追问下，一切既定的认识和现成的理论都成为被审视、批判的对象。哲学批判的方法内含对既定现实的辩证否定，在客观上符合事物变化发展的总趋势。而对社会生活中流行的东西进行批判，体现了哲学作为反思的理性警醒世人的社会功能。哲学思维辩证法的批判性，特别表现为自我批判、自我否定的精神。

马克思说：“辩证法在对现存事物的肯定的理解中同时包含对现存事物的

① 马克思恩格斯全集：第23卷. 北京：人民出版社，1972：92.

否定的理解，即对现存事物的必然灭亡的理解；辩证法对每一种既成的形式都是从不断的运动中，因而也是从它的暂时性方面去理解；辩证法不崇拜任何东西，按其本质来说，它是批判的和革命的。”① 辩证的否定不是简单的否定，而是扬弃，是既批判又继承，既有所肯定又有所否定，通过否定来促进事物发展、完善，因而也是对否定的否定。这种辩证的否定不是来自外部客观世界，而是来自理论本身矛盾发展的必然性，是通过平等的讨论和理论的论争获得的。

辩证的批判和否定不仅是针对他人的观念的，更重要的是对自己的观念的批判和否定。自我批判和否定来自哲学反思的本性，彻底的反思必定导致自我批判和否定，舍此便没有哲学思维及其方法的进步。哲学是时代精神的精华，自然也免不了会带有特定时代的历史局限性，因而它必须经过不断的自我批判和否定，与时俱进，自我更新，自我发展，才能永远站在时代进步的前列。

（3）思辨性。虽然从根本上说反思也不能脱离实践、远离现实，但由于它的研究对象是精神客体，在这个意义上说它是一种“纯思维”，需要借助客观化的思维这种精神客体作为中介，经过一系列中间环节去间接地把握客观世界，具有很强的思辨性。反思是人类的一种更高层次、更加复杂的思维方式，需要调动主体全部知识、情感和意志，全方位、多角度地思考问题，不仅要求真，还要在求真的基础上实现真、善、美的统一。要实现这一目标，不经过反反复复的思考、思辨，不经过艰苦的努力是无法完成的。反思对固有理论以及固有思维模式、行为模式的批判是全方位的，不仅要求对已有认识结果和实践结果进行再思考，而且要求对认识结果和实践结果的理论前提、依据进行再思考。

不仅要反思已有理论的内容的正确性，还要反思其理论产生的前提、条件和方法的真实性与正确性。反思不只是对他人思考的再思考，而且是对自我思考的再思考。反思本身的目的不是产生一个明确的、成熟的、新的理论，并用它来代替被批判的理论，而是力求达到对现存世界的状态和观念的改变，为人们提供新的思考空间、思维方法和理想模式，促进新的观念、理念、认识和方法的产生，以满足人类的实践需要和精神需要。

认识是对客观事物的反映，但人的认识过程不是直线式的机械的过程。哲学的思考过程是既依赖于具体事物又摆脱具体事物的抽象思考，是逻辑思

① 马克思恩格斯选集：第2卷. 北京：人民出版社，2012：94.

维与非逻辑思维的辩证统一。哲学的思考从本质上讲，是一种超越性思维。在当今时代，人们在高度重视知识、重视科学的同时，也日益重视哲学思考的超前性作用，重视哲学思维的预见作用。尽管这种预见是宏观的、整体的，具有相当大的模糊性和不确定性，但它帮助人类明确前进方向、坚定理想信念、规范自身行为的作用是不可替代的。

哲学思维方式之所以占有重要地位，就是因为它具有一定的超越性、超前性和预见性。其作为一支清醒剂能够减轻传统思想的束缚，培养科学认识主体活动的独立性。在一定的意义上，哲学思考所具有的超越性和反思性，甚至是认识主体意志因素、主动精神的基础和来源。哲学思维的超越性常常伴随着思维的突破表现出来，突破是超越的具体体现。思维的突破性来自人类认识无穷探索的本性，这种本性是人类认识永无止境、无限发展、不断升华的动力所在。当对一个具体事物的认识完成了，一个认识阶段结束之后，人们无休止的思维总能发现已有理论的破缺和令人不满意之处，总能找到新的认识对象、认识领域和认识方向。

思维之所以具有这种超越性或突破性，乃是源自哲学思考的理性反思。反思的"后思"性、批判性、思辨性等，决定了哲学思考的超越性、突破性和创新性，使得哲学思维可以不断向人们提出新的问题、展现可能性空间，激励人们向新的认识高峰攀登。只有具备了这种超越性的反思性哲学思维，才能在遇到选择困境时做出科学的选择，在没有选择的时候找到新的道路和方向。但反思的能力不是自然而然存在于人的思维中，而是潜在于每个具有理性的个体思维中。要使这种能力从潜在转变为现实，除了要具备必要的较为全面的实践经验与科学知识作为基础外，还需要通过有意识的哲学思维培养，树立起科学的怀疑和批判态度，将思想置于自由的境地之下，才有可能真正将哲学思维的超越性发挥出来，从而实现突破。

三、哲学思考中的理性与非理性

哲学研究的是包括自然界、人类社会以及人的思维在内的整个世界，是对世界的本质和规律的理论化、系统化认识。然而对世界总的根本性的本质和规律的认识，是看不见、摸不着的一般性和普遍性的东西，是事物内在的和必然的联系，只能靠人的理性思维来把握，所以哲学思考本质上是一种理性思考。但理性思考不是只靠理性就能完成的。哲学不能脱离具体事物，只在思维范围内做概念、判断、推理等抽象意义上的理性工作。它并不独立于具体科学之外，而是以具体学科对于事物的解释、事物规律的把握为出发点和基础，因而哲学思维中必然存在理性思维之外的非理性思维。那么，在哲学思考中，理性思维与非理性思维之间究竟是怎样的关系呢？要回答这个问题，必须首先明确理性思维与非理性思维的概念。

1. 理性思维与非理性思维的内涵

理性思维也称逻辑思维方法，是在实践的基础上，对直接获得的感性材料进行加工处理，运用概念、判断、推理等理性的、逻辑的方式进行思考和论证的思维过程。凭借理性思维而达到的理性认识，是经过深思熟虑的认识，具有相对的稳定性、逻辑的连续性、必要的实证性、一定的解释性。因而，人们对世界的本质和规律的认识与把握、对世界和人的存在的终极意义的思考，通常都是靠理性的、逻辑的思维获得的。总的来讲，理性思维能对事物或问题做出观察、比较、分析、综合、抽象与概括，从而把握客观事物的本质和规律，进而通过论点与具有说服力的论据发现真理，并通过符合逻辑的推理而非依靠表象获得结论。在人类思考中，理性思维的重要作用早已得到公认，被视为人类思维的高级形式。

非理性思维是与理性思维相对应而言的。非理性是指一切有别于理性的精神因素，如人的情感、意志、直觉、幻觉、下意识、灵感、信念等。在现实生活中，人并不是纯粹依靠理性或逻辑来思维，人的思考中还有非理性的成分。非理性思维在哲学思考中同样具有重要作用，它也是人类获取对事物认识的方法之一。尤其是在对事物深层次本质的认识过程中，灵感、顿悟等非理性、非逻辑因素的重要作用是不容忽视的。必须澄清的是，非理性不等于不理性。不理性指个体在正常思维状态下根据单一的感性认知做出的片面总结和草率处理，是理性的反面即对理性的否定；而非理性则指个体在正常思维状态下的“不正常”行为，实际上是一种在理性缺席状态下理性的潜在性在场。

与理性思维所具有的稳定性、连续性、实证性、解释性不同，非理性思维具有跳跃性、短暂性、不可重复性、不可言说性的特点。非理性思维是非意识性（下意识性）的、非逻辑性的，指当人们直接面对和感受具体事物时，有时不经过严格的逻辑思维程序，突发灵感而迅速把握或接近事物本质。凭借这种思维对事物做出的领悟、判断或确立的信念，一时还缺乏充分根据，因而是包容破缺的。这个被认为是神秘的然而时常发挥作用的方法，曾经在许多人那里灵光闪现。

古希腊哲学家德谟克利特的“原子论”，中国古代儒家天人合一的世界观，古代中医理论关于人的生理与心理的辩证关系的思想等，都是在缺乏充足理论论证和逻辑推理的情况下提出的哲学命题。这些在两千多年前提出的哲学观念虽然是粗糙的，但无疑已经直接把握或接近了对事物本质的正确认识。虽然非理性思维在哲学思考中具有开启思路、导向创造的重要作用，并已被无数历史事实所检验，但由于这种思维方法的偶然性，不能重复或模拟，不能在主体间交流，因而在以往相当长的历史时期内被看成是神秘的、非科学的思维，曾被长期排斥在哲学思考方式之外。

2. 理性思维与非理性思维的关系

现代科学研究证实，非理性思维并不神秘，它是人的一种快速而敏捷的思维方式。这种思维方法与感性认识一样，都是对认识对象的直接感受和亲身体悟，但与具体的感性认识有本质的不同。它对认识对象的亲身感受，不是外在的、现象的，而是内在的、本质的。这种非逻辑思考不是对理性的逻辑思维的否定，而是暂时超越了具体的逻辑推理，直接达到对事物一般性、普遍性的本质上的理解。但这种思维方法有自身的局限，需要与理性思维方法相结合来使用。哲学思考是以理性思维为主导的理性思维与非理性思维互补的过程。二者相互渗透、相互交织，共同起作用，缺一不可，我们不应过分推崇或贬低其中任何一种方法的作用。

(1) 非理性因素对于思维的作用与意义。非理性思维是认识发动、激活、提升的重要力量，因而对于思维有着重大的、不可缺少的作用和意义。非理性因素对于思维的作用和意义，主要体现在三个方面。

首先是在思维指向方面。非理性因素影响人的思维指向。人是有情感的，只有面对“我想看”“我有兴趣”的事物，才会有我所思、我所想。正是非理性因素为思维提供的一定的指向，使得理性思维能够不完全受制于内在和外在局限的影响。

其次是在思维目标方面。非理性因素影响着思维目标的确立和实现，为思维提供前进动力。人们在思维时总有自己追求的目标，目标的设定总是离不开情感上对美好的期待。没有对美好的向往，就不会产生追求美好的激情，必然影响思维目标的构想和确立。而缺乏美好情感的激励、追求目标的毅力和不惧困难的意志，也无法实现所确立的目标。人类对世界的本质及规律等的思考和探索是艰苦的，有时甚至是需要牺牲的，然而这一思考从未停止过，而且一步步提高、升华。究其原因，除了理性自身的力量外，主要是靠人的情感、意志、信念和为真理献身的精神，没有人的精神的能动力量，哲学思考就会丧失前进的动力。

最后是在思维路径方面。非理性因素影响着思维的路径。哲学思考是一个线性与非线性统一的过程，是连续性与跳跃性的统一。每当理性的推理遇到障碍或面对两难的选择时，就需要非理性因素来实现某种意义上的跳跃，这时就要求思考者调动全部知识、情感和意志，全身心投入地苦思冥想。经过反复艰苦的思考，在条件成熟时，这种思想上的困顿局面就有可能被冲破。

由上述可知，任何鄙薄非理性思维的观点都是不可取的。随着现代心理学、思维科学的发展，非理性思维在科学思考和哲学思考中的作用越来越受到人们的重视。对于一个人思维能力的评价，已不只是参照其智商即理性思维能力，也取决于其情商、意商等非理性思维能力。现在，人们对于包含自制、热忱、坚持以及自我驱动、自我鞭策等能力的情商予以极大关注，在一定的层面上甚至超过了智商，这不能不说是对非理性思维重要作用和意义的肯定。

（2）非理性思维跳跃性与理性思维的论证。理性思维与非理性思维是无法分割开来的。前面提到认识的发动、激活、提升离不开非理性因素，但从认识的链条上看，哲学思考在本性上是理性的。非理性思维的作用是建立在理性认识基础上的，不可能孤立存在。非理性思维要实现跳跃，必然离不开知识的积累和逻辑的基础。在哲学思考过程中，非理性思维如直觉、灵感、顿悟，常常表现为突发的、偶然的涌现。但貌似突发、偶然的灵感，总是光顾那些刻苦钻研并有足够的理论准备的人，常常发生在长期艰苦的理性思考之后。

科学发现和科学论证是一个整体，对于哲学来说也是这样。哲学和科学的发现推动了论证，而论证则完善着理论。论证是纠错和去谬的过程，理论论证过程往往也是新的理论发现和创造的条件。以灵感为例，并不是任何灵感都能得到有价值的思想成果，灵感的突现离不开理性思维的储备，需要相关经验和知识的积累，需要长时间逻辑思考的沉淀。没有这些前期准备，真正有价值的灵感是不会降临的。由于灵感压缩、超越了常规的逻辑过程，其思维结果具有模糊性、不确定性，如果没有逻辑思维的后期筛选、解释、论证，就可能导致顿悟认识的神秘化或走向歧途，甚至膨胀为理论的垃圾。因此，灵感实际上是一般的逻辑推理与理论结论的顺序暂时颠倒了。

灵感、顿悟等非理性思维方法从来不青睐那些疏于思索的人，而是偏爱那些有长期理论准备并且特别努力、特别执着的人。德国化学家凯库勒梦见蛇衔住了自己的尾巴，从而悟出苯分子的环状闭合链结构。若是普通人梦见这种景象，或是醒后直接忘掉，或是作为一种饭后的谈资，根本不可能有类似的顿悟。凯库勒能够从梦中得到启发，成功地提出重要的结构学说，并不是偶然的。这是由于他善于独立思考，平时总是冥思苦想有关原子、分子、结构等问题，才会梦其所思；更重要的是，他懂得化合价的真正意义，善于捕捉直觉形象；加之以事实为依据，以严肃的科学态度进行多方面的分析和探讨，才最终得出科学的论断。

凯库勒说："我们应该会做梦！……那么我们就可以发现真理……但不要在清醒的理智检验之前，就宣布我们的梦。"由此可知，灵感、顿悟等非理性思维方法虽然因其偶发和不可预期而十分难得，但绝不是少数"天才"的专利。每个人都具有这种潜能，只不过那些刻苦钻研、情感专注、志向远大的人，更有可能将这种潜在的能力转化为现实的能力。所谓灵感、顿悟之类的非理性思维，实际上是人的智力、情感、意志的综合统一；每个人经过后天锻炼和主观努力，都可以拥有运用这种思维方法的能力。

非理性的情感、兴趣、想象、灵感、顿悟等，都具有一种跳跃性功能。这种功能只有置于理性逻辑思维的总视域中，与其理性追求融为一体，才有可能持久而有活力地存在，充分展开广阔的想象空间，发动创造的激情和灵感。如果认识排斥理性思维，仅靠直觉、灵感、顿悟来提升，认识就将远离科学，变成主观臆测的神学或神秘主义的启示。必须看到，仅有非理性思维的跳跃和选择是不够的。虽然它可能带来理论的创新和发展，但因其所具有的非逻辑性，这种跳跃或选择往往是"惊险"的，失败常常不可避免，所以需要理性逻辑的补充或完善。非理性的直觉思维包含着创造性的成分，然而创造性的发现必须经过理性的论证，才能确立思考方向、开辟新的思考领域，也才能成为科学，并被人们承认和接受。上面提到的凯库勒借助梦的启示而通过理性的手段论证苯环结构的例子，就是最好的证明。

综上所述，哲学思考所具有的深思、沉思、反思的特征，为引发灵感和顿悟准备了基本条件。哲学思考是艰苦的思维活动，必然要调动全部理性思维与非理性思维参与其中。理性思维与非理性思维相互参照、相互纠正、相互提携、相互结合，促进了哲学思考的不断发展和进步。深厚的理性认识积淀孕育着非理性的创造性思维，灵动不羁的非理性思维有助于思维的飞跃。没有追求真理的执着和信念、没有充分的想象空间的拓展，就不会有理论创造的灵光闪现。非理性思维是通向理性思考的台阶，具有很高的创造价值，而理论的创造必然促进理性思维的进步。

理性思维对新问题的论证、修正、补充和完善，是促进认识深化和发展的持久的动力。没有理性支持的理论是没有生命力的，是无法成长和成熟的。哲学不仅把理性与非理性的思维都纳入自己思考的范围，而且把理性与非理性的辩证统一作为自己的思考对象和思考方式。哲学理性的发展需要非理性思维为其开辟可能性空间，提供发展的方向和情感与意志的力量；非理性思维需要理性的铺垫和论证，为其注入哲学思想的生命活力。缺少生存空间或缺乏生命活力的思想、理论，都是无法健康发展的。总之，哲学思考是理性思维与非理性思维的辩证统一。

第二节　哲学思考与哲学问题

哲学思考的基本特征是由其思考对象、思维模式以及思维主体所固有的属性衍生出来的，哲学思考的问题也要从其问题对象、提问方式以及主体存在中去寻找和把握。那么，什么是哲学问题呢？依照上一节所说的哲学思考的特征来看，如果某一问题带有哲学思考所具有的特征，基本上就可以视作一个哲学问题。然而这并不是说，因为具有了这些特征，某一个问题才成为哲学问题，这只是一种评判标准。

实际上，对于一个问题是不是哲学问题的判断，更多是从其对象和提问方式来判定的。前面说到的那些特征，只是提出哲学问题过程中所采取的哲学思维特征的外在表现，因而是哲学问题带出了哲学思考，而不是相反。从宽泛的意义上讲，凡是追问和反思哲学研究对象的某一方面的问题，如本体论问题、自然观问题、历史观问题、人生观问题、价值观问题、审美观问题、伦理观问题、认识论问题、方法论问题等，都是哲学问题。而在这些哲学问题背后，还存在更深层、更基本的哲学问题，也就是哲学思考的基本问题。

一、问题：哲学思考的起点

哲学起源于日常生活中的闲暇和惊讶，也就是对未知世界的疑问。“这是什么？”是混沌初开的儿童认识世界首先提出的问题，也是人类认识世界的原初问题，是人类的原初探索开始时提出的问题。惊讶之所以引起思考，就是因为其中蕴涵的问题。人的思维只要不停下来，就能够在已知和未知之间产生疑问，对其加以寻根究底的深思、沉思和反思，就会成为一种哲学思考。从这一方面看，哲学思考无疑是对人类思维能力极限的挑战，是带动人类思维进步的思想浪潮的前锋。而哲学思考源于哲学问题，哲学问题的现实性规定了哲学思考对于人类进步的意义。正如马克思所言：“**问题**却是公开的、无所顾忌的、支配一切个人的时代之声。问题是时代的格言，是表现时代自己内心状态的最实际的呼声。”①

1. 哲学思考起源于问题

所谓问题，是需要研究讨论并加以解决的矛盾和疑难。问题可以出现在日常生活中、科学研究中、哲学思考中，出现了问题就需要我们去析疑解难。旧的问题解决了，随之又会产生新的问题，思考的进步就体现在每一次对问题的分析和解决中。哲学的发展也是如此。虽然我们的思维在本能上追求认识的确定性，但无论是客观条件还是主观条件总是为我们提供许多相互矛盾的信息，使事物的真相扑朔迷离。在很多情况下，我们实际上是在用试错法来对信息加以辨别和选择。经过学习和实践，可以纠正许多错误，获得许多逼真的认识，但我们的认识永远不能达到完全正确。这类似于英国批判理性主义创始人波普尔的观点。他把认识论的问题视为科学知识成长的问题，认为科学知识是动态的、不断成长的逼真过程，而科学知识的成长始于问题。

哲学问题脱胎于一般问题，二者既有联系又相区别。一般来说，哲学问题同一般问题一样，也是存在于理论与实践之中需要解决的矛盾或疑难，但它更侧重于理论内部、理论之间、已有理论与新观测事实的矛盾或疑难问题的解决。哲学思考的问题不是“自在”的，而是产生于人的认识活动之中的，是一种精神产物。哲学思考的问题也不是主观的，它作为已有理论与现有认识的差异，与个人的知识、信仰、好恶无关，是不以人的意志为转移的。

人类关于世界的本质和规律的认识有其确定性，同时又有其不确定性。从一定意义上说，现有的哲学理论都可以看作理论假说、理论猜测，需要加以论证、检验、证实。正因为如此，由理论体系支撑的哲学思考过程，总要出现理论猜测与实际结果的差异，差异必然引发问题，差异就是问题。认识在本能上追求确定性与实际上永远不能实现确定性的矛盾，这本身就是一个哲学问题。这个问题的存在，又是我们总能在已有理论与现实活动中发现矛盾即疑难问题的根本原因。

由上述可知，要思考哲学问题，首先需要明确这是不是一个哲学问题。许多原有哲学问题的性质是明确的，而一些新问题是否为哲学问题，这本身就需要加以思考。但一个问题是否为哲学问题，与其说是由于问题本身，不如说是由于对问题思考的方式。古代人曾作为哲学问题来思考的一些问题，后来逐步成为科学问题而非哲学问题，是因为人们已能用科学方式而不用哲

① 马克思恩格斯全集：第1卷. 北京：人民出版社，1995：203.

学方式来思考它。一个看起来不是哲学问题的问题，如果以哲学方式来加以思考，也可以成为一个哲学问题。总之，哲学问题是人们以哲学思维方式来面对和处理的问题。反过来说，对诸多问题的哲学思考，也把哲学问题从一般性求知中分离出来，从而在一种超越性中把人带向通往真理的道路。

2. 以问题为起点的原因

哲学思考为什么要把问题作为自己的出发点？这可以从两个方面来回答。一方面，问题的发现和提出离不开人类主体的思考。哲学思考的对象多为某种思考的结果——理论认知。在现代社会中，社会规则日益完善，人们崇尚理性，运用思想或理论驾驭、控制社会的自觉性和能力不断增强。与此同时，社会日益尊重人的个性和多样性，人们越来越习惯于按照某种理念设计自己的人生道路。从这个意义上讲，现今理论的发展及其发展方向，对人类和社会的发展具有更加重要的影响。

另一方面，理论认知总是不完善的，其发展内在的破缺性或不完整性，使得问题必然产生。理论的成长是解决问题的过程，是把问号变成句号的过程，是对问题进行试探性猜想的过程，是对问题进行假设性回答的过程。哲学理论需要以具体科学知识为中介，反映世界的本质和规律。这种理论的反思不能直接与现实经验一一对应，而要考察它是否遵循理论逻辑的规则，所依据的理论前提是否可靠，所运用的思考方法是否正确，等等。只有自觉、持续地反思那些人们习以为常的、视为不证自明的理论，发现其中的破绽或问题，才能为哲学思考提供新的课题和研究领域。

问题是哲学思考的理论起点，没有真正的哲学问题的出现，就不会有真正的哲学思考。从这个意义上说，哲学思考的展开有待于哲学问题的发现。一旦理论推理遇到阻碍，理论猜测与现实出现矛盾，问题就产生了。问题的出现呼唤着问题的解决，必然刺激我们思考的欲望，确立我们思考的主题。问题的发现会引导人们通过常规的或非常规的思考，提出解决这一问题的试探性理论，进行验证、纠错、去谬的研究过程，使理论趋于成熟和完善。这就是理论产生和成长的道路，是通常的理论包括哲学理论思考和表达的一般发展过程。波普尔把理论成长的过程用公式 $P_1 \rightarrow TT \rightarrow EE \rightarrow P_2$ 来表示，式中 P_1 代表“问题”，TT 代表“试探性理论”，EE 代表“（尝试）排除错误”，P_2 代表排除谬误后的理论。随着实践和理论的发展，又会出现新的“问题”。从问题 $P_1 \rightarrow$ 问题 P_2（或 Pn）是衡量理论成长的标尺。①

① ［英］卡尔·波普尔．客观知识：一个进化论的研究．上海：上海译文出版社，1987：117．

发现问题就是反思的开端，是理论进步的开始。理论是不断成长的，一个理论创新过程的完成，又开始了新的成长过程，又会发现新的问题，它将成为下一个理论成长的开端。每一个理论成长的过程，都可以从问题中得到学习，每一次纠错的过程，都使人们对真理知道得更多，并将更接近于真理。从问题 P_1 到问题 P_2，从旧问题的解决到新问题的出现，是人的不断追求真理的精神使然。古代人们为了求生存，面对“神秘”的世界，发问“这是什么?”，由此引导人们开始了漫长而艰苦的关于世界本原的探索。当人们由于对世界认识的不同结果而争论不休时，“何以认识？如何认识?”的问题开辟了近代认识论的研究。当现代社会大多数人基本上摆脱了物质贫困的压迫之后，人们又在极力摆脱精神上的压迫。人生价值、人生意义问题的提出，把现代哲学的研究引入一个个新的层次、新的领域。由此可见，问题指引着理论发展的方向。

3. 问题与实践之于思考

哲学把问题作为思考的开端，并不否认实践是理论的来源的观点。一切认识最终都来自实践，实践是主体能动地改造世界的物质活动。自觉的实践是有目的性的，实践的目的就是要解决问题。哲学问题是复杂深奥的，往往有多种可能的答案，为了寻找问题的答案，需要理论推测、检验、反思。在理论探索过程中，不断排除谬误是十分重要的。如果只有问题答案的猜想而没有批判反驳，就不可能优化以至于确证假说，我们就会被淹没在扑朔迷离的众多猜想之中。人们提出解决问题的试探性方法，可能成功，也可能失败；排除错误也是个复杂的过程，不能做简单化处理。排除一个又一个错误的、无意义的猜想或假说，意味着使有意义的、可能正确的猜想或假说凸显出来，就是在为理论的成长开辟更多的空间。如果一时无法排除错误，有可能是因为前一个阶段解决问题的试探性办法有误。为了排除谬误，需要再进行新的研究，做出新的推测，提出新的解决问题的试探性办法，直至排除谬误。

问题归根到底是在实践中发现的。没有问题的提出就没有认识的目的，没有目的的活动不能称为人的实践活动。因此，说问题是哲学思考的开端，与强调实践是认识的来源是一致的。但那种把认识的开端简单归结为对客观事实的观察的观点，并不完全符合哲学认识的实际情形。哲学思考固然离不开经验观察，但与哲学认识有关的观察都是自觉的、有目的的、能动的观察。如果把哲学思考比作一种思想领域的探险，那么，只有带着问题的探险才是有意义的思想活动，只有带着问题的观察才是有选择的、有效的观察。如果仅仅告诉一个人去观察某物，而不告诉他为什么观察，那么他就会无所适从。虽然他有所看、有所听，但那不是作为认识的必要环节的观察，没有认识论意义，甚至连简单的对事物外观的描述都做不好，更谈不上知识的增长和深入的思考。

哲学思考与具体科学思考一样，作为社会意识都是社会存在的产物。但哲学对现实问题的思考具有终极的性质，因而表现出高度的抽象性。就其本原而言，哲学思考也是来自实践的，然而哲学思考的现实起点往往是社会生活中的理论问题，使这种思考表现出一种“纯”精神的特质。只有注意到哲学思考的这种特性，才能更好地发挥哲学的社会功能。强调问题是哲学思考的开端，一方面是哲学自身的特性使然，另一方面也是现代信息社会科学知识增长的内在要求。在理论科学迅速发展的现代社会，人们对客观世界的认识越来越多的是面对精神客体的认识，是在前人或他人认识基础上的认识。针对已有的认识发现问题、提出问题，常常成为现实的新认识的起点。哲学作为反思性的认识更是这样。承认这一点，并不是对实践是认识源泉的观点的否定，而是对于在实践基础上认识深化发展机制的揭示。

总的来讲，问题是思考的主题或所要解答的疑问。从普通思考进入哲学思考，是以提出或确定哲学问题为标志的。哲学问题具有普遍性和概括性，可以从逻辑的推论中得来，也可以从历史（包括现实）中概括出来。更全面的办法是，从历史与逻辑的相互印证中，提出既符合历史又合乎逻辑的哲学问题。提出哲学问题本身就是一定的哲学思考的结晶，它又是继续深入进行哲学思考的开始。

二、哲学问题的特点和分类

在人的日常生活和具体实践中，到处都可以发现问题。问题能使人明确观察的内容、观察的方向，引领我们把观察和思考引向深入。只有带着需要解决的问题，有目的地去实践、认识和思考，才能获得真知。

1. 哲学问题的特点

就问题本身而言，有日常问题、科学问题、神学问题、哲学问题，等等；具体到各个问题类型，又有各自不同于其他问题的特点。必须了解这些特点，为进入这些问题所朝向的对象和领域提供可能的基础。把握哲学问题的特点，无疑是哲学思考的首要前提。那么，哲学问题与非哲学问题相比，除去问题所具有的一般性特征外，有哪些独特性呢？大致来讲，哲学问题具有三个主要特征。

首先是客观性特征。哲学问题是以理论形态出现的，但它不是纯粹的主观产物。哲学问题并不因特定思考者的存在而存在，它客观地存在于人类认识的发展过程中，所以才需要人们去“发现”。哲学问题这种客观性具有三层含义：其一，现实性。任何哲学问题无论表面上看多么远离现实，实际上都与现实生活有关，都能在现实中找到其客观依据。其二，历史性。从理论形态自身看，哲学问题一旦确立，成为一种哲学文化的重要因素，就不再以人的意志为转移。作为一代又一代思想主体所面对的对象，哲学问题具有某种精神客体的客观性。其三，连续性。这是哲学问题的客观性特征在历史性层面的进一步延伸，是哲学思考整体性特征在哲学问题上的具体表现。这种连续性不仅体现在问题的提出和解决上的前后关联，还在于在问题随时代流动变迁背后有一些历久弥新或被反复提出的问题，这些问题在一定程度上从过去延伸到了现在。

其次是批判性特征。问题的提出是对已有的理论和理论的实践质疑的结果，这本身就表现出一种批判性。哲学上提出的问题不是枝节性的，不是涉及解决理论表述方式的无关紧要的问题。真正的哲学问题能够引发人们新的思考，激励人们新的探索，促进理论的完善和创新。善于发现和提出问题的人，是充满智慧、不怕风险、富于批判和自我批判精神的人。一个哲学问题必须具有批判性，才可能是具有超越性、创新性的问题，才可能是具有学术价值的问题。在理论科学领域中，那些具有批判精神的问题的提出，对于科学的发展具有更加重要的意义。当然，这种批判应当是辩证法意义上的批判，是客观的、内在的、深刻的、辩证的扬弃，不是主观的、外在的、肤浅的、简单的否定。只有具有辩证的批判性的问题才是富有生命力的，它可能标志着理论发展的重大转折，有可能引导我们开创理论发展的新阶段。哥白尼对“地心说”的批判性提问和回答，打开了中世纪经院哲学壁垒上的缺口，为近代自然科学和唯物主义的创立开辟了道路。正是问题的批判性引来了理论思维的源头活水，不断冲击人们思想凝固和僵化的企图，有效防止了理论研究的停滞不前。批判是破，它的另一个侧面就是立，即创新。破字当头，立在其中，立中有破，破中有立。批判性和创新性是哲学问题相关而又互补的两个特性。谁善于发现问题、抓住问题，谁就能找到理论发展的突破口，谁就能成为理论变革的带头人。

最后是理性化特征。任何问题的发现和提出，都是理性思维与非理性思维的统一，其中非理性思维占有更重要的地位。关于非理性思维在问题发现中的作用，我们在前面已做过论述。但从问题的外在表征上看，哲学问题与日常生活中、具体科学中的问题相比，理性抽象的特征更加突出。哲学问题具有普遍性、概括性，对哲学问题的思考不是心血来潮、浮光掠影式的思考，而是对事物的根本的思考。哲学要求执着、持久的沉思，没有足够的理性思维的准备，是很难发现和提出哲学问题的。哲学是一种理论思维，也是对理论的思维。哲学问题的发现，离不开对理论体系的思考，是对思想的思想，表现出极强的理性特征。哲学问题常常产生于理论反思的过程中，特别注重对问题本质的挖掘，着眼于对事物整体的把握，总是借助于高度抽象的概念来表达。因此，哲学问题往往具有理性思辨的特征。

哲学问题的上述三个特征，大体上对应了哲学思考所具有的特征，是哲学思维内在本性的具体体现。没有问题就没有认识的欲望和目标，就不可能有自觉、有序、有效的认识。因而可以说，正是问题引起了思考、论争，不断地思考和论争推动理论的发展。哲学问题的提出，不仅为哲学的发展提供了动力和指明了方向，它的客观性、批判性、理性化特征也对人类认识发展具有整体性的意义和作用。

2. 哲学问题的分类

哲学问题是抽象的、一般的，是指向事物的普遍性、整体性、终极性的。具体的、个别的问题是确定的，可以随问题的解决而消失。一项科学实验的方法有问题，导致实验失败，一旦发现并纠正了，问题就解决了；一个人心理上有了障碍，看过心理医生，解决了问题，心理就可以恢复健康。而哲学问题是一般性的、具有终极意义的问题，本身就具有不确定性。对于这样的问题，一个时代可以有一个时代的认识，但问题本身并不因为时代的变换而消失。哲学问题与非哲学问题又是相联系的。

抽象的哲学问题总是存在于具体的非哲学问题之中，一般、普遍寓于个别、特殊之中。而哲学问题与非哲学问题的界限又是相对的。一个问题往往包括多重内涵，像一缕阳光通过棱镜折射为七种颜色，既可以是哲学问题又可以是具体问题。如环境污染与人类生产、生活的关系问题，如何治理污染、保证生产的可持续发展和人们的身体健康，这是个具体科学问题；但如果我们从人类与自然关系的终极意义上来思考，那么它就是一个哲学问题。按照不同的标准，我们可以把哲学问题划分为不同的种类。

（1）按照哲学问题在哲学中的地位和意义，哲学问题可分为三类。

第一类，基本的哲学问题。这是在哲学中具有基础性和根本性的问题，如物质和运动的关系问题、思维和存在的关系问题、人和世界的关系问题等。第二类，重大的哲学问题。这一般是指在当代社会现实中具有重大意义和重要影响的问题，如人类的生存境况问题、生态环境问题、科技与人文的矛盾等。第三类，具体的哲学问题。这是除了哲学的基本问题和重大问题以外的具体性和局部性的问题，如哲学与科学的关系问题、认识的主客体关系问题、个人与社会的关系问题等。哲学的这三类问题是相互交叉、相互联系、相互过渡的。

（2）按照哲学问题在理论发展不同层面的作用，哲学问题可分为两种。

一种是在理论的非核心层面出现的问题。例如，在理论成长过程中，发现某一理论依据不充分或不完善，需要新的补充或修正的问题。马克思的实践认识理论就是在理论形成和实践过程中，通过不断发现问题、解决问题而日益成熟的。这一理论由能动的唯物主义的反映论到实践是检验真理的标准，从实践和认识的辩证关系到理性认识和非理性认识的统一，从认识主客体的关系到认识的真理性和价值性的统一，等等，马克思主义认识论日益丰富完善。新的理论的发展并没有推翻原有理论，没有改变原有理论的内核，相反，它继承和包含了原有理论的基本原则。马克思的社会发展理论过去在理论和实践上都遇到过许多问题，并在探讨和解决这些问题的过程中不断得到修正和完善。今后问题还将出现，但只要这些问题是非核心层面的问题，那么随着问题的解决，马克思的社会发展理论仍会得到进一步发展。

还有一种是发生在理论的核心层面的问题。由于在实践中发现了新的事实，原有理论已经无法解释说明新的事实了，新的事实与原有理论发生根本性的、不相容的矛盾。要解决新问题，即解释新的事实，必须推翻原有的基本理论，于是观念更新、理论变革就成为不可避免的了。例如，近代西方哲学曾经推崇天人对立、人类中心主义的观点，认为自然界的资源是可以被人随意掠夺使用的，人在自然界面前具有绝对的优先地位。在这种观点引导下，工业化、现代化不仅给人类带来巨大的物质财富，而且还给人类带来深重的灾难，如环境污染、能源短缺、生态失衡等，给人类的生存和社会的持续发展亮起了红灯。这些发生在理论的核心层面的问题，促使原有理论依据和思考方法加以更正或变革，用一种新的天人和谐的观点取代旧观点，这是理论发展中的质变。当然，新理论体系的创立不是简单抛弃原有理论，而是以批判地继承原有理论为前提的。

不管是从哲学整体层面还是从事物发展阶段对哲学进行划分，都是为了更好地认识哲学问题，从而提出哲学问题，以便为现实问题的解决提供可能。也就是说，对于哲学问题的分类，其实只是一种思维上的出于认识目的的划分。在现实的认识活动中，单一类型的哲学问题并不直接存在，而往往与其他类型哲学问题交织在一起。

哲学问题的发现是在理性认识的较高层次上进行的，是人的积极思维活动的智慧闪光。在哲学研究中，发现恰当的、有价值的新问题，其重要性甚至不亚于解决这个问题，所以善于发现问题也是一种能力，而且是一种重要的能力。人的感受性、理解力、洞察力、想象力、怀疑精神和批判精神，等等，都不同程度地推动人们发现问题。

总之，问题是思考的里程碑，哲学问题作为哲学思考的理论起点，是理论创新的源泉。在一定的程度上说，问题是理论的有机组成部分，它既是理论发展的障碍，又是理论发展的契机。人在本性上要毫无遗漏地认识事物的本质和规律，然而人类永远无法最终完成这个任务。这个矛盾从根本上决定了人们在思考中必然要不断发现问题和解决问题，从而实现理论与实践的进步。

3. 问题与理论创新

理论的发展是从一个问题的发现到这个问题的解决，再到另一个问题的提出的过程。问题是连续的、层出不穷的，问题的连续性决定了理论成长的动态性。具体来说，理论的成长方式一般分为两类：一类是随认识能力、认识工具、认识方法的提高，认识范围扩大了，认识程度加深了，导致提出新问题并使之得以解决；另一类是通过实践检验和论证反思，发现原来依据的理论前提或指导应用的理论系统的缺陷，从而提出和解决问题，使之得到补充完善，或用一种新的理论取代原有理论，使我们的认识逐步接近真理。这两类理论成长模式的关键都在于创新，而创新又离不开认识主体的主观能动性。发现问题就是认识主体创新能动性的体现。

上述第一类理论成长模式，是由不知到知的过程，是发现的过程。没有认识问题的提出，就没有认识的可能，问题是开创新认识领域的关键。在科学上，没有物质结构无限可分问题的提出，就不可能有基本粒子的发现，尽管基本粒子是先在的。从这个意义上讲，发现比存在更重要，而问题则是发现、创新的开始。在第二类理论成长模式中，问题的创新作用更加明显，甚至在一定意义上，问题的提出本身就是创新。认识是一个逼真的过程，只有那些不满足于已有认识成果，善于发现问题并勇于提出问题的人，才能在试探解决问题的过程中，实现理论的创新和发展。我国改革开放的历史和现实很好地证明了这一点。如果不指出原有社会主义经济体制与中国现有国情不相适应的问题，就没有邓小平中国特色社会主义理论的创新，就没有社会主义市场经济模式的创立。没有问题的不断发展，就没有理论与时俱进的创新。

创新是理论发展的源泉，问题的发现又是创新的前提，所以也可以说问题是创新的源头。

问题的这种超越和创新的意义，不仅在于突破旧有理论，也在于新的领域的开辟。以哲学问题为例，这里存在着理论成长的分叉点。系统理论证明，复杂系统的发展要通过分叉来实现，系统的分叉是必然的，分叉是系统的成长点。哲学问题的发生或哲学理论的发生，即哲学理论系统的分叉，就是哲学理论的成长点。而对哲学问题的解决，既使原有理论补充了营养、延续了生命，又为原有理论开辟了生长空间；既为原有理论添枝加叶，使之根深叶茂，又可以生长出新的生命之树。

例如，随着分子生物学、信息科学、脑科学、思维科学、社会科学的发展，涌现了许多新的认识论问题，拓展了哲学的认识理论，相应地，出现了许多分支学科，如认识发生论、语言逻辑论、思维方法论、创新认识论、社会认识论，等等。正是由于这些分支学科的出现，才有今天认识理论的繁荣发展。进入21世纪之后，人们日益关注人类社会的可持续发展问题，更加关注科技创新、理论创新对于人类发展的意义。在这样的时代背景下，如何发现真正的问题？如何真正理解所发现的问题？如何在理论和实践上解决所发现的问题？解决已有的问题又会引起什么样的问题？这些关于问题的问题，都需要加以研究。问题意识本身以及问题与理论创新的关系，成为现代哲学研究的重要课题。

三、哲学基本问题及其核心

哲学问题的客观性，在于它有不以人的意志为转移的方面。从客观性所呈现的连续性的含义看，这种连续性除了哲学问题在外在形态上具有连续性，还在于存在某些贯穿人类历史的根本性问题。这些问题随着时代的变迁，虽然具体内容以及提问方式会有所改变，但不同外在形态所依据的内在思考方式和所关注的对象是基本一致的，比如世界的起源问题、人的本性问题、人生的意义问题、社会的公正问题等。从在哲学整体中的地位和意义来看，带有这种客观历史连续性的、最基本的哲学问题，无疑就是思维与存在的关系问题。思维与存在的关系问题提出已有两千年之久。在两千多年的哲学思考中，这个问题一部分解决了，随即深层次的问题又出现了。只要还存在思维与存在的矛盾，思维与存在的关系问题就始终是哲学基本问题。

1. 什么是哲学基本问题

最先明确将思维与存在的关系视作哲学基本问题的人是恩格斯。他在

1886年初写成的《路德维希·费尔巴哈和德国古典哲学的终结》一书中指出："全部哲学，特别是近代哲学的重大的基本问题，是思维和存在的关系问题。"① 这一观点有着深厚的历史渊源，哲学本身是从总体上研究人与世界的关系的，而人与世界的关系在本质的层面就是"思维和存在的关系"。在恩格斯之前，黑格尔在讲到经院哲学家安瑟尔谟时就曾说过："思维与存在的对立是哲学的起点，这个起点构成哲学的全部意义。"② 虽然黑格尔未必真的认同哲学存在起点，但在认知的意义上，他还是间接承认哲学存在起点的："哲学开端所采取的直接的观点，必须在哲学体系发挥的过程里，转变成为终点，亦即成为最后的结论。当哲学达到这个终点时，也就是哲学重新达到其起点而回归到它自身之时。这样一来，哲学就俨然是一个自己返回到自己的圆圈，因而哲学便没有与别的科学同样意义的起点。所以哲学上的起点，只是就研究哲学的主体的方便而言，才可以这样说，至于哲学本身却无所谓起点。"③ 据此可知，黑格尔对于哲学起点间接性的强调，直接影响了此后马克思、恩格斯对于历史唯物主义起点的选择。

哲学作为世界观的理论体系，包含多方面的内容，诸如本体论、认识论、价值论、人生观和方法论等。至于哪一个问题才是贯穿各个领域、决定整个哲学体系性质并对解决各种哲学问题起支配作用的"元问题"，历史上并没有统一的意见。对于什么样的问题是哲学基本问题，可谓众说纷纭。古今中外不少哲学家都曾以这样或那样的方式，在不同方面或不同层面做出过不同回答，甚至哲学是否有自己的基本问题都有人质疑。纵观哲学历史，真正对这一问题做出科学回答的主要就是恩格斯。他明确回答了对于哲学基本问题的"有"和"是"这两方面的疑问，即"是否有"以及"是什么"这两个基本问题。所以，本节对于哲学基本问题的理解和论述，基本上都是在恩格斯的理论视域中。

恩格斯所提出的哲学基本问题，就其具体含义而言，是由思维和存在的关系问题进一步展开的两个方面的问题：第一个方面是思维和存在何者为"第一性"的问题，通常被称为"哲学基本问题的第一个方面"，实质上就是本体论问题；第二个方面是思维和存在是否具有"同一性"的问题，这是"哲学基本问题的第二个方面"，即思维能否反映存在的问题，这是一个认识

① 马克思恩格斯选集：第4卷. 北京：人民出版社，2012：229.

② ［德］黑格尔. 哲学史讲演录：第3卷. 北京：商务印书馆，1959：292.

③ ［德］黑格尔. 小逻辑. 北京：商务印书馆，1980：59.

论问题。

将思维与存在的关系问题作为哲学基本问题，有着深刻的现实原因和历史依据，大致可以从三个方面予以说明。

（1）哲学本性。从哲学本性来看，人作为一种有意识有目的的活动的主体，在认识和改造世界的过程中，在处理主体与对象的关系时，必然会面临思维与存在的关系。由于时代、地域、民族等因素的影响，这一关系呈现的样态会有所不同。但不可否认的一点是，历史上任何种类的哲学问题，都会以不同方式，直接或间接、鲜明或隐蔽地涉及思维与存在的关系。

（2）历史角度。思维与存在的关系几乎贯穿了哲学发展的全部历史。如何回答这个问题，是解决一切哲学问题的前提和基础，并由此而形成了不同的哲学派别与哲学形态（参见图4-2）。从最早登上文明舞台的哲学的最初形式——自然哲学，到近代的唯理论和经验论，虽然关注的具体角度从思维与存在谁是“第一性”的问题转向了思维与存在是否具有“同一性”的问题，但都是围绕着思维与存在的关系这一主题展开的。

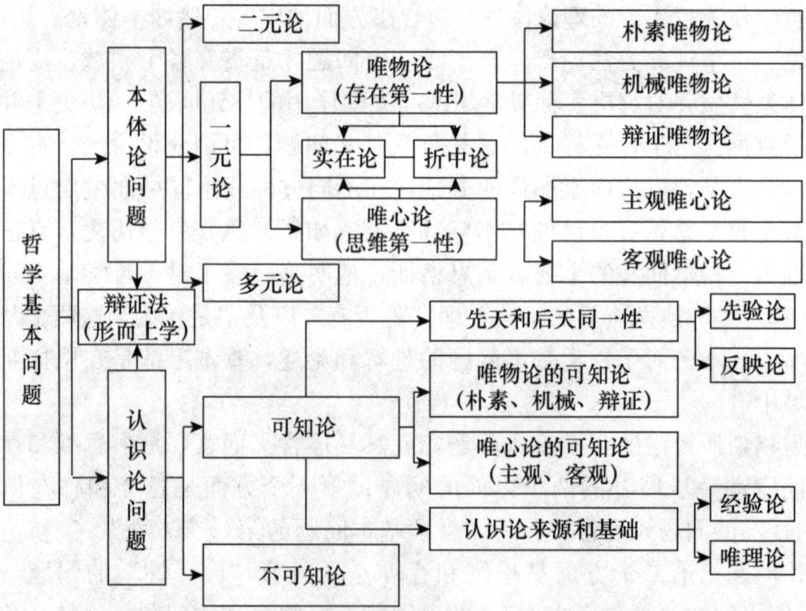

图4-2 哲学派别与哲学形态

（3）现实层面。思维与存在的关系问题和人类现实生活密切相关，因而往往是人们解决人类社会生活问题的前提和基础。思维与存在所具有的这种现实意义，并不是源自将其作为哲学基本问题这一理论上的建构。它能成为人类社会生活的出发点，源自思维与存在的关系问题本来就来自人类生活，无处不在，无时不有，并且随着人类的发展不断扩展和深化。

哲学是关于世界的本质和规律的认识。这种认识不是超越各门具体科学的“纯”知识，它需要从连续不断的科学知识中抽取出世界的共性或一般。正如波普尔所说的那样：“真正的哲学问题总是植根于哲学以外的那些迫切问题，这些根烂了，哲学也随之死亡了。”① 哲学基本问题是思维与存在的关系问题。思维与存在的关系使得人们在科学实验、生产实践、社会生活中的困惑不断，不能不引发对原有的理论信念、世界观和方法论的思考，哲学问题也就随之不断产生。

综上可知，将思维与存在的关系视作哲学基本问题，虽然不是绝对唯一的对于诸多关于哲学基本问题的回答，但至少是最符合事实和最能被接受的回答。因此，将思维与存在作为哲学基本问题，并不是由某个人的主观论述所能规定的，而是哲学本身、历史选择和现实淘汰的客观呈现。

2. 哲学基本问题的核心

哲学问题涉及人自身的生存状态、人赖以生存的世界的状态，以及人与世界的关系等，十分庞杂，因此对哲学的探索充满艰险。尤其是面对哲学问题那种不可最终解决的性质，任何自大、独断、偏见、教条等，都会在不同程度上阻碍我们对哲学问题探讨的程度和层次。因此，必须进一步认清自己在由问题所引发的哲学思考中的地位，以及问题的对象或思考的对象。在具体探讨思维与存在之前，首先有必要了解一下哲学基本问题中作为主体的“人”。

（1）人的主体性内涵与客体。哲学思考的主体是人，无论就思考的承担者还是就思考的主要内容而言，都是如此。在这个意义上，可以说哲学是人的哲学，也是关于人的哲学。哲学是以人与世界的关系为前提和归宿的。人是否能够成为主体？人的主体性是什么？这种主体性是怎样生成和发展的？人作为主体与客体的关系如何？不论在哲学的哪个部分，人—主体的问题都内在于其中。

一般意义上的“主体”概念，是相对于一定的“客体”来说的，由此形成了“主体—客体”关系。而主体总是通过某种中介与客体相联系，因而事实上存在的主客体关系是“主体—中介—客体”关系。主客体关系模式是作为主体的人认识客观事物、认识自然界和借助物质手段改变客观事物、改变

① ［英］卡尔·波普尔．猜想与反驳：科学知识的增长．上海：上海译文出版社，1986：99.

自然面貌需要遵循的基本模式。以往的科学、技术和物质生产，主要是在“主体—中介—客体”的模式下进行的；人与物、人与自然的认识关系和实践关系，本质上就是“主体—中介—客体”的关系。以物质生产为轴心的社会，包括以“科学—技术—生产”为轴心的现代社会，不可能不突出主客体关系，因此不可能不突出人的主体性。

如果说生产源于人对于物的需要，那么，交往就是源于人与人之间的相互需要。生产所要解决的主要是作为主体的人与作为客体的自然界之间的矛盾，而交往则是人与人之间的社会关系，处理的是主体与主体之间的矛盾。交往作为主体之间的联系，也是通过各种中介来实现的。这样，人与人之间交往所遵循的模式，就不应是“主体—中介—客体”的模式，而应是“主体—中介—主体”的模式。在后一种模式中，主体的能动性不再是相对于客体而言的主体性，而是与其他主体共有的交互主体性或互主体性。相对于把他人当作客体的那种唯我主体性，人际关系中的交互主体性无疑是人的主体性的重大进步。

(2) 存在与思维的具体内涵。哲学是对世界的思考，这种思考以思考者与思考对象的先在性为前提。存在问题是哲学本体论问题的核心，哲学思考的主体与思考对象，首先必须是存在的，然后才有怎样存在即存在状态的规定，才有思考的可能和思考的存在。人是能思维的存在，能思维的人是认识主体。认识主体可以凭借思维，以观念的方式来把握存在。有了能思维的人，就有了主观和客观两极世界的划分。

其一，“在”——存在。存在是有层次和维度的。存在的第一个层次是自然存在。一个唯物主义者相信，自然界的存在是实实在在的。在有意识的人出现之前，自然界是单一的、自在的，按照自身的内在规律自然地存在。从自然界演化出人类之后，单一的自然界分化为人的存在、社会存在与自然存在。就存在的客观性而言，它们是统一的；就它们的存在状态、存在特性而言，它们又是相互区别的。自觉的、能动的意识或思维是区分人与其他存在的根本所在，世界因此分成物质世界和精神世界。

存在能够成为问题，能够成为被意识到的存在，是因为存在着有意识的能思维的人。那么，能不能说“存在即是被感知”？我们应当如何对存在提出问题？是该问“什么是存在？”还是该问“是什么存在？”抽象意义上的存在究竟是真实的，还是虚无的？如果说存在就是有，那么，不存在就是无吗？古代原子论认为，原子和虚空都是物质的存在。现代科学意义上的“真空”、“场”和粒子，都是物质存在的具体形式。思维作为人脑这种物质的运动，是否也是一种存在？观念对存在的反映，本身是否也成为某种存在，成为波普尔所说的“世界 3”①？现实世界是存在，虚拟世界是否也是一种存在？自然存在、社会存在、人的存在、精神存在、虚拟存在等，是否可以看作存在的不同层次？从物质运动的意义上说，思维也是一种具有某种客观性的存在，只不过它只能依附于社会的人的存在而存在，完全独立的思维是不存在的。从思维是对象的观念映现这个意义上讲，思维是一种非现实的存在。人作为社会主体的存在，也是有层次之分的。人的存在可以分为个人存在、群体存在、类存在，等等。

现实的存在是动态的和进化的。考察世界的存在进化的历史及存在状态变化的规律和趋向，始终是哲学关注的根本问题。自在世界进化为有人世界，有人世界又发展到属人世界，世界的存在发生了天翻地覆的巨大变化，变化了的世界又影响、改变了人和世界的关系。在世界存在的进化发展过程中，最重要的表现是人和人活动的世界存在状态的变化。人和人活动的世界存在状态的变化，包括共时态变化和历时态变化，集中表现为人和世界的关系的变化。

其二，“思”——思维。主观世界是思维世界，广义地说是人的精神世界；客观世界是对象世界，包括自然界和人类社会。思维产生于存在、依附于存在，但又不等同于存在。思维不满足于对存在的依存，而力求把握存在，让存在成为“为我”的存在，更好地适应人的需要。

思维与存在构成矛盾关系，思维与存在的关系问题是哲学基本问题。思维与存在何者是第一性的？人的思维是从哪里来的？究竟是“我思故我在”，还是“我在故我思”？尽管现代科学技术成果为哲学争论的深化和扩展提供了有力的佐证，但人为什么能知？人怎样知？人能否获得真知？如何确证人的认识的真理性？诸如此类的问题是哲学必须研究和回答的。在当代，思维与存在的关系仍然是哲学思考的核心问题。随着上述问题研究的展开，深化了人们对主体、存在和思维之间的关系的研究，例如，研究理性思维与非理性思维的关系，“知、情、意”的关系，“真、善、美”的关系，虚拟与现实的关系，等等。这些研究促进了认识理论的发展和完善。

在主客体化了的世界中，人类和自然相互规定、相互制约。二者谁也离

① 在波普尔那里，“世界 3”指人类精神产物的世界，如思维观念、语言、文字、艺术、神话、科学问题、理论猜测和论据等。其中包括一切抽象的精神产物，以及一切具体的精神产物，如工具设备、图书、房屋建筑、计算机、飞机和轮船，等等。

不开谁，有机地统一在一起，这是人类社会进化的结果。主客体化的世界是相对于人的“思”而言的。人一方面要提升自我，成为认识世界、改造世界的自由自觉的主体；另一方面，人又永远无法摆脱自然的约束和规定，只要这个矛盾存在，主体、存在和思维的关系就始终是哲学问题的主要内容。

总的来讲，实践是人的存在方式。人的自我意识通过实践活动把人与自然界区分开来，从而意识到人与世界的区别和联系，才产生了思维与存在的关系问题。一切哲学问题都是在对这个问题回答的基础上，或围绕着这个问题展开的。人和世界的关系问题，是与人和世界的存在状态问题紧密相连的。人和世界的存在状态是不断演化的，关注存在状态的变化及人与世界关系的变化，深化对主体、存在和思维之间关系的研究，对于任何时代、任何社会、任何人永远都是有意义的。

3. 哲学基本问题与实践

明确了哲学基本问题的内涵及其所关注对象的核心内容，在直接面对现实时，重要的是依据这一原则指导实践活动。哲学基本问题进入现实层面，首先面临的是通过哲学思考进一步延伸的同现实生活相关的“知”与作为实践的“行”的关系问题。由“思”而生的“知”，只有通过“行”才能转化为现实，成为改造世界的力量。哲学问题对哲学思考和哲学发展具有重要意义，抓住了哲学的前沿问题，也就站在了哲学发展的前沿。但是，如果只停留在哲学的问题本身，而不对其做进一步挖掘和提炼，以求实现理论和现实上的超越，那么，这种解释世界的思考也可能成为一种无意义的思辨衍生物。

(1) 作为思想物质外壳的语言与实践。随着主体——人对世界“思”的深化，哲学的认识论进入了一个新的层面。相对于狭义的认识论，这是一个表达论的层面。这里的问题是，假如我们能对客观世界进行正确认识，那么，我们这种认识能否准确表达出来？理性思维是概念思维，是借助于语言来进行和表达的。语言是人所特有的用来表达个人思想和在人与人之间交流信息的工具，是人际关系协调和社会组织管理的重要手段。中国古代所说的“言”，指言辞、概念、论说、论著等。“言”与“意”即思想、义理、宗旨等的关系，很早就引起人们的注意。魏晋时期，哲学上的“言意之辩”达到高潮，分成“言尽意”、“言不尽意”和“得意忘言”三派。“言”表达人对存在的理解，它本身也是人之存在的一种方式。

语言是思维的物质外壳，这个外壳是约定俗成的。语言中使用的词语，是人们用来表达某个或某类事物的符号。在不同的语境下词语表达的含义，总会有这样那样的差异、歧义。由于不同的民族、不同的文化背景和不同的心理的影响，人们对同一词语表达内容的理解也会有很大差异。语词是相对固定的，而人的感受和思想则是流动的。语句中的词序不是严格确定的，同一事实可以用不同的语句表达，同一语句也可以表达不同的意思。语句中的省略或空白之处隐含着什么内容，如何理解，也可以引起这样或那样的歧义。总之，语言作为表达的方式与它所表达的内容是有差别的。在信息“爆炸”、交往频繁的今天，人们日益感到语言准确表达的重要性。现代西方哲学特别重视语言分析，就是为了解决这个问题，使“言”能“尽意”。然而，“言不尽意”的问题仍然存在，而且将继续存在。只要人对世界的思考和对思考的表达没有停止，“言”与“意”的关系问题就始终是哲学思考的重要问题。

再来看作为“行”的实践。“行”的本义原指人的行为、行动或日常活动。所谓“动”是相对于“静”而言的，从这个层面上讲，人类和其他动物没有本质的区别。哲学上所说的“行”是相对于“思”而言的，是相对于认识而言的实践。人是能思维、能表达、能行动的主体，是以实践方式存在的有思维、有语言的社会存在物。人的存在应当是思、言、行的统一。人的实践性是人最基本的属性，人之行决定着思与言的本质。马克思把生产劳动实践看作人类首要的和最基本的活动，认为“全部社会生活在本质上是**实践的**”[①]。哲学上的实践概念具有丰富的内涵，它内在地包含着思与言，又外在地超越了思与言。

（2）认识与实践的辩证统一关系。人之思、言、行的统一关系，可以概括为认识与实践的辩证关系。在认识与实践的关系中，实践是认识的基础，对认识的发展起决定作用。从人类进化史看，实践是使人成为人的根本所在。人的思和言不是天生的，而是在实践中产生和发展的。人只有在实践中才会发生主客体的联系，才能产生有所思和欲所言的愿望。同时，也只有实践才能为认识提供认识工具、认识渠道，满足人之所思、所言的要求，实现人之所思、所言的目的。但人们认识世界的目的不仅仅是为了解释世界，更重要的是为了改造世界。人对世界存在的所思、所言的主要目的是致知，致知最终是为了践行，为了更好地在世界中生存和发展。离开实践即行，思与言是没有意义的。而人的思与言，即认识与表达正确与否，人的认识及其理论形式发展的真正动力，不是单纯靠认识与表达自身就能够解释和说明的，它必须紧紧依靠实践，从实践中得到检验和证明。

我们强调实践对认识的基础作用和决定作用，并不意味着否认认识对实

① 马克思恩格斯选集：第1卷．北京：人民出版社，2012：135.

践的指导作用。人的活动不是像动物那样无意识地适应自然界，而是在适应自然界的同时还要改造自然界，让自然界适应人的活动需要。人的这种改造自然的能力缘于人是具有理性思维的动物，人的活动因为有了意识的参与而升华为自觉的实践。无思之行是盲目的，是动物式的本能活动。人的意识可以影响、制约人的实践活动。在一定的社会历史阶段，人们的实践水平受到认识水平的限制。认识与实践不完全是同步的，人们的认识常常落后于实践，而有时一些认识也可以走在实践的前面。先进的理论有助于实践选择对象、明确目标、确定途径和方法，并为自觉的实践提供前进的精神动力。理论制约着实践的进程、方向和方式，理论的正确与否也决定着实践的成功与否。随着社会文明程度的提高，社会主体——人的素质在提高，理论对实践的指导作用也在不断增强。

人的实践本质上是社会实践，社会实践需要人与人之间相互协调、相互配合，这就离不开信息的传递、交流。语言是最基本的信息传递与交流方式，如果“言不尽意”“言有歧义”，就会影响社会实践的成效和进展。实践即行离不开思与言的帮助，思与言本来就是行即实践的有机组成部分。思、言、行的统一，通常表述为知与行的统一。知与行的关系是对立统一的矛盾关系。这种矛盾有主观的方面，也有客观的方面，并且是主观与客观的矛盾。由这些矛盾引出一系列错综复杂的哲学问题，在今天仍然是哲学思考的主要问题。例如，知了是否就一定能行？行了是否就一定能知？知与行是否有先后、轻重、难易的区别？知与行能否统一？怎样实现这种统一？应当追求怎样的知与行的统一？

(3) 知与行相统一的要求。知与行相统一的最高境界是真善美的统一。在知与行的统一中，首先是主体认识客体的求真的过程。求真是知与行的首要目的，不求真我们的认识和实践就没有客观性，就不能合乎客观的规律性，不能做到活动的有效性。但求真的活动必须遵循善的价值原则，有利于人类的生存和发展。善赋予真合理性、属人性，使真具有真正的社会价值和社会意义。善作为价值观念，不仅规范着人与人的关系，而且也规范着人与自然的关系。人们在求真的过程中不仅要关爱人类自身，而且要关爱其他生命，关爱我们生存的自然环境。只有这样，我们人类和社会才能保持可持续发展，才是对人类的终极关怀。

遏恶扬善、去假求真的活动本身就内含着美的因素。人类改造自然、改造社会、改造自身，不但要求真、求善，即按照真的规律、善的规律办事，还要求美，即按照美的规律办事。美是使人愉悦、有利于身心健康和人际关系和谐的感觉。美感可以使人超越真、善的功利性，体现了人的最高精神追求。随着社会和人的全面发展，人们知与行统一的活动不断由低级向高级发展，从求真到求善、从求善到求美，再到真、善、美的统一。在这种真、善、美统一的追求过程中，社会不断进步，文明不断提高，人的心灵得到净化和提升。伴随着人类对真、善、美的追求，认识与实践的矛盾不断得到解决，知与行的统一不断跃上更好的台阶。

综上所述，哲学思考本质上是理性的，理性的思考源自实践。主体是认识的发动者，从认识对象的确定到认识活动的展开，是由所思考问题的提出引起的。一般来说，问题刚发现时可能是模糊的，不十分确定。人们只是感到理论在指导实践时出现破缺，或者面对新的事实原有理论无法做出解释，这时的问题是“为什么”的问题，表明认识处在怀疑、困惑阶段。譬如，在现代社会，物质财富较之过去已经有了很大的增长，可是人们不仅感到离预期的自由、解放还相当遥远，而且仍然受到物质资源短缺的威胁，同时又感受到环境、人口、安全和精神上的压力。这究竟是为什么？症结何在？发现问题只是理论成长的准备和铺垫，并不等于理论的成长。仅仅停留在怀疑阶段，不进一步探讨确认问题到底是什么，这种怀疑对理论发展没有实质性的意义。如果走向极端，甚至会导致怀疑一切、排斥一切，以致连这种怀疑原本具有的积极意义也被自己否定掉了。

问题不是脱离原来理论发展大道的外来物，而是存在于理论的内在逻辑之中，因此，问题的发生受制于理论本身发展的必然性。也就是说，哲学问题不是缺乏内在根据的外来寄生的分叉，而是扎根于深厚的理论沃土，蕴涵着生命力和发展前途的新哲学理论的萌芽。问题在理论创新中的作用，已成为哲学研究关注的一个焦点。对问题的探讨研究，必将促使人类更加关注现实，关注自己的生存状态和生存意义，促进新哲学理念的产生。问题意识的研究有助于我们全面审视自己的行为，科学论证我们思考和实践的理论根据，使人类社会更文明，使人类更接近真正意义上的自由。

第三节　哲学思考的基本方法

哲学是一种思维的艺术。恩格斯曾说过：“一个民族要想站在科学的最高峰，就一刻也不能没有理论思维。”① 人作为能思维的存在物，每时每刻都在

① 马克思恩格斯选集：第3卷. 北京：人民出版社，2012：875.

运用感性和理性的思维形式感知世界、认识世界，进而以实践改造世界。哲学思考从历史和现实出发，集一切时代思考之精华，运用自己独特的思维方式和方法，深入把握人和世界关系的内在本质。但哲学对世界的改变并不是直接的，它只能通过实践这一中介而发挥作用。马克思说："批判的武器当然不能代替武器的批判，物质力量只能用物质力量来摧毁；但是理论一经掌握群众，也会变成物质力量。理论只要说服人，就能掌握群众；而理论只要彻底，就能说服人。"① 哲学直接的和根本的功能，就是作为思维方法改造思维、发展思维，从而创造新人，增强人们在改变世界过程中的理论思维能力。这是哲学应该也能够发挥的作用。

一、何谓哲学思考方法

哲学思考方法与哲学方法论既有区别又有联系。哲学方法论指把哲学作为认识世界和改造世界的方法论。而哲学思考方法则是在具体的哲学学习和研究中的方法论问题，是哲学方法论在哲学思考层面上的运用。由于哲学和哲学方法论所具有的特点，哲学思考方法也是个具有不确定性的哲学问题。哲学思考的对象不同，自然学习和研究的方法也不尽相同。虽然哲学思考方法因其不确定性而难言规范性，但作为哲学方法论的具体运用，从外在特点及呈现方式上看还是有某些一般性。

哲学思考的基本方法可以从不同角度进行归类，从而抽象出具有一定普遍性意义的方法。依据哲学思考过程中所采取的特定思维方法的特征，可以把哲学思考方法划分为"个别— 一般"方法、"抽象—具体"方法、"批判—辩证"方法，等等；依照哲学思考方法的对象是否具有普遍性，可将其分为一般哲学思考方法与具体哲学思考方法；此外，还可以从历史发展的角度，将哲学思考方法分为传统哲学思维方法和现代哲学思维方法。按照不同标准对哲学思考方法进行划分，各种类之间互有重叠；在实际的哲学思考中，往往是几种哲学思考方法并用。但不论哲学思考基本方法有多少种样式，都是源自"实践—认识"方法这一最基本的哲学思考方法。

哲学思考的方法多种多样，如何进行选择并无统一的标准。但总的说来，只要能满足哲学思考的需要并被实践检验证明行之有效的方法就是好方法，判断某种哲学思考方法是否适合自己，也需要在实践中检验。大致来讲，可以遵照以下三个标准来进行对照和选择。

① 马克思恩格斯选集：第1卷. 北京：人民出版社，2012：9-10.

首先，看所选取的哲学思考方法是否能够为认识提供信念和前进的方向。一定的哲学思维方法形成认识主体一定的信念，会使人对某种事物、某种观念抱有深刻的信任感，体现他所向往和追求的某种理想，因此起着价值定向的作用。如果所选取的方法能够为自己的学习和研究塑造正确而合理的内在信念，能够使学习和研究有明确的方向，那么该方法就是适合自己的好方法。

其次，看所选取的哲学思考方法是否能够为认识提供一种批判性的反思精神。哲学思维是一种批判性思维，是启蒙的先声、真理的号角，因而往往是常识、传统的反面。如果所采用的哲学思维方法不仅能够帮助自己在学习和工作中更好地提出和思考问题，而且能对问题的提法本身加以反思，从而在一种不断修正、批判和否定自身的过程中超越自身，那么，基本可以肯定自己所采取的方法是明智而正确的。

最后，看所选取的哲学思考方法是否能为自己提供一种创新的视角和手段。就哲学的功能而言，它具有明显的超前性，马克思把它比作黎明前的雄鸡。如果所采取的哲学思维方法能够为自己提供一种超越的视角，使自己从原有知识框架或思维习惯中跳出来，那么，这种哲学思维方法就是适合自己的。这一个标准实际上是对上一个标准的进一步延伸和发挥。

换个角度看，判定哪种哲学思考方法更有利于个体哲学素质培养的三个标准，实际上既是哲学思考基本特征在具体方法领域中的表现，也是哲学思考方法所具有的三方面作用和意义。方向性的指导、批判反思精神和创新性视角，实际上也是人的认识发展中必不可少的思维品质。任何新思想的产生都是人们创造性活动的结果。创造性活动不仅需要科学认识主体有广博深入的专业知识和献身科学的精神，而且要有一定哲学思维上的高度。明白了选择标准，我们还需要知道哲学思考存在着基础性和应用性两种方法，不同的分类标准都建立在这一基础上。这样，我们可以根据实际需要，选择适合自己的哲学思考方法。

二、基础性哲学思考方法

哲学思考具有很强的思辨特征，但是归根到底还是来源于实践。哲学思考不能仅仅在观念领域中自我循环，哲学思考的对象、问题也不仅仅限于人的精神世界。哲学思考是立足于现实的社会生活即实践的，借助于这一沟通认识主体与客体的渠道，来把握其中所蕴涵的哲学问题，是最基本的哲学思考方法。从总体上讲，由实践到认识乃至哲学认识，是哲学思考的基本方向。在思维中坚持这个方向，也就成了哲学思考的基本方法，因而也是基础性的方法。

1. 实践活动之于方法的基础性

问题是哲学思考的开端。诚然，人们可以从书本资料的归类中，从各种观点差异的比较中，从对思想表达的逻辑分析中发现问题，有些哲学思考就是从这里开始的。但我们知道，在一个信息爆炸的社会里，从无数资料、观点和表达中，通过归类、比较和分析而发现问题的可能性是无限多的。因此，重要的不是提出任何问题，而是提出有意义、有价值的问题。问题的意义或价值，从根本上说，是由社会生活即实践来确定的。正如列宁所言，“人的全部实践”是“真理的标准”，也是“事物同人所需要它的那一点的联系的实际确定者”[①]。任何真正的哲学问题，即对人来说有意义、有价值的哲学问题，都是从现实中提炼出来的，是由人类社会生活的实践确定的。在这个意义上可以说，实践是哲学问题和哲学认识的源泉，离开现实的社会生活实践，我们的哲学思考就会成为无源之水、无本之木。

实践是人有目的地变革现实的活动。实践的目的具有超前性。它以主体当前的存在为客观的前提，能动地按照人的需要确定自己实践的目的，并努力把这个目的变成现实。这个目的引导主体的认识方向，决定和制约着与实践过程大体同步的认识过程。当然，我们强调实践发动认识、决定认识以至于哲学思考，并不是说实践能够直接产生哲学认识。一般来讲，实践直接产生的是经验知识，通过经验知识可获得具体领域、具体科学的知识。如农民种地，可以掌握作物生长、工具使用的知识，以及相关的土壤、水利、气象知识等。

当人们在生活实践中开始思索自身的存在状态，并且不满足于现有状态和已有知识时，思维的本性就要求人们进行反思性、动态性、整体性甚至终极性的思考，于是就有了哲学思考。系统的哲学理论要经过反复实践、反复思考才能形成，要经过艰苦的理论思维和逻辑论证过程才能建立起来。但是从根本上讲，思维的素材、推理的根据无不来自实践，而哲学思维和推理的方式也是以人类的实践方式为前提的。坚持“实践—认识”这个思维方向，承认实践对哲学认识的决定性作用，这是“一切从实际出发，实事求是”的辩证唯物主义思想方法。

2. 实践活动与认识活动的关系

人的实践活动与认识活动是一个有机统一、不可分割的整体。认识依赖

① 列宁选集：第4卷. 北京：人民出版社，2012：419.

于实践，从实践中产生，同样实践也必然包括认识的要素。没有认识指导的行动是盲目的，不是主观见之于客观的行动不能称为实践。实践目的不能凭空产生，它需要主体理性认识的参与和指导才能形成。特别是主体对包括自身在内的客观事物之间的因果关系，以及客体与主体之间的价值关系的认识，对于实践目的的产生更为重要，甚至具有决定作用。实践的目的性不过是在人们对客观事物因果链条的认识中加入了主体的目的性而已，这是一种合规律的目的性。离开理性认识的参与，也就没有人的合乎规律而又合乎目的的实践活动。任何真正的哲学作为“时代精神的精华”，总是不断反映现实生活实践，力图从观念上引导现实生活实践。

所谓“实践—认识”方法，不仅是指由实践到认识的产生和发展的过程，而且还包括由认识再回到实践和指导实践的过程，因而具有双向互动性。哲学思考不仅关注如何从实践出发产生和发展哲学认识，而且重视哲学认识如何回到实践并指导实践，这是哲学思考的更重要的环节。我们在实践中获得的哲学认识是否正确、是否有益于实践，这不是在认识本身的范围内能够解决的。这些问题只有在哲学认识回到实践和指导实践的过程中，才可能得到解决。正如马克思所说：“人的思维是否具有客观的真理性，这不是一个理论的问题，而是一个**实践的**问题。人应该在实践中证明自己思维的真理性，即自己思维的现实性和力量，自己思维的此岸性。关于思维——离开实践的思维——的现实性或非现实性的争论，是一个纯粹**经院哲学的**问题。”① 实践是检验认识的真理性的标准。

哲学认识作为一种特殊的认识，同样遵循“实践、认识、再实践、再认识……”这个人类认识的总规律。坚持“实践—认识”方法，既可以防止哲学思想的凝固和僵化，又可以防止哲学认识走向虚无或自我循环。“实践—认识”的方法既体现着实践活动与认识活动的统一性，也内含日常认识与科学认识的统一性。一切试图把实践活动与认识活动割裂开来，把日常认识、科学认识和哲学认识割裂开来的做法都是错误的，都不是正确的哲学思考方法。后面所说的各种应用性哲学思考方法，是以“实践—认识”方法为基础和前提的。

三、应用性哲学思考方法

哲学关注具体科学的成果，试图加以概括和总结。但哲学认识论的任务

① 马克思恩格斯选集：第1卷. 北京：人民出版社，2012：134.

不是揭示客观事物更深刻的本质和规律，而是要探讨科学认识如何产生、何以能够产生，探讨认识、思维发展的普遍规律。科学的哲学思维方法是一种定向工具，能使人看准方向，从而在复杂而纷繁的世界迷宫中找到出路。即使有人宣称自己与哲学无关，他照样不可避免地碰到哲学问题，采取一定的哲学思维方法。至于他怎样解决这一问题，采用哪种思考方法，那是另外一个问题。通常说来，应用性哲学思考方法可以分为哪几种呢？

1. 从过程角度来划分

依据在具体的哲学思考过程中方法的特点，可以把哲学思考的方法大致划分为："个别—一般"方法、"抽象—具体"方法、"批判—辩证"方法，等等。

（1）"个别—一般"方法。这是哲学思维中最经常使用的逻辑思维方法，同实践与认识的方法紧密相连，是实践与认识方法的延伸和具体化。实践是具体的，是面对个别、把握个别的现实活动；相对来说，认识是抽象的，是趋向一般、概括一般的理论活动。因此，从实践到认识的过程，是由个别到一般的过程；而从认识回到实践的过程，就是由一般再到个别的过程。个别与一般是相互包含而又相互转化的。"个别一定与一般相联而存在。一般只能在个别中存在，只能通过个别而存在。"① 要从个别达到一般，就必须对大量的同类具体事物予以考察，进行思维加工，经过"去粗取精、去伪存真、由此及彼、由表及里"的思维抽象概括，上升为一般。客观事物个别与一般相互包含、相互转化的辩证关系，决定了人的思维是充满矛盾和转化的辩证过程：从个别到一般，再由一般到个别，无限循环。不断深化的认识形成了"个别—特殊—一般"的认识链条，在这里，特殊相对于个别是一般，相对于一般是个别。从这个意义上讲，个别、特殊、一般的概念是相对的，是在一定条件下能够转化的。由个别到特殊再到一般的认识过程，使我们的思考越来越深刻、越来越概括、越来越具有整体性，同时也使思维越来越抽象。

（2）"抽象—具体"方法。从个别到特殊再到一般的思考过程，也是思维抽象的过程。抽象是在观念中对具体事物的属性和联系加以分解、选取、概括，从而达到对事物某方面本质的认识。哲学思考并不满足于从感性到理性的抽象认识，理性的抽象只反映了认识客体的某方面的本质，因而处于理性思维较低的阶段。如果我们停留在这种抽象认识的水平上，难免会有这样那样的片面性，不可能正确反映客体综合的整体的性质。所以，需要从抽象再

① 列宁全集：第55卷. 北京：人民出版社，1990：307.

上升到具体，力求在思想上再现客体各方面本质的综合整体，即达到思维中的具体。只有不断抽象、概括和综合，才能由抽象的理性上升为具体的理性。这就是从抽象到具体的思维方法，它是在理性抽象的基础上对认识对象的各种规定性的综合，是对事物内在本质属性的统一的认识，是从思维的片面到思维的全面，即从抽象的规定到思维中的具体的过程。

“具体之所以具体，因为它是许多规定的综合，因而是多样性的统一。”①从理性的抽象上升为理性的具体，是理性认识不断推进的过程，是理性的低级阶段上升到高级阶段的过程。从感性具体到理性抽象再到理性具体的认识，这是哲学思考的辩证发展过程。思维的具体不同于感性的具体。感性的具体是客观的，是外在于精神的具体。而思维的具体是事物在观念中的具体再现，是思维着的头脑的产物。这个头脑产生的具体以外在的感性具体为原型，是思维以它专有的方式掌握世界，而实在的事物仍在人的头脑之外保持着它的独立性。在一个时期内所达到的思维中的具体，只是相对于过去的认识而言的；而相对于以后更高层次的认识来说，它仍是一种思维抽象的对象。通过对原有思维具体的再抽象，进而上升为更高层次的思维具体，这是哲学思维的基本方法之一。

（3）“批判—辩证”方法。哲学思考从感性具体到理性抽象，再从理性抽象到理性具体，是一个认识不断深化和提高的过程。认识每达到一个新的阶段，都是对其前一阶段认识的辩证否定。自觉的辩证否定就是认识的自我批判。哲学在本质上是批判的，而深刻的批判必然是辩证的，“批判—辩证”方法是哲学思考的又一个基本方法。哲学思考是人类思维矛盾的辩证本性的产物，它把辩证的矛盾作为自己思考的对象，把辩证的分析作为基本的原则和方法。客观世界是矛盾过程的集合体，自觉反映这一客观过程，并且本身就是这一过程一部分的人类思维，同样充满了矛盾。在承认客观事物固有的矛盾性质的前提下，认识的辩证法就是矛盾分析法。

矛盾即对立统一，矛盾分析方法亦即分析与综合的方法。分析与综合的方法又可以分为两个层次：一个是抽象思维层次上的分析与综合，这是在从感性认识上升到理性认识的过程中经常使用的方法；一个是具体思维层次上的分析与综合，这是在从理性抽象上升到理性具体的过程中经常使用的方法。为了与第一个层次上的分析与综合方法相区别，可以把在第二个层次上使用的矛盾分析与综合方法叫作辩证分析与辩证综合方法。没有辩证分析就没有

① 马克思恩格斯选集：第2卷．北京：人民出版社，2012：701.

辩证综合，没有辩证综合也没有辩证分析，二者有机统一，不可分割。只有把握了事物辩证统一的本质，才能理解事物为什么会不断发展，事物发展的趋势是怎样的，才能在思维的辩证发展中把握事物的矛盾本质和发展趋势，这就是辩证法。辩证法从不承认有永恒不变的东西，从不承认有一劳永逸的绝对正确的认识。我们的认识总是在对前人和自己已有认识的辩证否定中发展的，辩证否定就是批判，辩证的方法也是批判的方法。

2. 从对象角度来划分

依照哲学思考方法的对象是否具有普遍性，可将其分为一般哲学思考方法与具体哲学思考方法。

（1）一般哲学思考方法。一般哲学思考方法，指具有普遍意义的一些基本方法论原则。例如，追问与反思统一方法、批判与继承统一方法、历史与逻辑统一方法、思辨与证明统一方法，等等。

追问与反思统一方法。追问是指思维主体对其思维对象不断进行递进式和溯源式提问的研究法；而反思则是对思维的思维，或是对已思的再思。这两种方法本身具有内在的相关性和统一性：在追问的方法中蕴涵反思方法的运用；同样，在反思方法中也蕴涵追问方法的运用。

批判与继承统一方法。批判是“批”和“判”两方面内涵的辩证统一，有“批”有“判”，在批评基础上的判别，在批评和判别是非基础上的取舍和扬弃。继承同样是“继”和“承”两方面含义的辩证统一，是以批判为前提和基础的扬弃。批判是为了继承，没有了继承也就没有批判。在批判中继承，在继承中批判。不论是肯定性的顺向继承，还是否定性的反向继承，这一方法中的两个基本元素是统一的方法论原则中不可或缺的有互斥、互补意义的方法。

历史与逻辑统一方法。历史的方法之于思考，主要有宏观和微观两个角度。而逻辑是在方法论的意义上直接与历史方法相联系的另一种基本方法。没有逻辑的历史是盲目的历史，没有历史的逻辑则是空洞的逻辑。历史方法和逻辑方法同前述两个基本方法一样，也是一个统一方法论原则中不可分割的两种相互关联的基本方法。只有把这两种方法密切结合起来，才能成为行之有效的哲学思考方法。

思辨与证明统一方法。思辨既是哲学思考的内在本质属性之一，又是哲学的一种外在研究方法。从语义学的角度看，它包括既相互区别又相互联系的两方面内涵：“思”与“辨”。思辨离不开证明，思辨与为其提供相应的证据、论证和说明的证明方法是密切相关的。作为哲学研究方法的证明，是在名词和动词的双重意义上使用的。作为与思辨密切相关的一种研究方法，有着不同的类别。例如，按证明的结果划分的实证性证明和证伪性证明，以证明的证据划分的理论证明和经验证明，以证明的学科基础来划分的纯哲学证明和逻辑证明。证明的目的是为求证在思辨中提出的某种哲学观点或哲学思想是否具有真理性，而证明真理性的最根本方法无疑就是实践的方法。

以上对一般哲学思考方法的划分，只是一种思维认知层面的抽象概述，在实际运用中，这些基本的方法并非是彼此分立的要素，而是密切相关的整体，只不过在特定情境下各有所侧重罢了。

(2) 具体哲学思考方法。在具体的学习和研究哲学的过程中，除了要掌握和运用一般方法之外，还要掌握和运用一些具体方法。这些具体方法更加直接、方便、有效，比较常见的具体哲学思考方法有分科法、专题法、历史法、经典法、比较法，等等。

分科法。哲学已发展成为一个包括其下属二级乃至三级学科分支的学科体系，这为分科教育、分科学习和分科研究提供了可能。在哲学的思考中，可以以某一二级学科或三级学科为对象，有针对性地采取适用本学科的具体方法。

专题法。这是与分科研究法有一定联系，但又有较大区别的方法。其本身就是一种内在的分科法，但打破了某种外在的分科界限，可以用于某个哲学问题横向的比较研究或纵向的深化研究。具体来讲，这种方法把某个二级学科中的某个专门问题进行专题研究，或把某几个二级学科中某个同类问题作为专门问题进行整体研究，具有灵活性、多变性和针对性。

历史法。此种方法同前面提到的历史与逻辑统一中的历史方法既相互联系，又相互区别。联系是二者皆把哲学作为一个思维与存在互动的历史过程来研究，区别是这里所说的历史法是具体的，侧重于运用史料学或文献学的历史研究法。

经典法。研究名家名著，是学会哲学思考这种理论思维行之有效的具体方法。一个时代的哲学思考，作为时代精神凝聚在该时代的哲学名著之中，不少哲学思维方法甚至超越具体时代的限制，具有一般的普遍性意义。通过研究前代或当世名家著作感悟哲学，本身就是一种溯源式哲学思考方法的体现。

比较法。有比较才有鉴别。比较是把具有可比性对象的某些方面或要素互为参照系，进行对比分析，以便揭示研究对象的某些本质属性，某些或同或异、或此或彼的基本特征。

3. 从时间角度来划分

哲学思考的模式虽然有一定的超越性，但在具体表现方面是随着时代的变迁而变化的。在此意义上，可以按照哲学历史发展的阶段，大致将哲学思考方法分为传统哲学思维方法和现代哲学思维方法。①

（1）传统哲学思维方法。传统哲学思维方法主要是指传统形而上学意义上的古希腊哲学、中世纪经院哲学和近代哲学所遵循的那种思维模式。近代哲学的思维方法是建立在主客二元对立基础上的理性主义、本质主义、实证主义和进化主义的思维。从这方面看，近代哲学思维模式同中世纪乃至古希腊哲学的思维模式并无太大区别，只是在具体的表现方式和内容上有所区别而已。近代哲学思维模式从本质上来讲其实是对生活或现实的人的简化和抽象，一旦在生灭变幻的生活世界之外、之上或之后设置一个抽象的科学世界、本质或本原世界，则势必导致还原主义和普遍主义，本质主义者从那个独立自存的原初本体世界来说明人生活世界的产生，把那个世界作为生活的理想和生命的价值意义之源，用那个世界作为判明真善美的标准。

"这是一种把真实的实在世界同由感觉，或质料，或原罪，或人的理解结构创造的现象世界相对立的思维方式"，是一种"异世思维方式"（科学世界即异世）或超世思维方式（神本世界即超世），它反映了人想摆脱时间和历史而进入永恒的企图。罗蒂认为，"典型地表现这种异世观、这种想摆脱时间和历史而进入永恒的企图的，就是解构主义者通常称为'传统二元对立'的东西：真的与假的，原始的与派生的，统一的与多样的，客观的与主观的，等等"②。所有这些意味着对人生活于其中的世界、对人的生存状况和对人的个性的漠不关心。

如果说近代的科学世界观蕴涵的是"本质先定、一切既成"的本质主义思维，那么，现代生活世界观所蕴涵的则是"一切将成"的生成性思维。正如马克思在《1844年经济学哲学手稿》中所言："**整个所谓世界历史**不外是人通过人的劳动而诞生的过程，是自然界对人来说的生成过程"③。

（2）现代哲学思维方法。现代哲学的突出特征是多元化。在现代，哲学的范围越来越广，哲学的派别越来越多，哲学的分工越来越细，以至于一个哲学家对另一个哲学家所从事的研究都感到迷惑不解。然而，这不过是现代

① 李文阁．生成性思维：现代哲学的思维方式．中国社会科学，2000（6）．

② ［美］理查德·罗蒂．后哲学文化．上海：上海译文出版社，2009：98．

③ 马克思恩格斯全集：第3卷．北京：人民出版社，2002：310．

哲学的表面现象。作为同一时代的产儿，五花八门的现代哲学必然分享共同的时代特征，拥有基本一致的思维方式。那么，把从马克思开始的现代哲学与近代哲学区别开来的时代特征是什么？现代哲学是怎样的一种思维方式呢？透过林立的派别和令人眼花缭乱的论题不难发现，从马克思开始，西方哲学便出现了一个转折，即由科学世界观转向生活世界观，由本质主义转向生成性思维。生活世界观或生成性思维，是现代哲学的基本精神和思维方式。

现代哲学家们认为，世界不再是与人无关的自在实体，而是对人有价值和意义的生活世界。虽然不同的现代哲学家对生活世界有不同的理解，如马克思的生活世界是以实践为基础的现实生活过程，而维特根斯坦的生活世界是指日常的语言交往，海德格尔的生活世界更多是个体的生存状况；但他们在思维方式或对世界的理解上却是一致的，即都有某种生活世界观，都由抽象的理念世界向人的生活世界回归。

现代哲学在根本上反对二元对立，主张人与世界的统一，正是为说明在人的现实生活之外并不存在一个独立自存的作为生活世界本源、本质和归宿的理念世界或科学世界。而既然只有一个“现世”即人的生活世界，那么，认识的真理性标准、人之活动的价值和意义便只能从这个现世即人的生活出发，在现世中或经由现世的历史来说明。从现世即现实的人或现实生活出发，这是生活世界观的根本旨归。当马克思要求哲学从天上降到地上、胡塞尔把科学世界奠基于生活世界、维特根斯坦提出想象一种语言即是想象一种生活形式、萨特提出“存在先于本质”、罗蒂认为“必须以现实境况为起点”、德里达解构“在场形而上学”时，他们想要表达的就是生成性思维。

不论是科学主义抑或人本主义，不论其是否重建另一种形而上学，反传统形而上学是现代哲学的一致呼声。这里的传统形而上学指把世界视为先于人、外于人的科学世界，反形而上学就是反对抽象设定这样一个世界的存在，然后再从这一世界出发来考察人和事物。反形而上学的最终目的就是回到生活世界。现代哲学已不再追问世界的始基是什么，不再探寻认识何以可能等问题。但它并非如施太格缪勒所说的那样，是一个哲学各派之间的差异越来越大的过程，而是一个在思维方式上日趋走向统一的过程。

换言之，现代哲学的各家各派，不论它们之间存有多么大的差异，它们都是在生活世界观之下进行思维的，都在由科学世界向生活世界回归。同前面提到的其他思考方式分类不同，从过程或对象来分，各思考方法之间并无优劣好坏，都可以拿来在有益于个人哲学学习和研究的目的下互补使用。然而从时代角度看，相较于传统哲学思维方法，对于现时代个体而言，现代的生成性思维更为可取。当然，现代哲学思维方法也是继承自传统哲学思维方法，并没有完全超出原有哲学思维方法的框定，从这个意义上说，现代的生成性思维方法实际上就是综合多种基本哲学思考方法，并依照时代要求所做出的一种创新性的优化组合。

哲学虽然以思维为对象，但它的真正内容并不是关于思维的具体知识，否则，它就同思维科学划不清界限。哲学的真正内容在于那种思考问题的原则和方法。在一定意义上，哲学是世界观。但是，哲学的本义并不在于提供一幅世界图景，而是经由此种图景向人们展示一种思维方式，一个考察问题的角度和出发点。因此，哲学所谓世界观，其实是"观世界"或"思世界"。换言之，任何世界观本质上都是某种思维方式的体现，而不同的哲学思维方式又对应了不同的哲学思考方法。除了基础性的"实践—认识"方法外，应用性的哲学思考方法分类所依据的标准就不局限在过程、对象、时间上，还有各种其他标准。例如以理性为标准，可以将哲学思考方法划分为理性的哲学思考方法和非理性的哲学思考方法。其中，"感受—顿悟"方法作为一种非理性的理性方法，以其快速而敏捷的特性备受追捧。然而无论是依照哪种标准对哲学思考方法进行划分，都是为了学会适宜于每一个体的哲学思维模式，从而以实践的方式和符合人的自由全面发展的要求去认识与改造世界。

思考题

1. 什么是哲学思考？哲学思考与一般思考的联系、区别在哪里？
2. 什么是哲学问题？哲学问题与一般问题的区别何在？
3. 为什么说"实践—认识"方法是哲学思考的基础性方法？

延伸学习

1. 波普尔把科学知识的增长模式表述为：$P_1 \rightarrow TT \rightarrow EE \rightarrow P_2$，认为理论知识的形成和发展不是开始于经验事实的积累，而是开始于问题。这一看法是否应该包括哲学理论在内？谈谈你的认识和理解。

2. 在知行关系问题上，中国传统哲学主要有三种观点：(1) 程颐的"重知轻行"说；(2) 王阳明的"知行合一"说；(3) 王夫之的"知行并重"说。谈谈你对上述观点的分析，你如何理解知行关系？

3. 魏晋时期"言意之辩"有三派代表：(1)"言尽意"；(2)"言不尽意"；(3)"得意忘言"。试述你的观点。现代哲学注重语言分析的研究，你认为经过努力，能够实现"言尽意"吗？

4. 在人的认识中，能否实现“真、善、美”的统一？怎样才能趋向这种统一？

5. 黑格尔曾指出，哲学就其本质来说，就是一种反思：“哲学的认识方式只是一种反思。——意指跟随在事实后面的反复思考。”结合上述观点，谈谈你对哲学思考的反思性特征的理解。

第五章　哲学的论辩

如果说哲学的思考是哲学思维与表达的核心内容，那么论辩（debate）则是提升哲学思维与表达能力的重要方式。哲学论辩有广义和狭义之分。广义的哲学论辩包括各种形式的哲学论证和辨析，狭义的哲学论辩主要指哲学思维的口头表达，特别是指有关哲学问题的讨论、辩论和演说。本章所讨论的论辩主要是狭义上的哲学论辩。

论辩是思维的口头语言表达，是人与人面对面的思想交流。苏珊·朗格指出，表达的技术是一种特别重要的社会传统，“而表达的基本形式——语言——则是我们所有的人都必须经过具体的、实际的学习，即通过有意或无意的训练方能掌握的”①。在本章中，我们将讨论哲学论辩的特征和历史，作为哲学基本素质的论辩能力，以及哲学辩论的实战训练，并将讨论的范围扩展到普通的论辩中。为了避免“清谈高论，嘘枯吹生”（《后汉书·郑孔荀列传》），我们尽量采用具体的论辩事例来加以讨论。

第一节　哲学与论辩

哲学与论辩有着历史悠久的不解之缘。哲学论辩是一般论辩的一种，有一般论辩的特点，也有哲学论辩的特殊性。哲学论辩往往是不同哲学思想的面对面“斗智斗勇”的交锋，不但要讲究语言表达的技巧和策略，更需要缜密的立论、分析、论证和辩驳能力。因此，哲学论辩不仅要求“能言善辩”，而且要求“有理有据”、以理服人。

一、论辩：哲学的实践层面

所谓论辩，取其论说和辩驳的双重含义。当然，在习惯用语中，论辩也

① ［美］苏珊·朗格. 情感与形式. 北京：中国社会科学出版社，1986：50.

就是辩论，没有根本上的不同。有感于人们常常把辩论主要理解为辩驳、诘难、求胜负，我们有必要强调正面的论说、论证的重要性，所以在这里不用辩论而用论辩一词。

论辩的类型很多，日常争辩主要是为了说服对方，法庭辩论主要是为了打赢官司，议会辩论主要是为了党同伐异。这些论辩虽然会说理（运用理性思维），但也运用非理性甚至强力手段，胜负和功利之心太重。而哲学论辩则毫无功利之心，不计较个人的利害得失，否则也就不会有这样纯粹的理论活动了。“求真”与“去蔽”是哲学论辩不同于其他论辩的重要特征。哲学论辩不在于“胜人之口”，而是要“服人之心”；不在于逞一时之快，而在于以持久的热情追求真理；不在于是己非人，以为自己就是绝对真理的代言人，而是在探索真理的过程中澄清偏见，祛除蒙昧，揭去遮蔽在真理、真相和真知之上的雾霭。因此，哲学论辩是激烈的，但又是宽容的；是针锋相对的，但又是对事、对理、不对人的；是“没用”的，但又具有其他论辩所缺乏的“无用之用”之“大用”。

这种“大用”就是在求真和爱智慧的过程中“认识你自己”、认识世界、追求真理。其实这也就是哲学本身的作用。哲学不只是哲学家个人思考、研究的结果，更要通过哲学论辩，通过思想的交流交锋，通过思想的辩驳和揭示，以追求真理。哲学不只是独白，而是对话。萧伯纳说过，你有一个苹果，我有一个苹果，我们彼此交换，每人还是只有一个苹果；你有一种思想，我有一种思想，我们彼此交换，每人可拥有两种思想。哲学论辩是哲学思想产生、发展和传播的不可或缺的重要方式，论辩是哲学的实践层面之一。

哲学自古就与论辩结下了不解之缘。论辩成为哲学产生和发展的重要形式或表现形态，因此论辩或辩论也就成了哲学学者的基本功之一。自古以来，哲学论争不断。各个学派之间，一个学派内部，哲学与其他学科之间，哲学家与普通人之间，经常围绕一些重大哲学问题进行论辩。这种活跃、开放的思想论争带来了学术思想的繁荣，许多哲学史上的名著名篇都是哲学论争的产物或总结。哲学论辩是思想的碰撞和砥砺，显示出哲学思维的勃勃生机和力量，容易激发人们的创造性思维，把对问题的理解引向深入，同时产生启发人们思考的新问题。可以说，哲学论争的状况是一个社会思想文化状况的晴雨表。一个哲学论争活跃的社会，肯定是思想上富有活力的社会；一个没有或少有哲学论争的社会，必定是思想上死气沉沉的社会。哲学论争的水平和规模、广度和深度，集中地反映了该社会的经济、政治和思想文化的发展水平。哲学上的矛盾斗争曲折地反映着社会经济、政治和思想文化领域中的矛盾斗争，反过来，又给社会经济、政治和思想文化的发展以深远影响。

一个社会在某一发展阶段能够发生一定规模的影响深远的哲学论争，至少表明：第一，社会的经济、政治和思想文化有了相当程度的发展，因而才可能结出丰硕的哲学果实。第二，社会上有一部分人比较集中地、非功利地研究了某一哲学领域的问题并相互交流其思想，因而才可能就某一哲学问题展开争论。第三，尽管社会上多数人不能完全理解这种争论，但许多人能够对其持关心或欣赏的态度，从而造成有利于哲学论争存在和持续的社会氛围。由此可见，哲学论争的环境条件包括三个方面：（1）大环境——社会经济、政治和思想文化的发展；（2）小环境——哲学家、思想家们的深入研究和相互交流；（3）中环境——公众对哲学理论问题关心的社会氛围。一般说来，只有具备这三个环境条件，才可能发生重大的、有影响的哲学论争。这样的哲学论争显然是社会文化发展的重要标志之一。在古今中外的哲学发展史上，最著名、最重要的哲学论争就是所谓“轴心时代”[①] 的哲学论争，我们简要介绍一下古希腊的哲学论辩和中国先秦时期的“百家争鸣”。

二、苏格拉底的“辩证法”

古希腊哲学家苏格拉底，为哲学论辩提供了杰出的范例。苏格拉底是古希腊的“启蒙运动”——智者运动——中的一员，但又是与众不同的一员。智者们借助相对主义、怀疑论的认识论和伦理学，质疑那些被人们不假思索、毫不怀疑地加以接受的传统观念和信仰，否定了以前人们的那种天真而单纯的真理观和道德观，但往往会走向相对主义和虚无主义。苏格拉底把智者们的消极结果改造为积极的成果，唤醒了人们的理智，促使人们对那些看似合理实际上不合理的传统观念进行反思。真理和至善并非像从前所认为的那样，可以轻而易举就获得，相反它需要经过艰苦的认识和探索。认识和探索的方式就是苏格拉底的“辩证法”。

苏格拉底认为 dialegesthai（辩证）这个词源于人们的一种活动，就是聚在一起讨论问题，按对象的种属加以辨析。他认为，每个人都应当下决心掌握这种艺术，下苦功去学习它，因为每个人凭着它的帮助，就会产生深刻的见解和新的知识。辩证法又叫“助产术”，这或许与苏格拉底的母亲是一位助产士有关。助产术并不生产孩子，而是帮助产妇把孩子生产出来。作为辩证法的“助

---

① “轴心时代”，德国思想家雅斯贝尔斯在《历史的起源与目标》一书中，指公元前 600—前 300 年在中国、西方、印度等地几乎同时出现的人类思想文明重大突破时期。

产术”也不生产思想，而是帮助人们把潜在的、不自觉的思想生产出来。作为辩证法的助产术的对象，是灵魂而不是肉体。在与他人不断深入的论辩中，苏格拉底并没有直接教给他人什么知识和思想，而是启发他们把自身中原本就潜在的知识和思想呈现或表达出来。通过与苏格拉底的论辩，他人的思想取得了令人吃惊的进步，而苏格拉底所扮演的始终只是谦虚的助产士角色。

苏格拉底在施行助产术时，所采用的主要方式是问答法，又叫反驳论证。这就是通过发问与回答的形式，运用比喻、启发等手段，使对方对所讨论问题的认识从具体到抽象，从特殊到普遍，去伪存真，去粗取精，由表及里，一步步深入，最后得出正确认识，生下自己孕育的真理胎儿。此种方法通常被概括为四个环节：反讥、归纳、诱导和定义。

请看柏拉图《拉刻斯篇》中的对话。对话的主题是：什么是勇敢？

苏格拉底（以下简称“苏”）：拉刻斯，现在不是有两个朋友请我们参谋用什么方法可使德性与他们的儿子相结合，从而改善他们的灵魂吗？

拉刻斯（以下简称“拉”）：是的。

苏：那么我们是不是应该先知道什么是德性？因为如若我们对德性到底是什么一无所知，那怎么能告诉别人以什么最好的方式去获得它？

拉：我想不可能，苏格拉底。

苏：那么我们说，拉刻斯，我们知道德性是什么吗？

拉：当然。

苏：知道的东西也一定能够说出来？

拉：怎么不能？

苏：朋友，我们不要直接研究整个德性，那是我们难以胜任的。让我们先考虑一下，我们是否对其某些部分具有充分的知识。这样可使我们的研究轻松些。

拉：就让我们照你说的进行吧，苏格拉底。

苏：我们选择德性的哪个部分？我觉得以披甲而战的技能为对象显然比较合适，它一般被认为是勇敢，不是吗？

拉：确实是这样的。

苏：拉刻斯，先让我们努力说明，什么是勇敢，然后我们研究青年人如何通过追求或学习而获得它。来吧，照我所说的，请先告诉我，什么是勇敢？

拉：苏格拉底，我觉得这根本不难回答。一个能坚守岗位、与敌拼搏而不逃跑的人，你就可以说他是勇敢的。

苏：不错，拉刻斯。不过，我恐怕得受到责备，可能是因为我把问题说得太含糊，就使你答非所问。

拉：什么意思，苏格拉底。

苏：我会解释的。你认为，坚守岗位、与敌拼搏的人是勇敢的。

拉：我是这样说的。

苏：我也同意。但是，这另一个人怎么讲？他跑动着与敌人战斗，而不停留？

拉：怎么跑动？

苏：例如，据说斯库塞人作战，躲闪的次数不少于追逐的次数。再如，你知道荷马赞美过阿尼安的马，说它们善于追赶也懂得在惊恐中怎样急速躲闪，他也称赞阿尼安自己具有这种惊恐的知识，称他是“惊恐的参谋”。

拉：非常恰当，苏格拉底。荷马谈的是马车，你谈论的是斯库塞的骑兵。骑兵固然是这样作战的，但重装步兵却是如我所述那样。

苏：拉刻斯，或许斯巴达人例外。据说在普拉德之战中，当斯巴达人遇到手持藤盾的敌人时，他们不是坚守岗位与他们作战，而是撤退了。但当波斯人的队列被打垮后，斯巴达人也像骑兵一样四处奔跑着攻击他们，取得了重大胜利。

拉：你所说的都是事实。

苏：这就是为什么我刚才说我把问题讲得含糊不清应受责备的原因，也是你答得不妥当的缘故。我要你回答的不仅仅是重装步兵中的勇敢的人，也是骑兵及所有战士中的勇敢的人；不仅仅是战争中的勇士，也是在海上航行中的勇士以及所有在疾病、贫困以及公共事务中的勇敢者；不仅仅是抵御痛苦和恐惧的勇士，而且也是抵挡欲望和快乐的刚勇之士，无论他们是坚守岗位还是进击敌人。——拉刻斯，在所有这些行业中，勇敢的人都是存在的。

拉：是的，非常多，苏格拉底。

苏：所有这些人都是勇士，但他们有些在快乐方面勇敢，有些在痛苦方面勇敢，有些在欲望方面勇敢，有些在恐惧方面勇敢，而其他人，我想在这些方面怯懦。

拉：肯定如此。

苏：那么一般的勇敢和怯懦是什么？这就是我要知道的。所以，请你再作努力，先告诉我，勇敢，即在所有这些行为中都共同的性质是什么。你不理解我的意思吗？

拉：没有完全理解。

苏：我的意思是这样的，譬如，我问什么是快，它是我们在跑步、弹竖琴、说话、学习及其他许多活动中都能找到的，也是我们在任何值得一提的，无论是关于手的、脚的、嘴的还是言语的、理智的活动中都实际拥有的。你不是也这样使用这个词吗？

拉：是的。

苏：假如有人问我：苏格拉底，在所有这些活动中被你称做快的那个东西究竟是什么？我就回答说：在很少的时间内能做许多事情的能力就是快，无论是在说话中、竞赛中还是在其他活动中。

拉：你的回答十分正确。

苏：拉刻斯，现在请你以同样方式告诉我，在快乐、痛苦及刚才我们提到过的一切事物中都存在的被称为勇敢自身的究竟是什么？

拉：如果一定要说在所有这些事物中的本性，那么我觉得勇敢是灵魂的忍耐。

苏：要回答别人向我们提出的问题，必须如此；不过，我觉得并不是每一类忍耐都可能被你认为是勇敢。根据是这样的：可以肯定，拉刻斯，你是把勇敢放于高贵品质之列的。

拉：你完全可以肯定，它确实是位于最高贵的品质之列的。

苏：忍耐与智慧结合是美好的、完满的吗？

拉：当然如此。

苏：它与愚蠢结合呢？不是反而显得是邪恶的、有害的吗？

拉：是的。

苏：你能说，这种既邪恶又有害的东西是高贵的吗？

拉：我的话不恰当，苏格拉底。

苏：那你就不会认为这种忍耐是勇敢，因为它不是高贵的，而勇敢却是一种高贵的品质。

拉：你说得很正确。

苏：这样，根据你的观点，只有智慧的忍耐才是勇敢。

拉：看起来是这样。

苏：那么，让我们考虑一下，它在什么事情上智慧。在所有的大大小小的事情上吗？举个例子说，如果一个人在花钱方面能明智地忍耐，因他知道花钱的结果将会使他挣得更多。你会称他是勇敢的人吗？

拉：不，我不会。

苏：如果一个人是医生，他的儿子或其他人患了肺炎，恳求他允许吃点或喝点什么，他却不加理睬，强忍着拒绝了。你说他勇敢吗？

拉：这和上面所说的一样，根本不是勇敢。

苏：如果一个人在战斗中忍耐，坚持战斗，因他通过聪明的推断，知道会有人来帮助他，而跟他敌对的力量与跟他同盟的力量相比是弱小的，此外，他还占据着有利的地理位置，你说是具有这种智慧和准备的忍耐者勇敢呢，还是在敌军中一个坚守阵地、与敌作战的忍耐者勇敢？

拉：我要说是在敌军中作战那个忍耐者勇敢，苏格拉底。

苏：但是他的忍耐远比前一个的忍耐傻。

拉：没错。

苏：那么在骑兵战中一个具有马术知识的忍耐者就不如一个没有这种知识的忍耐者勇敢？

拉：我想是这样。

苏：精于投术、射术或其他技术的忍耐者也同样情况？

拉：肯定。

苏：一个人要下到井中去潜水，他不擅长潜水这类事情，但他却坚持要去从事这种活动，你说他比那些擅长此道的人更勇敢？

拉：人们还能说其他什么呢，苏格拉底？

苏：如果一个人这样想的话，当然不可能再说其他。

拉：但我是这样想的。

苏：拉刻斯啊，这些人的冒险和忍耐比有技术做同样事情的人要蠢得多。

拉：这很明显。

苏：前面说过，愚蠢的鲁莽和忍耐是低劣的、有害的。

拉：是的。

苏：而勇敢被认为是一种高贵的性质。

拉：没错。

苏：可我们现在却反过来说愚蠢的忍耐这种低劣的东西是勇敢。

拉：我们是这样说的。

苏：我们说得对吗？

拉：我想我们是错了，苏格拉底。

苏：根据你说的话，拉刻斯啊，我推测你和我并没有与多利安的曲调相谐和，因为我们的行为与我们的言论不相符合。从行为上，人们还很可能承认我们拥有勇敢，但从言语上，我想，如果他们听到了我们刚才的谈话，那么肯定会否认我们拥有勇敢。

拉：你说得很对。

苏：我们满意这种处境吗？

拉：一点都不。

苏：如果我们在某一点上接受现在的原则，你不会介意吧？

拉：哪一点？什么原则？

苏：忍耐的原则。如果你同意的话，我们在研究中也要坚定、忍耐，不至于因为我们在寻求勇敢的过程中未能勇敢而为它自身所嘲笑。也许最终我们会发现，这种忍耐正是勇敢。

拉：苏格拉底啊，我愿意继续研究，毫不气馁。虽然我不习惯于现在这种研究方式，但听了刚才的讨论，我却对论争产生了浓厚的兴趣。我为自己不能够表达出自己的思想而深感苦恼。在思想中我确实明白了什么是勇敢。但不知怎么的，它马上就溜走了，以至于我不能在语言中把握住它，说出它是什么。

苏：亲爱的朋友，优秀的猎手必定紧随猎犬不轻易放弃追逐。

拉：确实如此。①

拉刻斯是当时有名的将军，自以为对勇敢十分了解。当苏格拉底问他什么是勇敢时，他觉得这问题很简单，但他的第一个定义失之过窄，仅谈到了重装步兵，而没有涉及勇敢在多个方面的表现；他的第二个定义认为勇敢就是灵魂的忍耐，则失之过宽。苏格拉底对他的答案逐一进行驳斥，经过步步诘问，拉刻斯不得不承认自己对勇敢一无所知，并为此深感苦恼。拉刻斯表示，虽然不习惯这种研究方式，但却产生了浓厚兴趣，愿意继续研究，毫不气馁。因此，拉刻斯经历了从自以为是到自知无知的转变过程，而知道自身的无知恰恰是走上爱智慧之途的第一步。在整个过程中起到助产术作用的，就是苏格拉底的论辩方法。虽然最后并没有获得关于勇敢的本质定义，但却使拉刻斯不再为未经省察的习惯与成见所左右，开始认真反思了。因此，苏格拉底的辩证法最可贵之处，不在于获得了新知识、新思想，而在于培养和坚持对习惯与成见的反省和反思。反省和反思是哲学思维不同于日常思维的最重要之处。

① 苗力田，主编. 古希腊哲学. 北京：中国人民大学出版社，1989：215-218.

与苏格拉底同时代的智者学派，也有非常强的论辩能力和技巧，甚至以此为生。但他们往往以胜负和谋利为目的，为了胜负和谋利而牺牲了探讨追求真理本身。他们为辩而辩，技巧盖过了内容，修辞盖过了思想，甚至沦为党同伐异的手段。柏拉图曾轻蔑地将当时的智者称为“精神食粮的零售商”。如智者普罗泰戈拉认为，在任何事情上都可以找到两个对立的论证或命题，而且他还发展了基于这种假设的事实的论证方法。两个命题互相反对的最简单的形式，便是一个是另一个的否定，例如这两个陈述：风是热的；风不是热的。普罗泰戈拉基于这一理论的论证方法，柏拉图称之为“矛盾法的伎俩”。普罗泰戈拉的目标是教他的学生如何使一个命题比它的反对论证更有力，但为两个对立命题中的哪一个做论证都行。柏拉图反对这种方法，因为他认为这根本不是在寻求真理，而只不过是想在论辩中获胜，所以柏拉图称之为“论辩术”。“论辩术”只是为了获得论辩中的表面胜利，并不是为了探究真理到底是什么。

因此，智者们的论辩术、修辞术，纵然不与哲学相矛盾，也与探究真理的哲学背道而驰。修辞术是有关如何说服他人或给人以深刻印象的言说与写作的技艺，追求的是如何用语言文字说服他人或引人注目，除了以理服人外，常伴以虚情假意、煽风点火、夸大其词，甚至为了赢而不择手段。而哲学则被视为爱智慧或爱知识，其目的不是说服别人或引人注目，哗众取宠，而是追求万事万物的真理。唯其如此，哲学论辩才毫无功利目的，才能提升社会和个人的哲学素养、思维水平和“去伪存真”的能力。

苏格拉底的“辩证法”为柏拉图所继承和发展，成为传统西方哲学论辩的主要形式。柏拉图的成文著作都是以对话的形式出现的。对话就是论辩，自始至终贯穿着由苏格拉底开创的“辩证法”。柏拉图的对话录人物性格鲜明，场景生动有趣，语言优美华丽，论证严密细致，思想丰富深刻，达到了哲学与文学、逻辑与修辞的高度统一。这些对话录不仅在哲学上，而且在文学上都具有极其重要的意义和价值，堪称哲学论辩的典范之作。后来莱布尼茨的《人类理智新论》、休谟的《自然宗教对话录》等著作都采取了这一写作形式。黑格尔更是将这种对话内在化于绝对精神的矛盾运动之中，将其发展为详尽完善的辩证法体系。苏格拉底开创、柏拉图发展的辩证法，不仅对哲学，也对后来西方的教育思想和教育方法产生了重要影响。

三、庄子与惠施的论辩

与古希腊的苏格拉底、柏拉图几乎同一时期，在中国哲人那里，哲学论辩也达到了极高的水平。其实，在哲学的童年，人类文明的第一个轴心时代，许多哲学著作都是以对话、论争、辩驳等形式出现的，我们所熟知的《论语》《孟子》《庄子》等就是其中的佼佼者。

以《庄子》为例，其文如长江大河，滚滚灌注，一波未平，一波又起，令人叹为观止。之所以如此，不仅因为它言若飘风、意若古井的生花妙笔，而且因为庄子将自己对天道的体认，对天人之际的辨证，以“谬悠之说，荒唐之言，无端崖之辞”，“卮言”“重言”“寓言”（《庄子·天下》）三言并用的庄子笔法，与精彩深湛的论辩交锋结合在一起，成为中国先秦诸子著作中独一无二的伟大经典。

《庄子》的很多篇章实际上就是庄子与惠施（约公元前370—前310）的论辩。庄子和惠施虽然在“三观”（世界观、人生观、价值观）和思想观点上有很大差异，却是生活中极好的朋友，道不同也相谋。在《庄子》一书中，惠施几乎是唯一真实而非假托的人物。

从《庄子》的记载中我们知道，惠施聪明过人，学富五车，而且极有辩才，很有抱负。他曾经跟魏王纵论齐魏马陵之战，鞭辟入里；曾经做过魏相，联合齐楚，抗击强秦。但惠施受当时的名辩思潮的影响很深，喜欢跟人辩论“犬可以为羊”“龟长于蛇”“火不热”“飞鸟之影不动”等稀奇古怪的问题。他自己也主张“至大无外，谓之大一；至小无内，谓之小一”、“天与地卑，山与泽平”，以及“泛爱万物，天地一体”等同样奇怪的命题。这些命题虽然在今天看来具有丰富的朴素辩证法的含义，但在当时，确实有点异想天开、强词夺理、为辩而辩的意味。惠施有些类似于古希腊的智者，而庄子有些类似于苏格拉底。

在庄子学派看来，“惠施不辞而应，不虑而对，遍为万物说，说而不休，多而无已，犹以为寡，益之以怪。以反人为实而欲以胜人为名，是以与众不适也”（《庄子·天下》）。其结果是，惠施虽然以善辩著名，但实际上“散于万物而不厌”，“逐万物而不反”，从而远离了真正的天道，陷入了自身的困境，与“独与天地精神往来，而不敖倪（骄矜）于万物”（《庄子·天下》）的庄子相去甚远。《庄子》中记载了许多著名的论辩故事。

> 庄子与惠子游于濠梁之上。
> 庄子曰：“儵鱼出游从容，是鱼之乐也。”
> 惠子曰：“子非鱼，安知鱼之乐？”
> 庄子曰：“子非我，安知我不知鱼之乐？”
> 惠子曰：“我非子，固不知子矣；子固非鱼也，子之不知鱼之乐，

全矣。”

庄子曰：“请循其本。子曰‘汝安知鱼之乐’云者，既已知吾知之而问我，我知之濠上也。”(《秋水》)

惠子谓庄子曰：“子言无用。”

庄子曰：“知无用而始可与言用矣 。夫地非不广且大也，人之所用容足耳，然则厕足而垫之致黄泉，人尚有用乎?”

惠子曰：“无用。”

庄子曰：“然则无用之为用也亦明矣。”(《外物》)

惠子谓庄子曰：“吾有大树，人谓之樗。其大本拥肿而不中绳墨，其小枝卷曲而不中规矩。立之涂，匠者不顾。今子之言，大而无用，众所同去也。”

庄子曰：“子独不见狸狌乎？卑身而伏，以候敖者；东西跳梁，不避高下；中于机辟，死于罔罟。今夫斄牛，其大若垂天之云。此能为大矣，而不能执鼠。今子有大树，患其无用，何不树之 于无何有之乡，广莫之野，彷徨乎无为其侧，逍遥乎寝卧其下。不夭斤斧，物无害者，无所可用，安所困苦哉!”(《逍遥游》)

从上面濠梁之辩的对话中可以看出，面对同样的鸢飞鱼跃，庄子体验到的是人与动物、人与自然之间自由安适、生机盎然的愉悦，这是由审美体验中的移情作用产生的。而惠施则千方百计地找庄子的破绽，似乎违反常理，却也引人深思。如果说庄子的体验更像一位艺术家或哲学家，那么，惠施的观点就更像一位逻辑学家或科学家。孰是孰非、孰对孰错、孰高孰低，其实并没有统一标准，读者可以做出不同的判断，而在论辩中发挥出来的开放式思想对话的魅力，才是更重要的。

从关于有用无用的辩论看，惠施的视界显得很狭窄，所考虑到的只是器物在日常生活中的作用。而在庄子看来，所谓大用，其实是“无用之用”，也就是越超世俗功用而张扬人的生命自由的大用处，比惠施的境界略高一筹。

庄子并非不能辩，但他不好辩，不为辩而辩。孟子对待论辩的态度也与庄子非常类似。孟子说：“予岂好辩哉？予不得已也。”(《孟子·滕文公下》)孟子通过与杨朱、墨子等人的论辩，也不是为了争强好胜，而是为了提出自己的哲学观点“性善论”。无论庄子还是孟子，论辩都不是为了胜人之口，或表现自己的优秀辩才，更不是为了博取功名利禄，而是为了弘大道，“致良知”。

四、论辩对社会和哲学发展的影响

至此，我们已通过两个具体案例阐明了哲学论辩的实质。无论是苏格拉底还是庄子，他们所进行的哲学论辩并不仅仅是为了与人争锋，求胜、求名、求利，而是要通过论辩追求真理、深化认识、明辨是非。这样的哲学论辩无论对于提升社会整体的思想水平，还是培养个人的理论素质，都有巨大的不可替代的作用。

我们常说，真理越辩越明，不辩不明。在中国思想史上，从古代的天人之辩、义利之辩、人性善恶之争、名实之争，到 20 世纪 70 年代末关于“实践是检验真理的唯一标准”的大讨论、80 年代关于人道主义与异化的讨论，都体现了哲学论辩在思想发展史上的重大作用。当然，我们说哲学论辩是非功利的，只是与一般论辩相对比的特点，不能做绝对化的理解。哲学思想总是一定社会历史条件的产物，哲学家也不是不食人间烟火的，也是生活于现实社会中的人，因此哲学论辩要受到一定的社会历史条件（尤其是政治经济制度和意识形态）的影响和制约。哲学论辩不仅具有理论层面，而且具有实践功能，它不仅是思想和理论的交锋，也是话语和思想背后的权力关系的角逐。在哲学论辩中，谁有发言权？谁的话语权和影响力更大？谁有权规定论辩的方式和评价的标准？哲学论辩的结果会对哪些权力体系产生什么样的结果？这些问题虽然是哲学论辩的外在层面，但对哲学论辩的实际展开来说也是至关重要的。

因此，哲学论辩本身也许是非功利的，超脱于意识形态和权力关系之外的，但其实际的展开和客观效果却深刻影响着社会历史进程。几乎每一次大的哲学论辩都会引起或伴有社会的重大变革。例如，启蒙思想对君主专制和封建制度的批判，直接成为法国大革命的思想先导；达尔文生物进化论的思想与上帝造人的神学思想之间的论争，导致了社会历史观的革命；青年黑格尔派和老年黑格尔派的哲学论辩，促进了马克思主义的产生；关于真理标准问题的大讨论成为中国改革开放的思想先导；等等。

就哲学本身而言，哲学论辩对哲学思想的产生、发展、创新和传播具有举足轻重的、不可替代的作用。苏格拉底的“辩证法”和柏拉图的“对话录”，对西方哲学产生了至关重要的影响；《孟子》和《庄子》的论辩方式和风格，对中国思想家、政治家的影响也极其深远。而且，重要的哲学论辩是不同的思想流派、学术传统之间的交锋，往往突破学术的象牙塔，传播扩散到整个社会的思想文化中，扩大和加深了哲学思想和哲学家的影响。

在近代西方哲学史上，经验主义与理性主义的论争在康德的批判哲学中得到了综合和提升，传统哲学流入康德思想的蓄水池，再由此流向 20 世纪的各种哲学。在现代西方哲学史上，1934 年在布拉格召开的国际哲学会议上，传统形而上学家、康德主义者、黑格尔主义者、托马斯主义者，甚至老式的实证主义者，都在倡导逻辑经验主义的维也纳学派的强大攻势下大为震惊，甚至为之折服，尤其是当后者不断使用数理逻辑公式批判传统哲学的时候。此后，分析哲学运动在英美哲学界得以蓬勃发展。

对个体而言，哲学论辩不但是对个人哲学观点的表达、论证和发展，而且是一个深入把握问题、不断扩大视野、借鉴他人观点和提高综合素质的重要手段。古人说："独学而无友，则孤陋而寡闻。"（《礼记·学记》）学习既要重视"如琢如磨"的自修，也要强调"如切如磋"的讨论。论辩是思想的交流，而交流是视域的融合。"视域融合"是当代诠释学的术语，意指理解的过程是不同的视域相互交融的过程。在论辩中也是如此。因为论辩双方都既需要正面阐明并捍卫自己的观点，也需要驳斥对方的观点，回应对方的反驳，这实际上是一个循环往复、不断加深并产生新观点的对话过程。哲学论辩的目的并不是结果的输赢胜负，而是澄清问题，探索真理。一场好的哲学论辩，对于论辩双方乃至旁观者都有莫大的好处，因为这种思想的交流、对话、融合，使论辩双方和第三方在思想的深度、广度和丰富性上都会有所提高，使几乎所有的参与者都受益。

第二节　哲学论辩能力

在这里，我们要讨论的是论辩能力，但不完全是一般性的论辩能力。作为哲学的基本能力，这是一种既体现在哲学论辩当中，也贯穿于一般性论辩当中的综合素质和核心能力。那么，这种技能有哪些要素，这种能力有哪些要求呢？让我们先从对"亚圣"孟子哲学论辩的分析说起。

一、孟子的论辩与"道""礼""权"

孟子（孟轲，约公元前 372—前 289）生活于战国时代，这个时代既有"争地以战，杀人盈野；争城以战，杀人盈城"的残酷，同时也被称为中国思想的"黄金时代"。战国诸侯之间的竞争，说到底是人才的竞争。于是他们不惜珍器重宝肥饶之地，以招致天下才士，大大刺激了游仕力量。他们周游列国，合纵连横，奔走四方，纵横捭阖，鼓三寸不烂之舌，燃数月不熄之火。像公孙衍、张仪之流，“一怒而诸侯惧，安居而天下熄”（《孟子·滕文公下》），自是盛气凌人，不可一世。孟子看起来也像是其中的一员，但孟子不同于战国纵横家的地方，恰如苏格拉底不同于智者的地方——都是为了澄清迷雾，伸张大义，而不是为胜人之口、从中谋取名利而辩。

孟子喜欢用典型的案例表达自己的思想，避免一般化的抽象的理论阐述，而这些案例往往又是针锋相对、唇枪舌剑式的论辩。请看孟子与淳于髡的一次辩论：

淳：“男女授受不亲，礼与？”

孟：“礼也。”

淳：“嫂溺则援之以手乎？”

孟：“嫂溺不援，是豺狼也。男女授受不亲，礼也；嫂溺援之以手者，权也。”

淳：“今天下溺矣，夫子之不援，何也？”

孟：“天下溺，援之以道，嫂溺，援之以手。子欲手援天下乎？”（《孟子·离娄上》）

淳于髡首先利用了一个极端的情形，试图逼迫孟子陷入自相矛盾的境地，即男女授受不亲和嫂溺而应援之以手在常识看来都是正当的，但同时又是冲突的。用庄子的话说：“此亦一是非，彼亦一是非。”（《庄子·齐物论》）很可能在这一层次上，问题是无法圆满解决的。因此，孟子把问题提升到道德哲学的层次，区分了“礼节”和“权变”。《礼记》中说：“夫礼者所以定亲疏，决嫌疑，别同异，明是非也。”（《礼记·曲礼上》）也就是说，礼是准则、习惯、约定等社会公认的规则，即伦理道德。在一般情况下我们应当遵守而不应打破它，应当“彬彬有礼”，否则就是“无礼”。所以孔子说：“恭而无礼则劳，慎而无礼则葸，勇而无礼则乱，直而无礼则绞。”（《论语·泰伯》）但社会规则和伦理道德并不是绝对不能改变的。事实上，“礼”的实施总是因特定情况的变化而有所损益，人们也往往因地制宜，移风易俗，这就叫权变。“礼”是常规，权变则是在常规的约定下有所权衡、变化、改造，在极端的情况下可以违反“礼”。也就是原则性与灵活性的统一。

淳于髡似乎也意识到孟子的辩论策略，因此又进一步就“援手”一事继续发问。而孟子则四两拨千斤拿出了杀手锏——“道”。礼之所以值得遵守，除了因为它是风俗习惯外，更重要的是因为它符合更高层次的“道”和

"理"。权变之所以可行，也是因为它虽然可能不合于礼，但却符合更高层次的"道"。这种"道"虽未必是常理，却可能是天道。因此，礼和权变都应该是道的不同方面，或者说是不同的表现方式。礼和权变一旦有冲突，就要以更高层次的道来衡量。只有在这种意义上，二者的合理性才能同时得到辩护，而不致陷入自相矛盾。

孔子说："可与共学，未可与适道；可与适道，未可与立；可与立，未可与权。"（《论语·子罕》）古代学者诠释说："信道笃，然后可与立。知时措之宜，然后可与权。"（《四书集注》）这就是说，首先要把握一以贯之的道，而且要矢志不渝，然后才能"立己"；己有所立，然后才能掌握权变之策，而不流于权谋、权术之道。所以说："未能立而言权，犹人未能立而欲行，鲜不仆（跌倒）矣。"（《四书集注》）

我们讲了这么多关于"道""礼""权"的辨析，目的有三。第一，把握孟子的论辩方式；第二，了解孟子的运思过程；第三，由此上升到哲学论辩必备的哲学技能和综合素质。这种哲学技能和综合素质的基本结构，就是由"道""礼""权"构成的。也就是说，在哲学论辩的过程中，首先要树立这样一种意识：自己应该有一以贯之的立场和观点。也就是说，在论辩的开始和过程中，自己要坚持自己的立论。只有对论辩的主题有了比较深入的认识，并且形成自己的基本观点，论辩才能展开并深入下去。否则，论辩双方不断改变自己的立场和观点，往往就会陷入语词之争或意气之争，而得不到富有成效的结果。当然，这并不意味着在论辩过程中始终坚持最初的观点，即使漏洞百出也强词夺理，决不改正，而是说哲学论辩要以平时的研究、思考和修养为基础，对于自己思想的基本前提、基本理论和基本方法有所把握，并保持其稳定性，在论辩的过程中发展和提升之。

这样一种"立己"的意识，在具体论辩中体现在"一定之规"和"因时变化"的辩证关系中，并且在具体的论辩语境中得以具体化。所谓"一定之规"不仅是双方论辩的规则，而且是自己在平时思考中逐渐形成的观点和方法在某一具体论题上的实际运用。而"因时变化"作为一种相机而动、与时俱进的权变策略，应当在上述基本理论统驭之下，与"一定之规"结合起来发挥作用，既不要陷入相对主义的窠臼，也不要落入绝对主义的泥坑。用中国古人的话说，三者之间是一种道与术的关系。"一定之规"和"因时变化"都属于"术"的范畴，都为"道"所统驭；但这种统驭并不是机械的规定，而是体现在"术"的灵活运用之中。这就是我们常说的原则性与灵活性的辩证统一。原则基础上的灵活，灵活中体现出的原则，与对规则的遵守一起构成了哲学论辩的基本特征。

在中国古代思想中，道术之别，不离不即，是天人之分，一多之别，体用相异，本末相生；道与术的关系是正与变，源与流，幽与显，合与分，无名与有名，经常与权变；至于理一分殊，月印万川，殊途同归，百虑一致，皆是此意。古往今来，哲人、智者探寻宇宙、社会与人生之道，有的靠灵感启悟，有的以格物致知，有的凭实验操作，有的由逻辑演绎，思考的立场、领域、角度、原则、方法，各不相同，代代相异。这正是“道”“礼”“权”三者关系的具体体现。

当然，也不必把“道”“礼”“权”的关系神秘化或崇高化，它们就体现在我们平时的哲学学习和研究当中。在这里，我们的目的并不是阐发三者之间的关系，而是给大家以提示和启发，从而有意识地从这三者辩证统一的方面出发，提高训练自己的哲学论辩技能和综合能力。

二、哲学论辩中的“道”

哲学论辩中“道”的层面可以分为两个层次：一是普遍的哲学精神的层次；二是具体的哲学理论的层次。就前者而言，如我们在前面所说，哲学的精神旨在不计利害、毫无功利之心地持之以恒追求真理。因此，我们首先需要培养这样一种精神，使之贯穿在哲学研究和论辩的过程中。这不是一种信仰的态度，而是一种理性、反思和批判的态度。真理不是现成地等待我们去获取的东西，而是不断探索、长期追求的过程，是反复质疑、持续反思和不断创造的过程。

在这个过程中，有一点非常重要，就是对经典的阅读和理解。所谓经典，当然是具有典范性和权威性的著作，但这种典范性和权威性的认定是历史形成的。马克思主义的经典著作，中国古代经典特别是先秦诸子的经典，西方经典特别是古希腊哲学和近代哲学的经典，都是取之不尽的思想资源。阅读经典最大的意义，用孟子的话说，是“先立乎其大者，则其小者弗能夺也”（《孟子·告子上》）。经典之“大”可以为我们提供高起点、大境界，不至于在哲学研究和论辩过程中陷入细枝末节和琐碎无聊的窠臼。此外，对经典的阅读实际上是在当代的语境下重新理解经典，通过阅读经典去发掘那些把握当代问题的方式。思想上的与时俱进，在某种意义上是对经典思想理解上的与时俱进，实质是经典与现实之间的互动式诠释。

因此，这种哲学精神并不是抽象的纯粹的思想活动，它最终必须落脚在对社会、历史和人生的深刻关切当中。它既是理性的探索，也是人文的关怀；

它质疑一切思想的前提，但也尊重历史和传统。它反对绝对主义和教条主义的桎梏，同时也拒绝相对主义和虚无主义的诱惑。唯其如此，我们才能为第二个层次（具体的哲学理论）合理地定位。

韩愈曾说："闻道有先后，术业有专攻。"（《师说》）"闻道"和"术业"正是我们在这里所做的区分。哲学作为一门博大精深的学科，包含许多分支和流派，一个人不可能精通全部，而只能结合自己的兴趣和特长，涉足其中的若干领域，精通某一领域。一旦我们对哲学本身、哲学之"道"有所了悟，就可以与我们专长的领域结合起来，向该领域的纵深发展，并且触类旁通，拓展学习和研究的空间。因此，不仅对论辩主题的选择要立足于自己比较熟悉的领域，而且在哲学论辩的过程中，我们也应当将其引向自己擅长的方面，从而使论辩得以深入展开。就具体的哲学理论而言，我们不应当拘泥于一家之言，认为其余皆不足道。因为哲学的精神、方法和品格都是开放的，是向实践、知识和问题敞开的。在具体领域上的深入研究一定要避免封闭和固执，而应始终保持开放的、谦虚谨慎的心态，才能不使专攻的术业僵化封闭而违背大道。

三、哲学论辩中的"礼"

就"礼"的层面而言，我们指的是思想和论辩中的"一定之规"。就论辩而言，这"一定之规"体现在立论、论证、辩驳和结论的整个过程当中。而对这些"一定之规"的研究则体现在有关论辩的逻辑学、语言学、心理学、运筹学等领域当中。熟悉这些相关的研究，对于提高论辩的能力是非常重要的。

对于哲学论辩中的"礼"即"规"的要求，可以简要概括为：言之成理，持之有据，张弛有序，辩难有节。具体地说，立论不能无事生非、无理取闹，而应当"言之成理"。例如，在一场"人性本善"对"人性本恶"的辩论赛中，持"性恶论"的一方并没有一味强调"人性本恶"，而是在"人性本恶"的立场之下，区分人的"自然属性"与"社会属性"。据此，把"恶"界定为"本能与欲望的无限制扩张"，把"善"界定为"对本能与欲望的有理性的节制"，通过强调后天教化的功能与重要性，表达了"人性向善"的价值观，从而使较为不利的立论言之成理，而且富有说服力。这一立论角度主要借鉴了中国哲学家荀子和古希腊哲学家柏拉图的思想，并与当代人的生存境况和伦理道德结合起来，可以说是比较成功的。

"持之有据"主要是对论证的要求，一方面要求对论点的论证须遵循理路、符合逻辑，另一方面要求论据和案例实事求是。论据要很好地为论点服务。这一点似乎毋庸赘言，但仍然需要注意加强逻辑学的训练。明确地界定概念，准确地使用概念，恰当地运用判断，熟练地掌握推理，这些逻辑学方面的要求对于论辩而言是基本功。逻辑的严格性常常会产生强大的力量。

如在一次辩论中，正方说："我方的论点对方没有任何的批驳，所以我方的定义已经成立了。"反方反驳道："你的论点不是自己说成立就成立了，不然还要评判干什么？"正方使用了一个貌似正确的推理，而反方则运用了归谬法，在肯定对方命题的前提下推出了一个荒唐的结论，从而有力地回击了对方。又如：

> 正方：佛家说，一心迷是真身，一心觉是佛，正因为人性本善，所以人随时随地都可以放下屠刀，立地成佛。
>
> 反方：对方一辩说，有的人是"放下屠刀，立地成佛"的，这不错。但我请问，如果人性都是本善的话，谁还会拿起屠刀呢？

论辩要以事实为根据，也就是人们常说的"事实胜于雄辩"。这既说明掌握事实的重要性，也突出了一个重要问题：事实并不是摆在我们面前的现成的东西，相比于意见和观点而言，获取有效的事实并用以充分论证，其实非常不容易。尤其在现在信息爆炸的时代，如何在极其丰富多样的信息中分辨、选择、整合真实的和有价值的事实，并为我的论点服务，成为越来越重要的能力。这要求我们慎重地选择事实来源，加强来源的权威性和可信度，并善于从正反两方面去搜集事实证据，斟酌损益，权衡利弊，从而增强自己论辩的力量，避免陷入对方无理、无关、无效事实的陷阱。如在一场有关"温饱是/不是谈道德的必要条件"的辩论中，双方各摆事实，相互辩难：

> 正方：法律不是道德。法律规定了离婚，离婚是道德的吗？法律可以规定公司破产，公司可以破产吗？所以法律不是道德，它是代表最低的道德水平加上风俗习惯及强制力的。法律等于道德是苏格拉底那时候的观点。对方有两位学法律的同学应该知道。
>
> 反方：法律中难道没有道德观念吗？从《汉谟拉比法典》到《大清律例》，从《刑统》到《权利法案》，请对方告诉我，哪一部法律中不包合道德观念？
>
> 正方：我们这位同学已经告诉你了，法律所规范的道德是最低层的道德。暂且不提这个问题。请问，对方说了英国民众在二次大战中发扬道德精神，但是要知道，英国当时所处的社会在资本主义国家中所处的

经济地位是世界上领先的。而且据最近的资料表明，二战中英国人民的温饱程度是有史以来没有过的，营养价值在当时食物分配制度下是最好的。所以，你不能通过这个问题来否认它是在温饱程度上讲道德的。

反方：《丘吉尔传》告诉我们，那时候好多穷人是怎样去填饱自己的肚子的呢？是去排队买鸟食，还买不到啊！

反方善于举出权威性资料中的例证，来增强其事实的说服力，说明他们是有针对性地考察过正反两方面的事实的。

“张弛有序”，强调的是论辩当中起承转合的节奏感和实际辩论比赛中的阶段性。一场辩论通常是由立论、辩论、结辩三个环节构成。一个优秀的辩论者既不会时时处处咄咄逼人地与对方针锋相对，也不会始终平平淡淡、按部就班，而是能够有力地控制双方的节奏，使之高潮迭起，但并不处处较劲，从容不迫，但并不风平浪静。一般而言，辩论的过程如下：

（1）立：辩论的开始，陈述本方观点，表明立场。要旗帜鲜明，但也要留有余地，要事先预测到对方立论并予以应对。

（2）论：提供充分合理的论据（理论的和事实的），进行有效的推理、演绎，以证明本方立场的正确性、合理性。

（3）辩：辩论双方进行辩护和反驳，应攻防主动，攻能击中对方要害；守能有效化解对方进攻，为本方立场做出有力的辩护。

（4）结：对辩论进行总结，进一步批驳对方立论和论证中的问题，总结本方立场和观点，适当提升逻辑和价值的深度、高度，更好地说服人、影响人。

这四个阶段有不同的要求和重点，需要辩论者进行相应的准备和训练。

“辩难有节”，强调的是辩论中的风度和节制。辩论并不是争强好胜、零和博弈的斗争，它的目的或者是追求真理，或者是较量才智，总之是提高辩论者的综合素质，而不是为了置对方于死地。因此，风度和节制也是辩论者素质的重要组成部分。苏格拉底是与人辩论的高手，但他的初衷却是“自知其无知”，而要表明对方是有知识的，或者大家一起去探索真知。因此，他的辩论能够不断深入，以理服人，成为哲学论辩的典范。虽然我们在实际的辩论比赛中不可能完全采取这种方式，总是要分个胜负，但其中所蕴涵的道理是一致的。一个盛气凌人、辩风霸道的人，或许有三寸不烂之舌，但却没有虚怀若谷之风和容人之量，是很难得到评委和观众好评的。仅仅为胜人之口而展开的辩论也没有多大的价值，也许能胜之一时，不会胜之一世。相反，谦和但不退让，严肃但不死板，从容但不消极，激昂但不狂躁，深刻而不失幽默，胜券在握而不失大度，失理处能自省，得理处且饶人，这才是大家所期待的优良辩风。而一场从头到尾充满了火药味，辩风太凶，甚至为赢而不择手段的比赛，会让人感到背离了辩论的初衷。

四、哲学论辩中的“权变”

哲学论辩中需要“因时变化”，这就是所谓的“权变”。论辩要有理、有利、有节，要讲求“一定之规”，进行相应的学习和训练。但实际生活中的论辩是多种多样的，辩论者必定要根据实际情况和自己的实际能力做出相应的变化。实际上，任何具体的辩论都是特殊的，普遍的知识和技能必须内化为辩论者自身的知识和技能，才能在辩论中得心应手，游刃有余。但这一方面又是最难从理论上加以阐发的，它所需要的是在平时训练和实战中有意识地培养。需要注意的是，打破常规的“因时变化”恰恰要以对常规的深入把握为前提，也要在如何打破常规上下功夫。我们就很难在这里定义什么是“常规”，如何打破“常规”，不妨来看两个例子。

英国政治家赖白斯在一次演讲中，突然停顿，取出了表，站在讲台前一声不响地看观众，时间长达 72 秒之久。正当观众迷惑不解之时，他说：“诸位适才所感觉到的、局促不安的 72 秒长的时间，就是普通工人垒一块砖所用的时间。”赖白斯在此以具体时间来表现演讲内容的方法实属高明，达到了此时此地演讲的最佳效果，致使当时伦敦各大报纸都将此事争当新闻登载，并传为演讲史的佳话。

宋代学者叶梦得在《石林燕语》中记载过这样一个故事：“苏子瞻（苏轼）自在场屋，笔力豪骋，不能屈折。于作赋省试时，欧阳文忠公（欧阳修）锐意欲革文弊，初未之识。梅圣俞（梅尧臣）作考官，得其《刑赏忠厚之至论》，以为似《孟子》。然中引‘皋陶曰杀之三，尧曰宥之三’事，不见所据，亟以示文忠。（欧阳修）大喜，往取其赋，则已为他考官所落矣，即擢第二。及放榜，圣俞终以前所引为疑，遂以问之，子瞻徐曰：‘想当然耳，何必要有出处？’圣俞大骇。然人已无不服其雄俊。”

苏轼在“高考作文”《刑赏忠厚之至论》中杜撰了一个有关圣人的故事，作为其论点的佐证：“当尧之时，皋陶为士，将杀人，皋陶曰‘杀之三’，尧曰‘宥之三’，故天下畏皋陶执法之坚，而乐尧用刑之宽”。这在奉尧舜为圣人的时代颇有点大不敬，但他居然敢在科举考试中杜撰这样一个“合情合理”的故事，也是非常之举，竟令欧阳修和梅尧臣自愧“才疏学浅”，自然令世人佩服其雄俊之气。我们并不是鼓励辩论者在辩论中杜撰“事实”，而是要指出这样一点：如果苏轼没有深厚的学识，他根本无法臆造这样一个故事；而仅仅拘泥于圣贤言论，也无法充分展现其过人的才智和机敏。因此，两方面的结合才造就了这样一个为后人津津乐道的典故。

第三节　哲学辩论训练

辩论赛是辩论者综合素质的较量，是一种比知识、比论证、比谋略、比机敏、比心理、比逻辑、比智慧的综合型比赛，常常用来培养大学生的综合素质。无论是国际大专辩论赛、中国大专辩论赛，还是各个学校的辩论赛，都令人瞩目，喜闻乐见，已经成为大学生课余活动的经典项目。由于比赛必定有胜负，冠军也只能有一个，而且胜负不仅仅是个人的事情，更是事关学校或院系，从而往往给辩手造成相当大的压力，也常常让辩论赛充满了功利得失心和火药味。这在很大程度上背离了辩论，特别是哲学论辩的初衷和理想。似乎正式的辩论赛就是唇枪舌剑，驰骋口舌之利，只要赢就行，与真理无关，与价值无涉。在当前国内的辩论赛中，主流是好的，但也存在一些过于功利化、为辩而辩、煽情炫技、强词胜过说理、技巧胜过内容、结果大于过程、宣扬不良价值观等突出现象。

这个问题太复杂，既有辩论赛自身的不足，也有社会文化的影响，在这里，我们不想过多讨论这个问题，而只是想把辩论赛作为加强哲学辩论训练的主要方式之一。如果暂不考虑结果的胜负，辩论赛本身对于提升参与者的哲学思考、论证、反驳能力，以及口头表达和说服能力是非常有益的。因此，在这里简要地考察一下辩论和辩论赛的技能训练，是有一定的积极意义的。

就辩论赛而言，大体上有两种模式：个人赛和团体赛。

一、个人赛

个人赛是一种一对一的个人间的辩论比赛。比较有名的是“林肯—道格拉斯”辩论赛。1858 年，林肯与美国南部坚持黑奴制度的法官道格拉斯展开了一场大辩论。辩论先后进行了七次，每次持续时间近三小时。辩论吸引了成千上万的美国人观战。为纪念这位美国南北战争时期的英雄，这种一对一的辩论赛模式就以亚伯拉罕·林肯的名字命名。自 1979 年开始，该模式被列为美国中学生辩论赛的正式比赛项目。此外，某些国家竞选总统、市长等重要职位的候选人之间，也常常进行一对一的个人辩论。①

① 张霭珠. 谋略之战——辩论赛的理论、筹划与运作. 上海：复旦大学出版社，1997：12.

林肯—道格拉斯辩论赛（一对一）：

1. 正方结构性发言	6分钟
反方盘问	3分钟
2. 反方结构性发言	6分钟
正方盘问	3分钟
3. 正方辩驳性发言	4分钟
4. 反方辩驳性发言	4分钟
5. 正方总结性发言	3分钟
6. 反方总结性发言	3分钟
	总耗时32分钟

一对一的个人辩论要求参加者具有很高的综合素质和能力，这是个人长期学习和锻炼的结果。为了能够具备在必要时参与辩论的实力，我们需要自觉地做出多方面的努力：（1）扩大自己的知识面，为论辩提供宽阔而又扎实的知识基础。这些知识既来自书籍、网络，又来自生活、实践。（2）养成多思、深思的习惯，并善于把分散的思考整合起来，融会贯通。这样，在遇到一些重要的理论和实际问题时就不会感到陌生。如果说论辩能够提供展示才能的机会，那么这种机遇也"偏爱有准备的头脑"。（3）在平时的学习和生活中，积极参与讨论，注意形成良好的学风和辩风。讨论要以追求真理为最高原则，当仁不让而又从善如流。与人辩论应有学者风度，尊重论辩对手，就事论事，就理论理，不要指向个人。（4）善于倾听别人的论述，真正理解其原意和实际倾向。对于正确的观点应予肯定，对于其中的矛盾、问题、漏洞要准确抓住，做出反驳。（5）认真思考和提炼自己的观点。要反复运用科学事实和经验事实进行检验，借助逻辑尺度加以衡量、推敲。基本观点一定要比较稳妥，站得住脚，经得起反驳。（6）在讨论或辩论中，对于具体细节上的问题要迅速、敏捷地做出反应，要有必要的想象力和适当的灵感的迸发。论述应力求生动活泼，但又保持逻辑严谨。（7）讨论或辩论中要紧紧抓住问题本身，围绕中心议题，单刀直入，切忌漫无边际，不知所云。尤其不要因为个别观点的细节受到反驳，急于为自己辩护而离开主题，喧宾夺主，因小失大。（8）随时全面地、整体地把握论辩的进展。当某个问题的讨论或某一方面的辩论已接近尾声时，要善于及时总结，并进一步引出新的问题或导向问题的另一方面。（9）如果自己暂时没有全面的、成型的观点或论证，那么能提出一两个富有启发性的问题，并揭示其中的实质所在，也是十分有益的。能够因此而引导别人的思考和论证，常常比自己讲更有利于论辩的进展。

(10) 把论辩能力的培养同问题的研究和论文的写作结合起来，收获更为明显。论辩作为思想的口头表达，是以思想的深度和广度为前提的，而深刻的思想总是来自深入的研究。

二、团体赛

团体赛是国内比较常见的辩论形式，它包括不同的辩论模式，如四对四的“新加坡模式”，二对二的“牛津模式”，现在比较流行的是三对三的新模式。

三对三的辩论模式：

1. 陈词阶段　　共14分钟
   (1) 正方一辩陈词　　4分钟
   (2) 反方一辩陈词　　4分钟
   (3) 正方二辩陈词　　3分钟
   (4) 反方二辩陈词　　3分钟
2. 盘问阶段　　共3分钟
   (1) 反方三辩向正方三辩提问　　10秒
   (2) 正方三辩回答，
   回答结束后，向反方一辩提问　　30秒
   (3) 反方一辩回答，
   回答结束后，向正方一辩提问　　30秒
   (4) 正方一辩回答，
   回答结束后，向反方二辩提问　　30秒
   (5) 反方二辩回答，
   回答结束后，向正方二辩提问　　30秒
   (6) 正方二辩回答，
   回答结束后，向反方三辩提问　　30秒
   (7) 反方三辩回答　　20秒
3. 自由辩论阶段　　共8分钟
   (1) 正方任一位辩手发言
   (2) 反方任一位辩手发言
   ……正反方轮流发言，分别计时，
   每方累计用时4分钟
4. 总结陈词阶段　　共8分钟

（1）反方三辩陈词　　4 分钟
（2）正方三辩陈词　　4 分钟
总耗时 33 分钟

我们看到，这样一场有六个人参加的辩论，实际总耗时只有 33 分钟（当然时间长短没有统一标准），每个人不到 6 分钟，而且常常要以秒为单位来计时。因此，辩论赛中是不允许围棋中的长时间思考的，必须“当机立断”。要做到这一点，除了平时的积累和思考之外，就是针对辩论题目进行认真的准备和相应的训练。

拿到辩题之后，首先要做的是设计辩论方案。方案设计流程大致如下①：

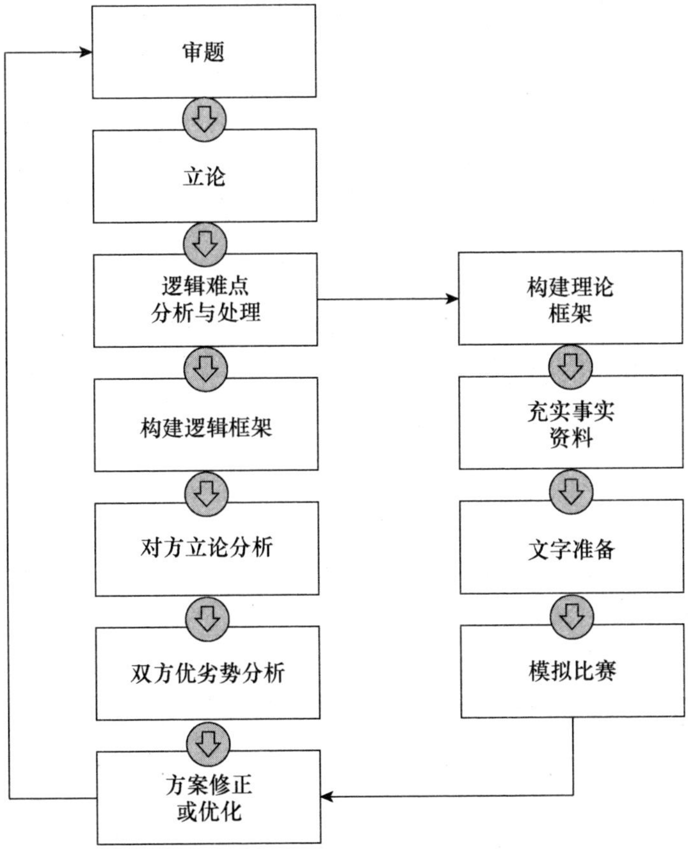

图 5－1　辩论方案设计流程

① 张霭．谋略之战——辩论赛的理论、筹划与运作．上海：复旦大学出版社，1997：187.

第一步是审题。审题的重要性自然毋庸赘言。首先应当对辩题类型进行分析。辩题类型有多种层次和角度。从逻辑的角度进行分类，有条件判断型和非条件判断型两类。如：辩题“温饱是谈道德的必要条件”属于条件判断型，“人类和平共处是可能实现的理想”属于非条件判断型。也可以根据价值判断和事实判断区分两类辩题。如：辩题“离婚率上升是不是社会文明的表现”“安乐死符合/不符合人道主义精神”“人工智能技术应不应该有伦理界限”都属于价值判断型；辩题“流动人口的增加有利于城市的发展”“转基因食品安全/不安全”则偏重于事实判断型。当然，二者的界限往往并不截然分明，大多数辩题都需要从价值和事实两个角度加以考察。还可以以辩题内容涉及的领域划分生活型、社会型、思想型、未来型（“脑洞”型）等。总体来看，辩题双方辩论的焦点包括是非、对错、利弊或重要性比较。

一般而言，好的辩题应具备以下特点：（1）非确定性。那些被全社会公认的事实或价值，或者已成为法律或政策的问题，不适合作为辩题。如“地球是/不是圆的”“杀人是/不是不对的”“我国是/不是处于社会主义初级阶段”。在一个社会成为主流法律、伦理和价值的观点也不适合成为辩题，没有正反辩论的空间。这就是我们常说的“定论勿辩”。（2）公共性和普遍性。不具有公共性和普遍性的纯粹个人的事实或价值、极端个案不适合作为辩题，辩论意义不大。也就是我们常说的“个例不辩”。而思想理论中和社会公众关注的热点、难点问题，尤其是争议和分歧明显、未达成共识的问题适合作为辩题。如电车难题、转基因食品安全、安乐死、克隆人、大数据时代的个人隐私、人工智能的法律和伦理规范等。（3）价值中立性。好的辩题应该尽量中立、客观，使正反双方都有充分的论辩空间，不能一边倒。当然，价值中立性是指具体内容，在原则上好辩题也应符合社会主流价值观。（4）开放性和启发性。好的辩题不仅对正反双方论辩开放，还能在辩论过程中、辩论结束后给辩论双方和观众以开放性的思想与价值的启迪，引发进一步的思考和行动。

如综艺节目《奇葩说》的一些辩题就属于好辩题：长生不老是不是一件好事？人类要不要发明时光机？世界需不需要超级英雄？如果世界不再有谎言，支持还是反对？该不该鼓励病危者活下去？我们终将变成我们讨厌的样子，是好事还是坏事？懒到底是不是人类之光？“愚人水”要不要喝？可不可以一键定制孩子完美人生？人类遇到高等生物的蛋该不该毁掉？

明确了辩题的类型，有助于我们采取相应的辩论策略，包括逻辑关系、价值一事实的侧重和权衡，等等。然后就可以确定辩论的立场，进行立论。这是第二步。立论的流程大致如下：（1）理解和诠释辩题与立场；（2）关键词的分析与定义；（3）建立关键词间的联系；（4）分析正反两方立场的主要分歧；（5）设计底线；（6）预测对手立论的思路和可能采取的辩论方案；（7）即（1）理解和诠释辩题与立场。①

在中国人民大学的一场辩论赛中，辩题是两个哲学命题："言可尽意"/"言不尽意"。这两个辩题是有相当难度的，至少在哲学、艺术和心理学领域仍然属于悬而未决的问题。而从人们对经典的通常理解和日常经验来说，"言不尽意"更占有优势。例如，《易传》里就说："书不尽言，言不尽意。"庄子云："言者所以在意，得意而忘言。"（《庄子·外物》）陶渊明有诗云："此中有真意，欲辨已忘言。"（《饮酒（其五）》）刘禹锡诗云："常恨言语浅，不如人意深。"（《视刀环歌》）对于"言可尽意"的一方而言，处于劣势，但同时也容易掌握对方的辩论方案。因此，就需要针对"言"、"意"、"尽"和"不尽"加以分析和考察。如果说"言不尽意"一方的立论根据是中国哲学和日常生活的流行见解，那么，"言可尽意"恰恰是 20 世纪西方哲学的"语言转向"的一个重要趋势，这一方完全可以以此来立论。一旦我们试图清晰地界定概念的含义，就会发现，虽然我们常常说"言不尽意"，但这些概念事实上总是模糊不清的；而清晰的界定是有利于"言可尽意"一方的。更重要的是，如果我们对"尽"进行考察，就可以找到一个"尽"的尺度和标准，从而展开论证和反驳。这样，本来看似难辩的问题就有了入手之处。

又如，在 1993 年首届国际大专辩论赛上，决赛的辩题是："人性本善"/"人性本恶"（台湾大学对复旦大学）。双方的立论可能是这样的：

表 5-1　　辩题："人性本善"/"人性本恶"

	"人性本善"的立论	"人性本恶"的立论
总体分析	人与其他动物有区别也有联系； 人是最高等的动物； 人是理性的动物； 人类高贵性体现在人性本善。	人性由自然属性和社会属性构成； 人性本恶； 人有理性； 通过后天的教化，人性可以改变，甚至可以产生伟大的人格。
关键词定义	人：人类； 人性：人区别于其他动物的根本属性； 本：先天的、本来的； 善：吉祥、善良、美好。	人：人类； 人性：由自然属性和社会属性构成，自然属性是指人有无节制的本能和欲望； 本：先天的、本来的； 恶：本能与欲望的无节制扩张。

① 张霭珠. 谋略之战——辩论赛的理论、筹划与运作. 上海：复旦大学出版社，1997：192.

接下来的步骤主要就是形成逻辑框架和理论框架，相应地，首先要解决逻辑方面的难题和理论上的难题。就上面的辩题而言，持“人性本善”立场的正方，逻辑难点是：本善的人性何以导致现实人性中的恶？持“人性本恶”立场的反方，逻辑难点是：本恶的人性何以导致现实人性中的善？让我们来看一段自由辩论中的辩词：

正方：我再说一次，善花为什么结出恶果，有善端，但是因为后天的环境跟教育的影响，使他做出恶行。对方辩友应该听清楚了吧？我再想请问对方辩友，今天特蕾莎修女的行为，世界上盛行好的行为，为什么她会做出善行呢？

反方：如果恶都是由外部环境造成的，那外部环境中的恶又是从何而来的呢？

正方：对方辩友，请你们不要回避问题，台湾的证严法师救济安徽的大水，按你们的推论不就是泯灭人性吗？

反方：但是对方要注意到，8 月 28 号《联合早报》也告诉我们这两天新加坡游客要当心，因为台湾出现了千面迷魂这种大盗。

正方：我们就很担心人性本恶如果成立的话，那样不过是顺性而为，有什么需要惩罚的呢？

反方：对方终于模糊了，我倒想请问，你们开来开去善花如何开出恶果，第五次了啊！

正方：我方已经说过了，是因为外在环境的限制，我倒想请问对方同学了，对方同学告诉我们，人有欲望就是本恶，那么对方同学想不想赢这场比赛呢？如果想的话，您可真是恶啊！

反方：对方辩友口口声声说，因为没有善端就没有善。我们要问的是，都是善的话，那第一个恶人从哪里来？又哪里有你们所说的那种环境呢？

正方：环境天险，天险狡恶。对方辩友，您没有听说过吗？环境会让人去行恶的。

反方：对方似乎认为有了外部恶的环境，人就会变恶。请问在南极，在一种非常艰难的沙漠之中，人就会变坏了吗？

正方：我方没有这样说，对方又在第二次栽赃，我是要告诉大家，是说人有善端，好的环境会变好，坏的环境会变坏。

反方：如果都如对方所说的那样，人性本善，都是阳光普照，雨水充足，那还要培育它干什么呢？让它自生自灭好了。

正方：照对方辩友那样说的话，人性本恶，我们要教育干什么？因为“师傅领进门，修行在个人”，这句话早就不成立，应该是“师傅领进门，教鞭跟你一辈子”。

反方：按照对方辩友的这种逻辑，那么教化应该是非常容易的，每个人都是“心有灵犀不点通”了？

正方：我倒想请问对方辩友，在人性本恶之下，我们为什么要法律，为什么要惩治的制度呢？

反方：对呀，这不正好论证了我方观点嘛！如果人性都是善的还要法律和规范干什么？

正方：犯错、犯罪都是人性本恶，就符合您本恶的立场了吗？那么犯罪干吗要处罚他呢？

反方：我还没听清楚，你们论述人性是本善的，是在进化论原始社会的本，还是人一生下来的本，请回答！

正方：我方早就说过的嘛！孟子说良心啊，有没有恻隐之心，有没有不安不忍之心，这就是良心嘛！您怎么不听清楚了呢？

反方：如果人生来就是善的话，那我想那个“宝贝”纸尿布怎么那么畅销啊？

正方：我想请问对方同学，再次请问您，如果人性本恶的话，到底是谁第一个去教导人要行善的呢？

反方：我方已经不想再次回答同样一个问题了！我倒想请问孟子不也说过“形色，天性也”嘛？请问什么叫天性呀？

正方：您讲得吞吞吐吐，我实在听不懂。对方辩友，请您回答我们荀子说的是性恶说，还是性无善无恶。

反方：这点都搞不清楚，还来辩论性善性恶？我想请问，孔子说：“七十而从心所欲，不逾矩”，像这样的圣人都要修炼到古稀之年，何况我们凡夫俗子呢？

可见，双方的辩难虽然相当激烈，但始终是围绕上述两个难题展开的。这就要求我们一定要加强逻辑分析和构建理论框架的能力。

显然，无论是言是否尽意之辩，还是人性善恶之辩，都需要一定的哲学理论的基础。哲学的修养、思维水平和知识积累的作用是至关重要的。但另一方面，辩论作为一门综合性艺术，仅从哲学思辨出发还是不够的，还需要从多方面的知识、多角度的思维和多姿多彩的语言艺术上加以培养。这就是说，我们应当把哲学方面的论证作为核心，然后向外发散、辐射，结合相关经验科学的知识以及日常生活知识，以使自身的论证避免理论的晦涩，而呈现出多层次、综合性的论辩方式。

在上述辩论中，反方的总结陈词中有这样一段话：只有认识人性本恶，才能调动一切社会教化的手段来扬善避恶。光阴荏苒，逝者如斯，在物质和科学技术突飞猛进的同时，而人类的精神家园可谓是花果飘零。在这个时候，我们要警惕，人性本恶这个基本的命题。可喜的是，在东方的大地上，我们说传统文化的发扬光大，已经从一阳来复开始走向了新的春天。我们也相信，通过传统文化的精华，必将使人类从无节制的欲望中合理地扼制并加以引导，从他律走向自律，从执法走向立法。人类才可能挽狂澜于既倒，扶大厦于将倾。“黑夜给了我黑色的眼睛，而我却要用它来寻找光明！”

与理论知识相关的是对事实材料的选择和运用。在1995年第二届国际大专辩论赛中，南京大学和辅仁大学就“知难行易”和“知易行难”展开了辩论。正方南京大学的辩手陈词：

> 对方一辩给我们谈到道德伦理，又说嘴上一套做又一套，请问这是真的知道道德吗？请对方辩友给我们解释，什么是“满口的仁义道德，一肚子男盗女娼”呢？对方辩友又说，有些人不是不知道，而是说不愿意去做，那么，这是不是要给小偷找借口呢？因为小偷说“我真的不是不知道偷东西不好，可是我就是忍不住要伸出第三只手”啊！对方二辩又说到了男性比女性更需要关怀，那么既然对方辩友认为知易行难，我们想要请教一个问题，怎样才能打开男性封闭的心灵？怎样才能让男性成为一个开放的人呢？好，我方认为知难行易。翻开历史史册，人类求知探索的伟业可谓“惊天地，泣鬼神”。“生命诚可贵”，但是李林塔尔为了科学却献出了生命。“爱情价更高”，但是诺贝尔为了事业却终生孤独。李时珍遍尝百草才获得“回春之术”，司马迁励精图治终成“一家之言”。对方辩友你一定也还知道，达尔文呕心沥血几十年才孕育了进化论，布鲁诺用生命凝成真理，魂“归去来兮”。“艰难困苦，玉汝于成。”古往今来，就是这用热血和生命叩响知识之门的求知者铸成了人类文明的脊梁。正视现实人生，行正如辩友所说的并非一帆风顺，但是，对已知的深刻认识告诉我们，知比行更难。求知之路漫漫兮，人类上下而求索。和平难，难就难在尚未达成各国的共识；反腐败也难，难就难在还不知道制止腐败的办法；治艾滋病更难，难就难在医学知识还没有突破性的进展。而有知，行就会化难为易。博大精深的知识、入木三分的思想的确来之不易，可是换来的却是行动中的大刀阔斧，工作上的从容自如。越洋电话让“天

涯若比邻”，电波送衷情；信用卡让我们“一卡在手，走遍天下”。

在这一段陈词中，最明显的特点是驳难、事例与名言交织在一起，得当而丰富的事实无疑增强了说服力。

以上的讨论主要是针对正式陈词而做的设计方案，而问答与自由辩论往往不可准确地预计。这方面方案的设计主要是预测比赛的变化，因时变化，相机而动。其主要原则是要争取主动，以便有力地控制辩论进程。因此，方案的设计一方面要以我为主，另一方面也要努力知己知彼；既要能够出奇制胜，牵着对方的鼻子走，也要灵活机动，确立不同的应对方案。下面这段自由辩论的辩题是“不破不立”（正方北京大学）对“不立不破”（反方南京大学）。

正方：立的目标从哪里来呢？贵校曲钦岳校长说的好，我们南京大学要发展，要确立我们的目标，首先要冲破传统观念的束缚，大胆地解放思想，不就是不破不立吗？

反方：说得好，正是因为我们曲校长立了一个解放思想的观念，所以我们学校才能做到不立不破嘛！我想再次请问对方同学，事物有先后，位置有主次，请问你们是破字当头呢？还是立字当头呢？

正方：还是请对方同学告诉我们吧，你们的立的目标倒是从哪里来的呢，是不是像孙悟空一样从石头里蹦出来的呢？

反方：立的目标当然是从实践中来，我要请问对方同学，我们的国家是以建设为主啊，还是以动荡为主？

正方：好，立的目标始终是从实践中来，实践就是一个改造自然、改造自身，不断破旧立新的过程啊！

反方：对方同学总是不回答我们立与破，谁是根本，其实对方同学的观点是“破”字当头，这样会导致天下大乱的哟，对方同学。

正方：我们从来没说过破是根本，我们说的是破是立的前提。放在前面的就是根本吗，女士先请，难道说女士是根本，男士就不是根本了吗？

反方：感谢对方同学已经承认了破是在立先，那我要请对方同学啦，不破就不能立吗？如果我们的鞋子穿旧了，那是不是要所有的308人把鞋子都扔了，光着脚板子跑去买新鞋呢，我们大家又不是赤脚大仙。

正方：我们说的这个破旧，这个旧是阻碍历史发展的旧，不是一个旧鞋子的旧，比如说，我们的主管部门还继续给我们的下属企业穿小鞋的话，这种鞋子不破掉怎么能立市场经济啊！

反方：对方辩友说的好，那不就是因为我们的主管部门都给所有的人都穿上一视同仁的鞋，所以才能破除小鞋吗？

正方：按照对方的观点，那就是说先有小鞋，然后再破小鞋，那不就是立旧破旧，难道对方的不立不破就是这样的观点吗？

反方：对方辩友还是不要让我们在一双鞋子里面来讨论关于不立不破的问题吧！让我们来看看，按照对方这样的观点就是说，我们找到第二职业的人首先一定要扔掉第一职业啊！

正方首先放出奇兵，试图以反方校长的观点作为己方的佐证，“以其人之道还治其人之身”。反方则试图迅速把正方拉回到自己的轨道上来，要求对方就“立与破，谁是根本”加以回答。而正方则努力摆脱“谁是根本”的思路，以“破是立的前提”来代替“根本”之争。结果是双方围绕“一双鞋子”的比喻各逞其才，使这一自由辩论妙语迭出，引人入胜。

制订了基本的设计方案之后，就要进行辩手定位与文字准备的工作。辩手定位的原则是知识结构与学历层次、个性与性格特点以及性别的合理搭配。这一点就不多说了。文字准备要首先把关于辩论立场的分析、辩论方案的主要线索写成提纲，整理成文字资料。辩论队员人手一册，熟练掌握。上场队员、辩位、分工协调默契之后，根据对辩题的剖析、本方的辩论方案、各位辩手陈词的主要内容，由各位辩手自己撰写发言稿。发言稿经反复交流、讨论、修改后基本定稿。撰写必要的问答和自由辩论阶段的文字材料要经过集体讨论、交流、修改，基本确定。这个书面文字的撰写过程，不单是为了形成自由辩论使用的文字材料，而且经过反复讨论、动手整理、不断修改的过程本身，深化辩手对方案的理解，使之能熟练准确把握作战意图，有备无患。不过，虽然是文字材料，却不能够完全以书面语的形式来写作。因为辩论最终要以言语来表达，虽然不完全是口语，但一定要适合于口语表达，让观众和评委能够更有效地理解自己的观点及论证。最后，根据辩题整理、选择卡片，清理出需带上场的全套文字材料。

做好了充分的准备，就等于已经进入了临战状态，在上场时才可以从容不迫。而这个时候，我们所要注意的是与比赛的胜负息息相关的问题了。这就是对评分标准的研究。

从某高校辩论赛总决赛的评分表中可以看出，评分的标准首先把辩论赛分为一辩陈词、攻辩阶段、攻辩小结、自由辩论、总结陈词这样 5 个阶段，而每个环节都针对每个辩手进行评分，不同环节对不同辩手的要求是不一样的。

就一辩陈词环节而言，得分最高的标准是："立论新颖、深刻、稳健；逻辑思路清晰，有层次；材料贴切、充分、详实。"这个标准分别针对论点、逻辑和材料这三个层面，要求一辩陈词应当以此为核心来准备辩词。但问题是，辩手对辩题已经有十分深入的思考和总结，而评委和观众往往不是这样，他们主要是根据自己以前的思考、知识和意见来倾听辩手的陈词的。因此，立论是否新颖、逻辑是否清晰、材料是否贴切，就成了能否打动评委和观众最重要的一点。陈词要重点突出，有针对性，不要企图在短短的三四分钟内面面俱到，也不要有炫耀自己的理论和材料的痕迹，这一环节要相对平实一些。此外，要切记的是：语言要流畅，陈词要脱稿，否则立刻就会造成整体形象失分。

就攻辩阶段环节而言，得分最高的标准是："设问新颖，有针对性，目的明确，回答巧妙。"这一环节是对二辩和三辩的要求。二辩和三辩的辩词一般是已经事先准备好的，发言也有必要根据已有准备的辩词展开，"七步成诗""倚马立就"是很难的。但同时，也绝对不要照本宣科，自说自话，对对方的观点毫无回应。如果对方的观点已经在我方的预料之中，可以稍做变化；如果对方的观点出乎意料，则要急中生智，尽量用巧妙的语言化解对方的攻势，将其拉入己方的轨道。

攻辩小结这一环节并不是所有辩论赛都有，但它作为为自由辩论而做的准备工作，是非常重要的。它的最高要求是："阐述新颖，针对对方暴露弱点展开；逻辑清晰，总结全面。"这里要注意这是一个小结，而不是发动新的攻坚战。主要目的是根据场上形势的变化，而适时、适当地调整己方的立场和思路。

自由辩论是辩论赛中最激烈、最能够体现辩手风采，也最引人瞩目的环节。它的最高要求是："配合默契，发言时间均匀；论述或发问时观点明确；应变机智，语言风趣幽默。"这个要求看起来相当抽象，而事实上就评分标准来说也只能如此。对辩手来说，应当注意这样几点：

（1）不仅要向对方提问、反驳对方，还要注意与己方前一位辩手相衔接，或者继续他（她）的提问，或者加以深化和强化，或者弥补其不足，或者继续就对方的回答加以驳斥。

（2）发言时间要尽量简短，这样会留出足够的时间让己方各位辩手都有机会发言。但发言简短就更要注意语言的简练和生动，众所周知的东西就不要重复，能用事实、名言、警句、幽默说话，就不要使用理论，因为理论观点往往不是三言两语能够说清楚的。

(3) 当出现不利于己方的形势，而自己又没有合适的辩词时，就要暗中转变话题，把辩论向己方预先准备的方向引导，这时候最需要的是用风趣幽默的语言“明修栈道，暗度陈仓”。

(4) 自由辩论遇到不利情况时，切忌急躁不安，而与对方斗嘴；形势有利时，在步步进逼的基础上，也须注意不要盛气凌人，得理不让人。应当保持一种从容不迫的辩风，避免抢话、随意接话、讽刺挖苦对方的情况出现，遇挫不躁，得势不骄，才能够赢得评委和观众的好感。

总结陈词是比赛收尾的阶段，这对于辩手来说是难度最大的环节。因为虽然事先已有所准备，但辩论赛往往瞬息万变，变化莫测，所以必须结合比赛的具体情况来重新整理自己的思路和发言。这一环节的要求是：“总结全面，逻辑清晰，材料充分，引证丰富，于反驳的同时能充分论证己方观点。”其中最重要的是要对整个比赛加以评述，既批驳对方的核心观点，又捍卫在比赛过程中最受对方攻击的己方论点，无论己方最初的立论出现何种疏漏，都要在总结陈词中加以辩护，使得立论前后一致，首尾一贯。好的辩论能够做到虎头、熊腰、豹尾，一气呵成，没有明显薄弱的环节。许多辩手喜欢在总结陈词中使用抒情性和煽情力比较强的语言，以使辩论在最高潮处结束，这不失为很好的方式，但也要注意这种语言的适用场合和强度，适可而止，不要使观众有矫情之感。

双方辩手辩论的结束，并不意味着辩论赛的结束，这个时候要注意倾听评判团对辩论赛的总体评价。因为这个时候，胜负已然不受己方的控制，而要把比赛转换为对自身辩论能力的培养，当作取长补短的好机会。

让我们来看看“人性本善”对“人性本恶”的辩论之后，著名学者杜维明先生代表评判团对辩论所做的评价：

过去六天，台湾大学成功地建构了“现代化不等于西方化”和“安乐死应该合法化”两个命题；复旦大学也说服了评判员，“温饱不是谈道德的必要条件”，“艾滋病是社会问题”。今天，从正反两方来辩论人性本善，究竟鹿死谁手？今天下午正反两队似乎都直接或间接地采取了在古文章法里的起承转合这种策略。正方一辩以高屋建瓴的方式引述康德、孟子和佛教，建立了“性善为本，恶行为果”的基本理论，脱俗不凡，条理简洁。我好像已经被说服了。但是，这个交通规则的比喻不甚恰当。反方一辩有排山倒海之势，坚持“人性本恶，其外者伪也”的观点，分辨自然属性和社会属性，简洁明了，很有震撼力。而且，用词精炼，有条不紊。我好像又被她说服了。正方二辩承接了一辩论述，又以西瓜种子为例，很贴切。认为欲望本身不是恶，也有理趣，使观点作了进一步的深入展开，还作了一些实证的补充。反方二辩妙语如珠，既承接了一辩的观点加以发挥，又猛攻正方二辩的经验基础，并且旁征博引，荀子、犹太教、黑格尔，甚至《天龙八部》，使正方好像陷入了防御的态势。那么，正方三辩作了一个转折，很有新意，但是没有充分地发挥。反方三辩大有异军突起之势，从新的思维角度展示了一些观点，比如说"放下屠刀"，屠刀何来呀，也很恰当地引用了达尔文、弗洛伊德各方面的观点。在资料运用方面，大家都能引经据典，而且也可以说妙语如珠。那么，似乎反方的知识结构比较谨严，也比较全面。在语气方面，正方是严厉质问，恳切坦诚，有的时候情绪比较激动。那么反方呢，有点排山倒海，义正词严，有时候轻松活泼，而且引逗幽默。但是，用词显得有点华丽，也许可以向平实方面再努力。自由辩论期间，双方短兵相接，此起彼落，好像双方都从金庸先生武侠小说中学到了出奇制胜的新招。我们觉得双方似乎是势均力敌，用了先发制人、连续发问、分而治之，乃至巧设陷阱、声东击西等各种策略。反方四辩文字流畅，好像行云流水。在结论这方面可以说是缝隙不留，圆而不滑。正方四辩很有理据，特别是举出原始人的凶残是为了求生欲望，也很有说服力。但是，我提到了情绪有点激动。一般说来，反方颇能显示一种流动的整体意识，整个队伍运用一种整体配合的作战方略，加强了一种整体的攻击力，保证了对重点攻击目标的一种优势。也增强了整个辩论队伍的气势，显得中心课题比较明确，活而不乱，而且错落有致。

最后，让我发表一点感想，中国传统文化的儒释道都强调体会、体验，体味这种体之于身、身体力行的具体真知。在这个思想导引之下，目明耳聪，也就是明察秋毫的视德和从善如流的听德，才是雄辩的基础。能说善道固然很好，巧言令色就背离了仁厚的核心价值了。因此，这次华语的辩论，虽然常有排山倒海，甚至咄咄逼人的气势，但却一再地体现出同情、坦诚的美德，树立了非常良好的风气，值得我们效仿。谢谢大家！

杜维明教授的点评堪称经典，不但恰如其分地指出了双方的辩论思路和辩手们的特色，而且将整场辩论赛提升到实践中国传统美德的高度，从而弥补了辩论赛本身的缺陷。这种点评是非常值得辩手们品味和学习的。

辩论赛只是一种手段，用以检验辩手们的理论、逻辑和语言技能，而本身不是目的。本节只是对辩论的实战技能做了简要的介绍，要想成为好的辩手，更重要的是提高自己的理论素养和综合素质，在实践中加以锻炼。

三、论辩练习

结合课程进行的论辩练习，可分三种形式：（1）个人讲演；（2）二人（一对一）辩论；（3）分组（团体）辩论。

每个同学首先做一次个人讲演，自选题目，拟讲演提纲或讲演稿，讲演时间3分钟左右。也可增加回答观众提问2分钟。

然后，每个同学在二人辩论和分组辩论中选择一种形式，自由组合，自定辩题，自行准备。时间可按平均每人5分钟计算，如二人辩论10分钟，中间可穿插回答观众提问5分钟左右。

由教师担任论辩主持人。每位观众都是评判团成员，为台上讲演人和辩手评分，并评选最佳讲演人和最佳辩手。

最后，根据统计结果，评出最佳讲演人和最佳辩手。

练习题

试结合以下辩题进行哲学论辩的练习：

1. 大学生打工利大于弊/弊大于利
2. 知难行易/知易行难
3. 知足常乐/不知足常乐
4. 人生而平等/人生而不平等
5. 市场经济必然/不必然导致两极分化
6. 司法审判应该/不应该受社会舆论的影响
7. 治愚比治贫更重要/治贫比治愚更重要
8. 以成败论英雄是可取的/不可取的
9. 科学研究，提出问题/解决问题更重要
10. 现代社会更需要通才/专才
11. 支持/不支持安乐死
12. 当今世界，合作高于竞争/竞争高于合作
13. 程序正义和实质正义哪个更重要
14. 智能机器会/不会摆脱人类的控制
15. 如果有时光机，你会/不会穿越到过去改变历史

第六章　哲学的研究与写作

在哲学阅读、思考、论辩的基础上，要进行更深入的哲学研究，学会思考、研究哲学问题，并把思考、研究的结果以规范的语言文字形式表达出来、传播出去。这就是培养哲学素质的一个更重要的方面：哲学的研究与写作能力的培养。尤其对于从事哲学专业的人来说，哲学的研究与写作可谓是“看家本领”。哲学研究与写作能力的提升不是一蹴而就的，并非一朝一夕之功，而需要经过长期艰苦的培养和训练。

第一节　哲学问题的深入研究

哲学问题是重大的深层次、本质性的问题，对哲学问题的研究不是浅尝辄止的，它要求尽可能深入的研究。哲学问题的研究是多方面复杂的思维活动的结合，因而需要多方面的哲学素质综合发挥作用。

一、阅读、思考和讨论的深化

1. 哲学资料的阅读和整理

要研究哲学问题，前提是把相关问题的知识背景和问题背景搞清楚。为此，首先就得充分利用现有条件，力求全面、完整地阅读和整理与自己准备研究的问题有关的文献资料，最好写文献综述。

需要强调的是，以研究问题或写作为目的而阅读和整理资料，与平时没有明确的问题目标，只是泛泛阅读文献资料的情形不同。第一，泛读没有明确的问题目标，阅读要求的范围也就不那么严格；以研究问题为目的准备资料时，目标就具体得多、明确得多，因而准备资料的范围也就比较具体和明确。第二，泛读没有明确的任务，在一定程度上采取“不求甚解”的态度也未尝不可；而以研究问题为目标，则需要对相关各种资料所涉及的问题、提出的观点和逻辑的理路，搞得越全面越清楚越深入越好。

在研究哲学问题之前，为什么要深入系统阅读已有资料呢？这主要有以下几个原因。

其一，对已有的研究成果充分了解，是自己进行相关研究的前提和基础。哲学研究不仅是个人的事业，更是研究群体共同的事业。任何一个人哪怕是大哲学家进行哲学研究，也不可能完全闭门造车、独立创作，而要建立在前人和他人研究成果的基础上。别人已经提出或发现了哪些问题，解决了哪些问题，是如何解决的，还有哪些有待完善、补充和创新之处？前人所走过的研究路径、思考和解决问题的深层逻辑是怎样的？只有首先把这些搞清楚了，我们才能知道下一步研究该从哪里开始，进一步走向何处去。学术研究作为社会文化活动是历史性、连续性的，好比接力赛，要接着上一棒继续往前跑。已有的研究成果好的要继承，不对或不好的要批判，不足或没有的要发展创新。否则，不看前后左右，独自跑起来，你可能会重复前人早已走过的道路，讨论一些早已过时的问题，说一些别人早已说过的话，这种“研究”就是没有意义或价值的。

其二，我们可以从前人的研究和探讨中总结得失，找到灵感，找到新课题和新问题的生长点。前人的研究工作中往往隐含着一些契机，一些给人以启发和灵感的信息。当事人自己也许没有意识到，或由于本人的局限性和时代条件的局限性没有做更深入的研究，但它却给后来的研究者以有益的启迪。

其三，从前人的研究和创作的成果中，我们可以掌握一套话语体系和学术规范。哲学研究是专业性很强的工作，长期的哲学发展史形成了一系列专业的学术话语体系和学术规范。通过阅读和领会已有的文献，我们会明白人家探讨相关问题时用的是什么样的概念和命题，有哪些观点和说法，该领域的“行话”、规范、“范式”①、标准是怎样的。广义的话语体系包括特定的历史、科学、文化和社会生活的现实背景，狭义的话语体系是研究问题使用的学术规范和范式。每个哲学问题的研究和讨论都是在既定的前提下进行的，它必须遵循哲学已有的规范和范式，因此我们必须熟悉这些规范和范式，以便于学术的交流和传播。当然，哲学的话语体系和学术规范不是僵化的，也要随着时代变革和哲学变革而不断变革，但我们尤其是初学者首先要学会遵

① “范式”是美国科学哲学家托马斯·库恩使用的概念，指科学的各领域专门的标准，是科学家团体共同使用的语言（概念）、符号、方式方法、评价体系等内容。科学研究及其成果的表达是按照一定的范式进行的。

循它，熟练掌握它，才有可能发展甚至变革它。

要进行哲学研究和写作，究竟需要阅读些什么呢？这主要取决于我们所研究的问题和所涉及的对象。我们可以把阅读范围划分为以下四个部分。

其一，哲学专业基本知识，这是研究哲学问题所必需的基本的储备性知识，大体上相当于哲学这门一级学科涉及的知识。一般来说，哲学专业本科生所学的各种知识，实际上就是这种储备性的知识，包括系统的哲学原理、哲学史、伦理学、美学、宗教学、逻辑学、科技哲学等的知识，以及相关的科学、历史、经济、社会和文化等方面的知识。我们的这些知识不一定很精深，但要比较系统和确切。平时有基本的知识储备，需要时可以进一步加深。

其二，具体专业（研究方向）的背景知识和资料，大体上相当于一级学科之下二级学科涉及的知识。这方面的知识和资料要比前一部分所涉及的知识具体些，它与我们所要研究的问题直接相关。例如要研究马克思主义哲学，要更深入系统地学习马克思主义哲学原理、马克思主义哲学史的相关知识，还要分领域、分主题、分时段、分“人”（哲学家）进行分门别类的学习。

其三，与所要研究的问题相关的既有研究成果。这方面的资料直接涉及我们要研究的问题，因而比第二部分的资料更具体些，也要求能够掌握得更系统、更深入。比如我们想研究美的本质问题，我们就应该系统阅读美学界讨论美的本质的文献资料，系统把握美的客观说、美的主观说、美的主客观统一说，以及其他学者和学派关于美的本质的讨论。如果我们要研究价值的本质，就需要系统阅读主张价值本质的客观说、主观说、关系说，以及关于价值本质的其他观点的研讨资料。掌握这方面的学术背景，是要把相关问题的来龙去脉搞清楚，这样才能对问题有发言权，才不至于说外行话，才不会说早已过时的话，才能找到立足点和创新点，才能更清楚地把握对问题的思考该如何推进。

其四，与研究课题相关的跨学科的知识。有些研究，特别是那些综合型、交叉型学科的研究，除了需要哲学类知识外，还需要涉及其他学科和专业的知识。譬如，要研究社会发展问题，除了掌握历史唯物主义的基本原理，还要研究经济学、社会学等相关问题；要研究生命伦理学的问题，还需要有医学、生命科学等方面的相关知识；要研究分析哲学的问题，还需要有数理逻辑等方面的基本知识；要研究审美的问题，还需要艺术史、文学史、文艺心理学等方面的知识。

以研究为目的的阅读，不是死记硬背式的阅读，不是有口无心式的阅读，它应该比平常的阅读有更自觉的问题意识。要抓住真问题而不是假问题，新问题而不是老问题，重大问题而不是细枝末节问题，有价值的问题而不是无价值的问题。有了明确的问题意识，才能以批判和审视的眼光来阅读，既要弄懂他人的思想理路、深层逻辑，把握前人的研究成果，又要发现其问题和不足，找到解决问题、拓展思想的突破点和新思想、新问题的生长点。

2. 哲学问题的思考

思考哲学问题是哲学研究的关键一环。甚至可以说，研究哲学也就是思考哲学问题。事实上，我们在阅读哲学资料时就已经开始了这一思考，当然，这时的思考常常是对这些资料中的，或者是由这些资料引出的哲学问题的思考。现在我们所说的哲学问题，是从现实生活、实践和科学、文化信息中提炼或概括出来的。对这种问题的思考不依附于特定资料的阅读，而是哲学活动中相对独立的一个环节。哲学问题思考的使命在于以下三点。

第一，发现和提出问题。在某种意义上，发现问题比解决问题更难、更重要。能从别人习以为常、熟视无睹的地方发现问题，证明我们看到了旧哲学和思维方式的缺陷，并内在地潜藏了这一问题的突破点，没有敏锐的头脑和深邃的眼光是很难做到的。在哲学史上，有些哲学家不是以提出系统的哲学思想著称，而是以提出深刻的哲学问题著称。例如大卫·休谟（David Hume，1711—1776）就是这样的哲学家。他提出了两个问题：(i) 我们的认识以归纳为基础，但归纳法却存在逻辑上的缺陷。休谟问：我们有什么逻辑根据能保障我们把已经观察到的经验推广到未观察到的事物上去？没有！这个问题后来被称为“归纳问题”。(ii) 以往的道德学说几乎都在没有给出任何逻辑根据的情况下，不自觉地由关于“是”的讨论，跳跃到关于“应当”的讨论上去。这个问题后来被称为事实与价值的问题。前一个问题引起了人们对归纳逻辑、真理和科学本质的重新思考；后一个问题引出了关于“是”与“应当”、事实与价值的哲学讨论。这两个问题对开启现代哲学起了极其重要的作用。

第二，提炼出思想。哲学思考要善于发现、发掘和提炼出自己的思想、观点、见解。面对问题，我应该如何解释？根据什么做出这样的解释？问题的本质到底是什么？对这种本质的理解有什么意义？我能为社会贡献的新思想究竟是什么？

第三，寻求解决问题的方案。面对一个问题，在对其尽可能做出符合实际的思考之后，我们还要进一步思考：如何解决这个问题？妨碍问题解决的症结究竟在哪里？如何走出困境？当然，哲学给出的问题解决方案往往是原则性的、整体性的，而不是具体性的、可操作性的，同其他具体科学研究有所区别。但随着哲学与现实生活之间的关系越来越密切，提出解决问题的方案越来越重要，尤其是对于一些与现实生活直接相关的研究主题而言更是这样。

思考哲学问题，必须首先搞清楚我们面对的究竟是一个什么样的问题：有意义的问题还是无意义的问题？真问题还是假问题？清晰的问题还是含糊的问题？具体的问题还是笼统的问题？问题有什么意义和价值？等等。换句话说，我们首先需要反思问题本身有没有问题，问题的提法存不存在问题。

哲学思考要澄清问题的真假。有些问题看似问题，但实际上没有意义。分析哲学把命题的是非问题与有无意义的问题区分开来，认为哲学命题首先应该有意义，然后才谈得上是与非（对与错），没有意义的问题是"形而上学"的假命题，应该剔除。比如"如何造一台永动机"就是一个假问题，因为按照现代哲学和科学的常识，永动机是不可能存在的。当然很多哲学问题的真假标准不是绝对的，而是随着条件变化而变化的，在有些时期的真问题后世看来就变成假问题。欧洲中世纪的很多哲学问题，在有些流派看来是真问题，在其他流派看来是假问题。如宗教哲学认为上帝存在的证明有意义，而在无神论看来则是假问题。尽管我们对哲学问题的真假判断不能绝对化，要保持开放的态度，但对于公认的假问题、被时代和实践证明的假问题，要果断排除在哲学思考和研究之外，不要在这类问题上浪费时间和精力。

哲学思考要使问题和思想由笼统变为具体。有些问题的提法和思想的表达太空泛，不着边际，只有经过适当的具体化才能呈现较明确的含义。为此，需要将笼统的问题和思想分解成具体的问题和观点，针对不同的情形加以具体分析。例如，"人为什么活着"这个问题就太笼统，让人难以回答。要问"人为什么活着"，那得看你所说的这个"人"指谁？张三还是李四？因为每个人有不同的生活条件、经历和目标。进一步的问题是：你说的"为什么活着"究竟是什么意思？是指（i）一个人为什么作为一个活人来到这世界上，还是指（ii）这个人一生最高的理想与追求，抑或指（iii）他现在正在追求的具体生活目标？第一个问题是个假问题，因为每个人不是先确定了生活目的才来到世界上的，我的生不是由我决定的。后面两个问题则要由每个人自己做出回答。

哲学思考要使问题和思想由含糊转向清晰。有些问题和思想观点往往含糊不清，不知究竟是什么意思，不知说话者究竟想说什么。这是思考和表达者的水平与素质还有所欠缺、思考和表达的功夫还欠火候的表现。"语言的暧昧是由于思想的朦胧"，问题和话语不清晰，从根本上说是由思考的不成熟造成的。所以，哲学思考要有一个深入提炼问题、提炼思想和观点的过程。

思考哲学问题要求我们有敏锐的眼光和批判的头脑，要从流行的观念中，从习以为常的思维方式中，发现我们的思想、方法以及思想和方法的前提是不是存在什么问题，如何从混乱和困惑中把问题作为问题清晰地提出来。哲学问题总是存在的，关键在于我们能不能发现它，能不能把它提炼出来。

哲学的思考需要理性的怀疑精神。其他学科也需要怀疑和批判精神，哲学更是如此。因为哲学的使命就是反思命题和知识的基础，反思价值的根据，哲学本质上是一门批判和反思的学科。批判，尤其是对前提、基础、根据的理性批判，是哲学思考的基本特点。

哲学思考也需要直觉，需要"悟"道。哲学不完全是知识，并非把哲学命题记得越熟，哲学素养就越高；也不是哲学书读得越多，哲学素养就越高。哲学是一种境界，培养哲学素质还要靠人的悟性。据说禅宗的第六代祖师慧能和尚出身贫寒，一字不识，但他悟性极高，不但继承了禅宗的衣钵，而且把中国佛教发扬光大。哲学之"悟"需要体验，要深切地去感受生活的苦与乐、人生的悲与喜，要以惊异、困惑、好奇、穷根究底的心理去思考宇宙和人生的奥秘。

哲学思考要自由，要让我们的思绪自由自在地驰骋、遐想，超越现实的种种束缚和羁绊，超越世俗的种种偏见和局限，超越人生的种种片面和累赘，进到无限高远和无限自由的境界。《庄子》中大鹏的形象，"水击三千里，抟扶摇而上者九万里"（《庄子·逍遥游》），就是这种自由的象征。

3. 哲学讨论

一个人的思想是有限的，所以要提高哲学素养，要研究哲学，必须有哲学讨论。讨论是多个人的哲学思想和观点的交流、撞击，是互相交流、互相启发的过程，是不同观点、视角和方法的互动。讨论的形式多种多样：从两三个人自发的、非正式的讨论，到正式的学术研讨会。

哲学讨论的一种最简便、最初级的形式是几个人的非正式讨论。不限人员，不拘形式，不限主题，只要有思想、有内容就行。由于无拘无束，所以讨论者的思想更加自由，不受限制，思路可能更开阔，思绪也可能更活跃。当然，这种形式也有缺点，就是容易跑题，在一些无价值的话题上浪费时间，变成一般的闲聊，我们应该注意防止这种倾向。

第二种常见的讨论形式就是所谓研讨班（seminar）。人数稍多一些，一人做主题发言，另一人重点对其发言进行评议，接下来就是自由发言。发言的内容围绕主题发言的话题，或提出批评、质疑、反诘，或提出补充意见与相左意见，或提供新的信息与思路。研讨班的特点是有一个比较集中的主题，问题和思想比较集中，有利于提高效率，集中精力把一个问题搞深搞透。

第三种常见的讨论形式就是学术研讨会。研讨会的规模一般比较大，大的研讨会往往按具体问题（领域、方向）分不同的分论题；根据参与者的国籍，还可分为国内研讨会和国际研讨会。例如，第 24 届世界哲学大会 2018 年由中国举办，北京大学承办，大会的主题是“学以成人”，又分为 10 个专题：仁、团契、爱、心；心灵、大脑、身体、意识、情感；在边缘处的哲学：控制、自由、团结；权利、责任、正义；人类、非人类、后人类；科学、技术、环境；创造、符号、美感；理性、智慧、善的生活；表达性、对话、可译性；差异性、多样性、共同性。

比较规范的学术研讨会往往是“群贤毕至”，集中了该领域优秀的专家学者。这有利于与会者在较短的时间内，以较集中的形式了解全国乃至全世界在某一领域的研究概况和动向，有利于直接和迅速把握同行的研究动态，并商讨进行多方面交流合作的方式、途径与可能性。

哲学讨论重在辩论，重在不同思想、观点的交流甚至交锋，这种交流和交锋有利于把对问题的思考引向深入。哲学讨论的目的包括：首先，通过不同意见、不同视角、不同理解的互补，使我们对哲学问题的把握更具体、深入和丰富。其次，通过不同观点或意见的辩驳、反诘，帮助我们弥补思想、观点、逻辑等方面存在的问题，发现错误并加以改进。再次，通过不同观点、意见、视角和思维方式的互相撞击，我们也许会有新的理解、新的发现。最后，通过对不同意见的综合检讨，我们也许会发现，问题不在于这种或那种观点对或错，而在于我们的思维方式、基本前提或问题提法存在问题，应该转换话题、话语、思维方式等。

哲学的讨论重在把对问题的理解引向深入，得出更科学、合理的结论，而不是仅仅以驳倒对方为目的。讨论会不同于辩论赛。辩论赛是要分胜负的，每一方都要想方设法说明自己对、对方错，常常给人“一根筋”“认死理”的感觉。当然，辩论赛的规则就是那样，但明智的哲学讨论不应是这样的。哲学讨论的参加者不能太固守己见，自说自话，而要博采众长，互相启发，要善于吸取对方有价值的东西，敢于正视自己的弱点或问题，取长补短，不断改进。真理往往在二者之间，我们会发现对立的双方都存在共同的问题，因而需要转换讨论的话语、问题的提法和考虑问题的思路。

二、哲学研究的聚焦和专题化

相对于正式的研究工作来说，哲学的思考和讨论是比较模糊、笼统、零散的。它们是哲学研究的前奏和必要的准备工作。哲学研究要在此基础上进一步集中和深入，这就是研究的聚焦和专题化。

1. 哲学研究的聚焦

深入进行哲学研究的第一步是问题的聚焦。“聚焦”本是一个光学概念，指的是控制一束光或粒子流使其尽可能会聚于一点的过程，光或粒子流集中的某一点就是焦点。所谓研究视野的聚焦，就是把我们的研究方向集中对准一个“焦点”，从比较笼统、零散和杂乱的问题群中把关键问题或主题凸显出来，使之清晰化、具体化、明确化，并以此作为思考的焦点。对于研究者来说，我究竟想研究什么？问题的实质究竟是什么？这个问题究竟从什么意义、什么角度、什么层面、什么方式上研究？现实、生活、事实中的问题是丰富的，也是粗犷、原始和杂乱的，我们对它得有一个提炼、集中和具体化的过程，得把问题、思想集中到焦点上。这好比采矿，我们了解到这座山里有金子，但我们不能指着一座山说：这就是金子！我们要找出金矿的具体位置和地层，并且开采、提炼。

问题的聚焦即问题和主题具体化，通常有两种方式：一是讨论的问题范围适度缩小，二是提炼出一个尽可能清晰的核心命题。

把问题集中，涉及的范围缩小，以便更深入地讨论该问题。讨论问题的面小一些，我们才好集中精力往深里挖掘。如果问题太泛化以至于面太宽，就只能蜻蜓点水，浅尝辄止，什么问题也解决不了。初学者往往把研究题目定得很大、很泛，短短一篇文章就要包罗万象，面面俱到；或者试图讨论一些很宏大的问题，似乎想在一篇论文里就把宇宙本质、人类社会发展规律说清楚。这说明我们的思想指向还没有聚好焦，所要研究的问题还没有提炼清楚，究竟想说什么还比较盲目、茫然。

比如，我们想研究比较哲学的问题。如果我们把研究的题目定为《中西哲学比较》，这就太大、太泛了，不着边际。如果我们把问题的范围缩小，比如说，研究题目定为《中国先秦哲学与古希腊哲学的比较》，这个问题比上一个问题具体些，讨论起来就会深入些。不过，这个问题仍然太泛，还需要进一步聚焦。可以进一步把问题集中，研究这样一个题目：《自然而然：老子的“道”与赫拉克利特的“逻各斯”的比较》，这个问题就更具体、更集中了。

尽可能明确一个视角，或者提炼出一个观点（核心命题），是聚焦的又一种常见的方式。我们可以不局限于研究哪些范围的问题，但可以集中从某个角度，或用某个观点去讨论问题。这样的聚焦可以更具体、更集中，提炼出一个基本观点、一个核心命题。这一观点或命题像一条红线贯穿全文，我们所研究的全部内容就是以它为灵魂，从而构成有机整体的。

例如，中西美学的比较是一个很大、很笼统的问题，泛泛而谈肯定是不行的，所以需要聚焦。但我们现在不是要把问题的涉及面缩小，而是要把这样一个问题搞得更明白、具体些：我们究竟想从什么角度、什么意义上比较中西美学？有人提出，中国审美文化重在一个“妙”字，西方审美文化重在一个“美”字。“美”和“妙”显然有不同的情趣，追求不同的审美感受。那么，我们就可以从这样一个角度深入研究下去：“美”和“妙”各有什么特点、情趣、意蕴，等等。至于这一研究涉及的材料是中国的书法、绘画、诗歌，西洋的雕塑、建筑、油画，还是其他艺术形式，可以由思想展开和论证的需要而定。

显然，与前一种聚焦方式不同，后一种聚焦要以较深入的初步研究为前提。只有具有了一定的准备和基础，我们才可能提炼出一个较具体的视角、观点或命题。这看起来似乎矛盾：究竟是先聚焦课题然后研究，还是先研究后聚焦？先聚焦问题，然后深入研究，这个步骤只是大致情形。实际上，这两个阶段不可能截然划分开，毋宁说我们常常是边思考边聚焦，在思考的过程中使问题逐渐明晰和具体起来。研究问题的过程也就是聚焦的过程，反之亦然。我们阅读相关资料，讨论和思考问题，同时也就是在研究问题。如果把我们要研究的主题、视角提炼清楚了，那么对它的内容也就理出了个大体的思路，剩下来的事情就是使之更系统、更具体，进而如何用语言文字把思想清楚明白地表达出来。

2. 哲学研究的专题化

所谓哲学研究的专题化，就是围绕一个主题、遵循一定的专业规范自觉持续进行哲学研究。通过聚焦，我们有了比较明确的问题和主题，接下来要做的，当然就是在这个方向上怎么研究，如何依专业规范有序并有效进行研究。哲学研究的专题化有以下几个特点。

（1）自觉性。研究的自觉性，即自觉地按照规范和程序进行研究，而不是自发地甚至盲目地进行研究。没有经过专门训练的人，有的也很有哲学灵感，能研究和思考一些哲学问题。但是那种研究大多是自发的，研究的问题、课题、方法、思路大多不合学术规范，比较杂乱，缺少章法。进行哲学专业训练，培养哲学素质，就包括使我们的研究和思考由自发到自觉，自觉地按照哲学专业规范进行研究。

（2）规范性。研究的规范性，即按照学术规范或范式进行研究。美国科学哲学家托马斯·库恩（Thomas Kuhn，1922—1996）认为，成熟的科学就是形成了一套科学的“范式”，即在科学共同体中大家认同的概念、方法、标准和价值等构成的整体。哲学研究也有它的范式——概念、话语、方法、问题、价值标准等。这些范式一般是经过多少代哲学家提炼出来并为共同体所普遍认可的，也是比较深入、系统和严谨的。我们的研究必须在这个基础上进行，而不能抛开它，自己随意搞一套。不经过专业训练，脱离主流规范，其话语、问题、方法、规则等一般都是不成熟的、混乱的、怪异的，谁也不明白，谁也不承认。当然，这并不是说，我们不能提出新“范式”，不能突破原有的框架。哲学的学术规范也需要创新，这是没有疑问的。但要提出新的概念、新的话语和新的规则，必须慎重，要经过深思熟虑、严格论证，得到学术共同体的公认。除非新范式明显优于过去的范式，否则还是用原有的好。

（3）连贯性。研究的专题化，不仅表现在按专业范式进行研究，还表现在问题和思路与已有的研究呈“继往”和“开来”的关系。专题性研究是在完整深入地掌握学术界已有成果基础上进行的，我们先必须熟悉“行情”：别人做了哪些工作？取得了哪些成果？解决了哪些问题？已有的研究存在哪些不足？还有哪些问题没有解决？这样我们才知道接下来该怎么做。熟悉学术界的“行情”，还有利于我们借鉴别人的成果，从已有研究工作的得和失中受到启发，发现新的问题、新的突破口、新的生长点。通过总结经验，吸取教训，可以使我们比前人做得更好。如果不清楚“行情”，就可能研究人家早已研究过的问题，低水平重复人家的研究成果，那样的研究即使出成果，也是做无用功或无效劳动。

哲学研究的专题化是研究聚焦的继续。在这个环节上，主要应做以下工作：第一，明确论文的主题、中心思想、大体思路、关注焦点。第二，如果是较大的课题，论文涉及内容较多，应对其进行分析。例如，该文包括哪些部分（问题、分支、子课题），分哪些步骤或层次展开。第三，文章的重点、难点、创新点是什么，需要突破和解决哪些问题。第四，确定研究的方法、步骤等。

三、哲学研究中的假说方法

科学研究中经常运用假说。假说就是依据一定的客观事实，以及一定的学术（科学）规则，对某一未知现象所做的假设性解释。假说介乎严格的论证和初步的设想之间：这种解释尚未被最后证明，因而还不是科学的定律或原理，还有假定、设想的成分；但又不是凭空想象，它有系统的事实根据，并且是按照科学的推理得出来的结论。例如，恐龙为什么会在距今6500万年前后灭绝？有的科学家认为，这是由于当时一颗小行星撞击地球，导致整个地球的生态灾难造成的。这一说法当然不是毫无根据的想象，但也没有得到完全证实，所以才是假说。假说是科学发展的重要推动力。

哲学研究也需要运用假说的方法。使用假说的方法，就是在初步研究的基础上，根据材料、事实和其他依据，按照科学的和合乎逻辑的思维，对哲学问题做出初步的解释。

在哲学研究过程中，我们的哲学思想和哲学解释并不是机械地一步一步推出来的，在阅读、讨论、思考的过程中产生灵感，形成想法，得出某种尝试性的解释，这是通常做法。而这种灵感、想法、解释的清晰和具体化，就是哲学假说。

一般来说，提出哲学假说需要遵循这样几个规则：

（1）必须对哲学问题所涉及的知识背景、问题背景有较深入的了解，特别是对前人在研究相关问题时的所得和所失有较深入的了解。哲学假说不是凭空设想，不是毫无根据的臆测，而是在前人的哲学讨论的基础上提出的。学术界已有的研究成果，既是我们提出假说的问题背景和思想背景，也是支撑我们的假说的资料和材料。例如，如果我们不认真读书，就提出这样的假说：中国古代没有纯粹以求知为目的的哲学，所以中国的思想和科学后来衰落了。这样的假说显然是极不严谨的，不符合中国古代思想历史的事实。事实上中国古代有这样的哲学，如墨家哲学。

（2）哲学假说必须建立在充实的材料、证据基础上。这些材料既包括思想资料（其他哲学家的著作和论文），也包括实证性材料（如调查报告、案例）。材料和证据可以从正反两方面看：从正面看，就是检讨我们的假说有没有充分的根据，有没有坚实的材料和事实的支撑。哲学假说不能凭空想象，不能搞“独断论”，必须从尽可能充分的事实根据出发，结论要站得住脚。从反面看，就是检讨自己的假说是否存在反例，是否有其他的事实否定我的论点。如果存在明显的反例，就要重新考虑我们的假说。

（3）哲学假说的提出，既要解放思想，另辟蹊径，不被既有的思维框架所束缚；又要实事求是，严密论证，以理服人。胡适（1891—1962）曾提出一个说法：“大胆假设，小心求证。”这句话简明扼要，把设立和论证假说的两方面要求综合起来，是十分精辟的说法。假说有假设的成分，它需要想象，需要勇于创新，敢于突破传统的思维框架和价值观念。尤其是对哲学这门以批判和反思为特点的学科来说，更需要解放思想，不要被旧的框框所束缚。同时，哲学假说又必须是严肃和严谨的。任何一种假说的提出，都既需要充足的事实根据，又需要严格的逻辑论证。论证的严谨和严格表现在：一方面，严格检查自己的推论是否合理，是否符合逻辑，根据是否充足，立论是否站得住脚；另一方面，所提出的论点是否经得起推敲，是否存在纰漏，是否可以被驳倒，最终要靠哲学与科学的不断发展和实践的历史进程来检验。

（4）敢于否定自己不能成立的假说。假说毕竟是假设，还不是最后的定论。而且哲学与科学不同，它几乎不存在绝对的最后的定论。在哲学假说中包含纰漏、错误、不合理之处，是完全正常的。因此，在进一步研究的过程中，如果我们发现自己的假说存在严重的问题，就应该勇敢地否定之。虽然敝帚自珍是人之常情，但一个真正具有反思精神的哲学工作者，应该有起码的实事求是和自我批评的学风。

四、研究成果的创新要求

1. 创新是学术研究的本质特征

思想文化通常有两种类型，一种是创新型的，一种是消费型的。创新型思想文化表现为研究问题、解决问题，提出新的思想、观点和方法，把我们的思想文化推向前进。从事这方面的工作，就是学术研究。消费型思想文化表现为利用既有的思想文化成果进行精神“消费”，这种消费包括宣传和大众消费两种形式。宣传就是利用某些既有的研究成果，为传播特定主体的思想、申述特定主体的要求服务；大众消费则是把某些既有的研究成果转化为一种通俗的、大众化的思想文化消费。一般来说，消费型思想文化没有思想本身的创新，不属于严格意义上的学术研究。

学术研究的目的是探讨问题、解决问题，把既有的思想理论推向前进。因此，发现新的问题、提出新的思想、得出新的结论、发现新的材料、转化新的视角或话语等，是学术研究的基本特征和基本要求，这些都属于学术研究的创新。创新是学术研究的基本要求和本质特征。如果我们把学术研究比作接力赛，创新就是接过前人手中的接力棒往前跑。至于跑得快还是慢，跑得远还是近，那会因每个人的能力、禀赋而异，无法强求。但一定得往前跑，如果没有往前跑，只是原地踏步，简单地重复、解释、宣传前人或他人的思想，那就不是真正的学术研究。

2. 哲学创新的具体内容

创新是哲学研究的本质特征，也是对哲学成果的基本要求。没有任何创新的重复性的东西，虽然讲的也是哲学话语，但不能算哲学研究成果。例如，许多哲学教科书、考研辅导材料，大同小异，那是为宣传、教学、考试服务的资料，当然也是社会所需要的，但不是严格意义上的哲学研究成果。当代中国哲学研究存在的一个主要问题，就是哲学创新能力和创新成果不足。尤其是在新时代，面对新情况和新问题，哲学研究的创新更为重要。哲学成果的创新是多方面的，包括发现新的哲学问题，提出新的哲学思想，提供新的哲学材料和做出新的哲学论证，创新哲学研究方式方法，等等。

哲学创新的第一种形式，是发现新的哲学问题。这是对流行的哲学思想、观点、方法、思维方式、理论基础等提出质疑，揭示其中包含的缺陷、矛盾、问题，发现并指出其不足乃至错误、荒谬之处。这样的研究成果也许没有正面的理论建树，没有得出建设性的结论，但它从人们习以为常的观念中发现问题，动摇了传统哲学思维的基础，从而为哲学的进一步发展打开了缺口。从一定意义上说，发现问题比解决问题更难，因而其意义也更大。而且，越是基础性、根本性问题，它所具有的创新意义也就越大。

哲学创新的第二种形式，是哲学思想的创新。作为最常见的一种创新形式，思想创新就是提出自己独到的思想、观点、见解，这些思想、观点、见解是原有哲学所没有的。通过这种思想创新，我们会把对哲学问题的认识，进而把整个理论思维向前推进。思想创新需要解放思想，实事求是，深入思考。马克思主义哲学就是在人类思想史上实现了伟大变革，特别是其关于人类社会历史规律的学说和对资本主义社会的批判不仅是独创性的思想，更引发了人类社会实践的变革。事实上，哲学史上那些有建树的哲学家，大多都是因为他们提出了独创性的思想、观点、方法。

哲学创新的第三种形式，就是为既有的哲学观点、思想提供新的材料和进行新的论证。发现、提供新材料，做出新的有意义的论证，目的是强化一种原创性思想，使之更丰满、更完善、更成熟，使其根据更充分、更有逻辑力量，影响也更大。因为，一种哲学思想即使很深刻，富有智慧，倘若没有充分的展开和完整的论证，它的思想力量和逻辑力量是很有限的。尤其在今天这个信息时代，再深刻、再充满睿智的哲学思想，如果没有充分展开和完整论证，就很可能被淹没在信息的汪洋大海中。因此，对一种原创性的哲学思想，我们也需要反复、系统和深入地继续研究，提供新的材料、做出新的论证。

我们知道，马克思的思想具有强大的原创性，但由于他精力有限，在某些方面如自然观方面没有系统的研究，而恩格斯弥补了这一缺陷，完成了《自然辩证法》，建立了马克思主义的自然观。弗洛伊德很早就提出了关于人性的基本观点：支配人的行为动机的主要是人格深处的潜意识——被压抑了的性本能。他的这个思想提出来后，遭到世人强烈的指责。但弗洛伊德仍坚持深入研究，不断发表作品，用毕生精力来论证其基本思想，使精神分析学成为影响巨大而深远的一个哲学和心理学流派。试想，如果弗洛伊德只是提出他的观点而没有不断的论证，其结果很可能是：只有极少数人在不经意中偶然读到，并随即把它当作奇谈怪论扔到一边。

哲学创新的第四种形式，是研究方式方法的创新，转换哲学的视角和话语体系。这种哲学创新不是在原有的思维框架下提出新的思想、观点、见解，也不是以原有思维方式、思想方法进行思考，而是方法、视角、话语、思维方式、价值体系等的根本变革。哲学发展中的这种创新，典型地表现在现代哲学对传统哲学的扬弃上。

西方传统哲学，即从柏拉图哲学到黑格尔哲学，都建立在形而上学的基础上，即认为在具体世界之上有一层形而上的依托，哲学的主要任务是解释这种形而上的东西以及它与具体事物的关系。现代哲学不再是在这个形而上学基础上解释世界是如何的问题，而是对哲学假设这么一个基础提出批评和否定：根本不存在形而上的世界，真实的就是具体的世界。哲学的根本任务不是解释形而上，而是说明我们如何借助语言（语言哲学、分析哲学等）或人的实践（实证主义、马克思主义等）使得世界作为现实的世界生成。前一个转换哲学界通常称之为“语言学转向”（linguistic turn），后一种转换有人称之为“实践转向”（practical turn）。

3. 研究成果如何创新

研究哲学的人们当然希望拿出有创新意义的成果。但哲学的创新却没有一套专门的可实际操作的技巧，否则大家都把这一心诀背熟并照着做，就可以“批量生产”新思想了。当然，这也不是说哲学创新就完全“不可说”。大体说来，哲学创新应遵循如下原则。

（1）立足实践，关注现实生活。我们的思维方式和思想框架是相对稳定的，但现实生活却是生机勃勃、日新月异的。生活和实践是思想、学术生命力的真正源泉。实践是认识的基础，在实践中发现问题和提出问题，对实践经验进行理论概括和总结，通过实践检验和发展理论，是科学研究首要的基本的原则。作为“时代精神的精华”的哲学更要善于发现和思考生活中的问题，按照客观事实本身的逻辑来理解和解释人与世界，提出和思考新的哲学问题、思想、思维方式、方法等。今天，人类的社会生活和实践正在发生巨大的变化——社会发展、现代化、全球化、信息化、生态危机、“文明冲突”等，如果我们深入这些实践中去进行哲学研究，哲学创新就大有希望。

（2）以分析、批判和反思的心态研究哲学。在我们的视角、思维方式、价值观念中，难免存在一些僵化的教条和框架。由于它们是深层的，不是具体的思想、观点，而是框架、模式等规定格局的东西，所以在束缚我们时，我们往往不知不觉。而发现自身的这些束缚，理性地超越这些教条和框架，正是哲学思维的任务。哲学既然担当着我们的思想和价值解放的任务，它自身也就要率先解放自己。哲学不仅要超越旧的教条化的思想和价值，更要注意超越旧的思想方式和价值观念的框架；哲学不仅要提出新的思想和价值，更要注意创造新的思想方式和价值观念的框架。实际上，我们的许多理论问题长期得不到解决，研究没有进展，没有创新，往往主要不是由于问题本身的困难，而是因为我们为旧的框架所限制。如果我们转换视角，改变总的思路或思考框架，在“山重水复疑无路”的地方，很可能发现“柳暗花明又一村”。

第二节　哲学写作：研究成果的表述

哲学写作是把自己的哲学思想、研究成果以文字的方式表达出来。我们进行哲学研究的结果，形成了明确、系统的思想，有了哲学心得和体会，就一定要表达出来。哲学不是无语的内心独白，而是社会文化的事业。如果我们把思想和感悟通过文字形式“外化”“物化”“对象化”出来，就可以把内心的精神状态转化为客观的信息存在形式，使之获得超个体、超主观的存在形式，成为人类思想文化的一部分。这就是哲学写作作为文化现象的实质。

一、哲学写作的个人意义和社会意义

1. 哲学写作的个人意义

对于个人来说，哲学写作的意义首先在于表达我们的哲学思想，使主观世界客观化、内在思想外在化、个体社会化。

我们对哲学的研究成果，最初存在于我们自己的心理世界。它是主观的、内在的、个体的，相对于文字表述来说，它还是混沌的、非直观的。这样的哲学思考成果，我们个人能体悟得到，但却无法让其他人也体悟到，因而它

的力量和影响就是很有限的。借助于写作，我们不但能把自己的内心世界系统、清晰和完整地表达出来，还能创造一种客观的文本，一种外在于我个人的客观存在。这一文本依附于某种物质载体，作为客观的存在超越了我的个体的限制而得以广泛传播。于是，写作成果的问世超越了主观、内在、个体，是主观客观化、内在外在化、个体社会化的过程。

有些哲学家认为，最高、最本真的东西（“道”“禅”等）是无法用语言文字表述的，因而主张“不立文字”；有的哲学家强调，对“不可说”的神秘世界要保持“沉默”（维特根斯坦）。的确，书不尽言，言不尽意，世界的奥秘是我们的语言文字无法穷尽的，写作也不能完全表达我们内心的哲学感悟和哲学境界。但因此而否定言说和写作，则是没有道理的。如果语言文字不能表达思想，那么还有什么方式可以表达思想？假如没有文字，没有运用文字工具的写作，我们的思想就难以表达和交流。于是，每个人的哲学思想就只能在内心中存在，至多在少数人的圈子里交流，是孤立和零星的。那样的思想火花一闪即灭，难以持续，不可能汇集起来，形成人类的哲学智慧。

写作不但能表述思想，而且能整理和强化并提高我们的哲学思维水平。相对而言，我们的思想是沉睡的，写作使它苏醒起来；我们的思想是晦暗的，写作使它显现出来；我们的思想是混沌的，写作使它清晰起来。在写作过程中，我们的思想不断外化为文字，外化成客观呈现的信息。我们还可以借助这种文字和信息，反观内心，召唤隐藏在内心中“犹抱琵琶半遮面”的思想。这样，被表达出来的文字就成了挖掘和整理内心中混沌、模糊、不系统的思想的工具，成了一座向深邃的内心世界不断延伸的桥梁。

言为心声，文则为心声的文字表达。论文、著作是我们内心世界的反映，是我们的个性、修养和思想、境界的呈现。要写出好的作品，不仅要有好的思想观点，还要培养良好的心性。从事哲学写作，需要纯洁我们的心灵，提升我们的人格，陶冶我们的性情。有独立的人格，有正确的世界观、是非观、善恶观、美丑观，有强烈的社会责任感和历史使命感，有了这样的心性和人格基础，才能写出好的哲学作品。

2. 哲学写作的社会意义

个人内心的哲学思想以文字的形式表现出来，进入社会，便获得了社会的功能和意义。宣传、传播是写作的基本目的。写作并不是单纯为了给自己看，不是孤芳自赏，而是向社会宣传和传播自己的研究成果。明代李贽（1527—1602）著《焚书》《藏书》《续焚书》《续藏书》，但他的著作并没有真正焚烧掉，也没有藏严实，还是流传下来了，所谓“焚”与“藏”，不过是愤懑之语而已。即使标榜“不立文字、以心传心”的禅宗，也留下了《坛经》这样的经典著作。

由于写作，我们主观世界的哲学研究成果便转化为客观世界的文化存在形式。借用卡尔·波普尔的话说，这是由“世界Ⅱ”转化为“世界Ⅲ”，我们的思想采取了超主观、超个体的形式，超越个体的局限而获得了主体间性和社会性，超越了小我而进入大我。由于有了写作，写作者就可以把自己的哲学思想融入社会和历史，个人的思想便有了超个人的意义与力量。个人的生命是短暂的，交往的范围是有限的，思想的内涵是相对匮乏的。但通过写作，通过作品的发表与交流，无数个人的思想就融汇成一个整体，哲学思想和智慧便有了超越性力量。人们的哲学思想积累起来、传播开来，成了民族的哲学和人类的哲学，有如星星之火聚集起来，形成燎原之势。

写作既然是把自己的哲学思想传播给社会，流传给后世，那么，作者就应该为自己的作品负责，应该预计并承担作品所引起的社会后果。这个责任主要是道德责任和思想文化责任。写作必须有这样的目标，那就是：提高思想文化的品位、层次和境界，而不是相反；增进社会的进步、健康和美好，而不是相反；增进人类的智慧、真理和幸福，而不是相反。

由于写作是把自己的哲学思想传播给社会，所以在写作时，我们要有一种神圣的使命感和责任心，用我们的良知和心血去写作，而不能胡诌一些应时之作、媚俗之作，不能为了一些其他目的和利益（评职称、博虚名、赚利益、谋权力）而写作。我们应该对我们的写作后果持一种慎重感，甚至敬畏感。因为文字是要超时空传播的，如果不以虔诚恭敬的态度写作，作品不是内心思想情感的真实流露，那就是对写作的亵渎，对历史和社会的不敬。所以写作一定要诚意正心，恭敬为之，怀着深沉的历史使命感和社会责任感写作，对得起自己的良知，经得起社会和历史的考验。遗憾的是，在文化往往流于浮躁的时代里，有很多“写作”粗制滥造，低俗媚俗，制造垃圾，凡对社会、历史和文化有责任心的人都会为此痛心疾首。

二、哲学写作的形式和内容

专业的哲学写作有比较严格的学术规范。这种规范既体现在形式上，也体现在内容上。

1. 哲学写作的形式

哲学写作的形式，是指哲学论著在话语、文体、结构、风格、展开过程等外在形式方面的特点。

（1）话语形式。哲学写作要从一定的“话语背景”出发，符合一定的话语形式。或者形象地说，你的作品讲的是哪个门派的行话。比如说，一篇讨论环境问题的论文，是从哲学原理（自然哲学、自然辩证法、人与自然的关系、主客体关系等）的话语出发，还是从技术哲学、环境伦理学的话语出发。除了不同学科的话语形式外，还有不同流派的话语形式，不同的流派对同一问题会有不同的话语形式。

哲学写作为什么强调话语形式？一方面，不同的话语代表着不同学科、不同研究方向、不同的逻辑理路以及不同的问题焦点，采取一种话语形式，意味着我们把思想融进既有的知识系统；另一方面，不同的话语背景是古今中外的哲学家们苦心经营起来的，一般来说，每一个问题都经过深入思考和反复讨论，比较成熟。当然，这不是说传统的话语背景是不可突破的，而是说我们必须在接受、继承前人话语的基础上才有可能批判、创新，而不能不顾这个前提和背景，自说自话，我行我素。

（2）文体形式。最常见的文体是规范的学术论文。此外，还有一些较为灵活的文章形式，例如笔记、对话录、讲演录、随想录、哲理诗或哲理散文等。这些文体既有共同的形式，也有不同之处。

规范的学术论文是提出问题、研究问题并且解决问题的论文形式，它的特点是以思想见长，要求概念清晰、问题明确、分析深入、论证符合逻辑。

规范学术论文的语言一般都比较平实、严谨、理性。它不追求激情，即使有激情也是一种理性的激情，通过思想的震撼力体现出来，而不是依靠语言的铺张来表现；它不刻意追求辞藻的华丽、文笔的优美，论文之美是以智慧和洞察力体现出来的厚重的理性的美。学术论文以思想见长，力求以严谨的语言系统表达成熟的思想。这种思想应该是深刻的、有根底的，讲那些浅薄的、庸俗的泡沫话语，不是学术论文应有的品格；这种思想应该是新颖的、有独创性的，讲那些人云亦云的陈词滥调，也不是学术论文应有的风格。

哲学思想的展开是冷静的、清醒的、理性的，它的概念是严格、清晰而具体的；这种思想的论证所用的是客观、严谨、理性的学术语言，完全以摆事实、讲道理的姿态说话。学术论文的展开和论证应以逻辑力量见长，或如雷霆万钧，势不可挡；或如抽丝剥茧，层层深入；或如春雨“润物细无声”；或如芝麻开花节节高……哲学论文由于是在较高、较深或较普遍的层面上讲话，因此它的概念、话语、思想的概括程度高，涵盖面较广，统摄性较强，因而比较抽象甚至显得有些晦涩。其他一些文体形式也要以较严谨的形式表达较深刻的思想，但与学术论文相比又有各自的特点。我们以对话录、讲演录和哲理散文为例做一些分析和比较。

对话录通常以两个人乃至多个人对话的形式展开论述，可以是一问一答，也可以是双方互相辩论和反诘。与规范的哲学论文相比，对话录更加符合口语习惯，较为轻松自由，语言也较为通俗。由于对话是两个人或多个人讨论问题，因此一个思想、观点可以从不同的角度、从正反两个侧面展示。在问答、辩论中，文章把问题的方方面面展示出来，使这些观点有可能引起的怀疑、诘难或困惑，在讨论过程中即有所交代或得以解决。古希腊柏拉图的哲学著作，基本上都是以对话录的形式（多是苏格拉底与其他人进行对话）加以表达，创造了对话体哲学表达形式的不朽典范。

讲演录是以讲课、做学术报告的内容为基础整理成的，与对话录有些类似。讲演录也比较符合口语习惯，语言表达较为通俗，行文相对自由和松散，思想常常表现出一定的跳跃性等。一般来说，从表面看，讲演录的论述和论证逻辑不是很严格的，但若透过语言轻松灵动的外表揣摩其中的思想，应当承认讲演录仍有严格的内在逻辑。

哲理散文一般是以比较松散、自由的形式表达作者的哲学思想和感悟，常常是分节分段地写，一节或一段讲一个较集中的思想或问题。从表面看，各节或段之间没有紧密的内在联系和逻辑关系，比较零散；但从深层看，文中思想和逻辑的关系也是严谨的，只不过这种思想和逻辑关系要通过深思、揣摩才能得到。哲理散文也不必苛求学术论文通常要求的其他形式——引文、逻辑、论证过程和参考文献等，这就使得文字更加自由地随着思想信笔走来，没有拘束。哲理散文的语言要比规范的学术论文轻松些，文笔也比较优雅，有的哲理散文也是优美的文学作品。尼采的著作是这方面的典范。

（3）叙述形式。哲学论文通常可以分为论证型和描述型两类，也有兼具这两种类型的混合型叙述方式——夹叙夹议。不同类型的论文，叙述形式也有差异。

论证型叙述形式，是直截了当地提出自己的思想、观点（包括反诘和质疑性的）并展开论证。例如毛泽东的《矛盾论》，就是要提出并论证他对矛盾即对立统一现象和规律的思想，采取的是比较典型的论证型叙述形式。论证型叙述形式一般包括这样一些过程：

其一，提出论点，即提出一个或多个思想、观点。在《矛盾论》中，阐明矛盾的同一性和斗争性的思想、内部矛盾和外部矛盾的思想、矛盾的普遍性和特殊性的思想，等等。

其二，提供论据，即支撑论点的事实、材料、根据等。无论是正面建立自己的观点，还是反驳对方的观点，都必须有充分有力的论据支撑。

其三，进行论述，展开论证。论述和论证的任务是：对概念进行适当的界定，并进行解释；把思想、观点阐述和解释明确，并系统地证明该思想、观点；对要反驳的思想指出其问题、漏洞、不足，并证明为什么这是它的问题、漏洞、不足，等等。论述和论证要求事实、材料充分，推理符合逻辑——符合归纳法则、演绎法则、充足理由律等。

描述型叙述形式，则是以客观地介绍、转述某一哲学思想或某一哲学活动为主的叙述方式。有关哲学史的论文，评介某一哲学家、哲学流派的论文，学术研讨会的介绍、专题研究综述等方面的文章，大体上属于这种形式。当然，这种介绍不一定是平铺直叙的、记流水账式的罗列。这种叙述形式一般要求客观、准确和系统地介绍与梳理、阐发、评论相结合。

对描述型论文来说，客观性是其第一要求。你可以不同意别人的观点，可以批评他的观点，但不能曲解他的观点，不能断章取义，不能把自己的观点强加于人，评介者自己的立场、意见与被评介者的思想不能不加区分。

准确性也是客观性的表现，只不过准确性侧重强调把握的精确性、正确性，强调哲学家的话语与评介者的话语的对等性。这是因为，哲学的命题和思想往往差之毫厘，谬以千里。表面看差不多，实质上差很多。这就要求我们认真揣摩哲学家的本意，叙述时不能走样或走调。

系统性是要把握各种概念、观点、思想之间的关系，把哲学家的思想当成一个活的有机整体，透过表面语言的烦琐甚至杂乱，把握其内在逻辑结构和思想关系。

要做到客观、准确和系统地叙述哲学家的思想或哲学活动的实况，并不是轻而易举的事，有许多工作要做。

第一，仔细剖析和阐述每个概念、命题、思想究竟是什么意思。有时还要做字词考据，这种考据是枯燥、烦琐和沉重的。如要把“本体论”（ontology）这个词搞清楚，几乎涉及柏拉图以来的全部西方哲学史，以及一百多年来中国的西方哲学研究。

第二，挖掘哲学家深层的思想和逻辑。有些思想从字面上看不清楚或不清晰，这就需要评论家阐发它的“微言大义”，把它潜在的意思发掘出来。一部论著（尤其是像尼采、维特根斯坦那样的表层逻辑比较松散的著作）表面的话语逻辑与深层的思想逻辑是什么，各个思想和各个概念之间的关系如何等等，需要尽可能交代清楚。

第三，还有一类哲学论文的内容是点评哲学家及其作品，如评论其风格特点、成就得失、思想演化轨迹，某一哲学思想与其他哲学家思想之间的关系，其哲学思想与哲学家的时代、社会和个人生活之间的关系，等等。

（4）其他技术性要求。哲学论文写作还有一些技术性要求，如编写内容摘要和关键词；引文准确，并注明出处；引用或转述别人的思想，应该有助于论证自己的思想；需要说明的人物、事件、术语，以及不适合在正文中叙述，但又有参考意义的文字内容，应在页脚或文尾加注释；必要时需列出与本文相关的参考文献，等等。

2. 哲学写作的内容

哲学写作的内容指所撰写的哲学论著在问题、思想、论据、逻辑等内在要素方面的特点。哲学写作的内容主要包括以下各个方面。

（1）问题。哲学写作不是空穴来风，总是要有指向、有针对，而指向和针对的就是问题。我之所以要写这篇文章，是因为我发现了某些问题，这些问题用惯常的思维无法理解，用以往的理论无法解释，按传统的行为方式无法解决。这些问题如此困扰着我们，以致我们不解决它就感到困惑，无法进一步展开思考或行动。发现这样一些问题，把这些问题清晰地提炼出来加以讨论，是哲学写作的基本任务。

写作一定要有问题，才能有的放矢，要带着问题意识去写，为了提出或解决问题而写。只有对象，没有问题，只是罗列一些概念，提出一些观点（由于没有明确的问题，这些概念和观点一般也只能是人云亦云、毫无新意的），做一些解释，虽然也能凑成一个整体，但很难写出好的哲学文章。

（2）主题。主题是论文集中讨论的问题，是对这一问题的理解或解答，是一篇文章的展开所围绕的中心。对于一篇文章来说，主题乃是其主干、线索、精髓，没有主题的文字堆砌不成其为文章。

主题是问题的聚焦，是问题进一步的具体化和明确化，它表达的是：本文讨论的问题具体说来指什么。我们要讨论一个问题，先得明确这个问题“指什么”（是A而不是B），然后才好说它“是什么”（给A或B下定义）。主题就相当于明确论文要讨论的对象“指什么”。

（3）基本观点。基本观点是一篇论文要所表达的主要观点和见解。从一定意义上可以说，基本观点是对主题的看法、态度、解释、意见，是论文得出的结论、哲学研究得出的成果。如果说主题是明确问题“指什么”，那么，基本观点就是明确问题“是什么”，即对主题怎么看。

基本观点是文章的灵魂，是论文所要贡献给学术界和社会的成果，也是哲学研究和写作的最终目的。撰写论文的关键就在于要把基本观点说清楚。一般来说，文章的思想、观点或见解越成熟、越深刻，也就越精炼。基本观点的理想形式，是提炼出一个具有普遍性的、能在文章中一以贯之的命题，这就是核心命题。如在毛泽东的《论持久战》中，"持久战"是文章的主题，而"中日战争是持久战，既反对速胜论，又反对失败论，中国必胜，日本必败"是核心命题。

（4）材料、论据。哲学写作应该有充足翔实的材料支撑，避免空发议论。这些材料、论据主要包括：第一，学术界对同一问题乃至相关问题的研究成果，一般用"文献综述"来概括。论文的写作必须与整个学术背景关联起来，要在总结概括前人和同时代其他作者观点的基础上提出自己新的观点。第二，客观资料，包括事实根据、案例、社会调查资料、统计资料和其他信息。这些信息资料通常是作者在研究问题过程中搜集总结的，是文章的思想赖以建立的基础和根据。第三，思想资料，包括为论文展开和叙述所必需的思想背景、知识背景、话语背景、问题背景，以及支撑论点的论据和其他思想资料。

材料和论据要充足翔实，但也不是越多越好，关键是要能必要而充分地支撑论文的核心观点。不能支撑核心观点的材料是废料，只有材料的堆砌而没有核心观点的论文是废墟。

三、哲学写作的方法论问题

这里所说的"方法论问题"指哲学写作中基本的和原则性的方法，而不是具体方法和技巧。哲学写作并没有固定不变、千篇一律的方法，不过我们还是可以列举一些基本原则。

1. 批判和反思的方法

所谓批判和反思的方法，是指哲学写作中应贯彻怀疑、审视和否定的精神，尤其是对前提、基础的批判和反思，对思维框架和价值根据的批判和反思。

我们知道，哲学的一个重要特点是对问题或理论的前提批判和反思，这一点必然体现在哲学论文的写作上。这一方法论原则要求我们以批判、怀疑、反思，特别是对前提、基础的批判、怀疑和反思的态度写作。就是说，哲学写作不是停留在表面和肤浅的层次上，而是追问前提和根据；哲学写作不是不假思索地接受某个命题，然后以它为基础展开自己的理论，而是以怀疑、审视和批判的眼光审视这个命题。哲学写作切忌"独断论"，而批判我们思维中的"独断论"正是哲学的一个重要特点。

2. 总体性和根本性方法

哲学不同于具体科学，它不探讨具体的实证性知识，而是从总体上和根本上追问知识、价值的基础、前提、方法论问题等，因此抽象性和统摄性是哲学的基本特点。这一特点反映在哲学论文的写作上，就表现为哲学叙述着眼于超越具体的“执”、“碍”和界限，而追求宏观大势、来龙去脉、发展变化、穷根究底的特点。哲学叙述不拘泥于一时，应有“究天人之际，通古今之变”的气魄；哲学写作也不拘泥于一事，应有总揽万物、统摄寰宇的胸襟。

但是，这一特点也容易造成哲学写作中大而无当、不求甚解、华而不实的学风，养成武断地、狂妄地、主观随意地“为天地立心”“为自然界立法”的学风。鉴于此，后现代主义哲学家反对哲学的“宏大叙事”，要求“解构中心”，主张多样化和游戏式的写作，是有一定道理的。但哲学叙事是否就因此放弃统摄、通观的特点，一味搞“碎片化”和“游戏式”的写作呢？恐怕不能从一个极端走向另一个极端。

3. 历史和逻辑统一的方法

所谓历史和逻辑统一，是说哲学思想展开的逻辑，应该与这个问题在历史上的发展相一致。历史从哪里开始，逻辑也就从哪里开始；历史如何演化，思想也就如何推演。比如，我们的世界是从无机物演化出有机物，再演化出生命，然后进化到人；黑格尔哲学大体也是如此。撇开其逻辑学不说，他的哲学思想展开的顺序是：自然哲学（机械性──→物理性──→有机性）──→精神哲学（主观精神──→客观精神──→绝对精神）。再比如，人类要生存和发展，首要和根本的是解决基本的生存问题——吃、穿、住、行等，所以要进行生产劳动。在生产劳动基础上，才有经济交往和社会交往，有了精神生活。历史唯物主义的思想逻辑，也大体是这么一个过程：两种生产（人的生产和物质生产）──→交往和交换──→经济关系和社会关系──→精神生活和精神生产……

这里有几点需要说明以免误解：第一，叙事的逻辑和思想的逻辑并不是机械同一的。叙事逻辑指文字表达的顺序，思想逻辑指哲学思想的内在关系。哲学写作要以较好的叙述逻辑表达思想逻辑。二者原则上是统一的，但也有差别和不一致，相对于叙述的逻辑而言，思想的逻辑是更为内在的和本质的，因而也更为复杂。第二，由于主体的立场、视角不同，对历史和逻辑的理解也会不同。黑格尔、马克思都赞同历史和逻辑的统一，但统一的方式和内容却不同。黑格尔认为统一于绝对精神，马克思认为统一于人的实践。

4. 诠释学的方法

诠释学（hermeneutic）最初是解释《圣经》义理的一种方法，后经伽达默尔等人的发展，演变为一种本体论的哲学。作为一种方法，诠释学强调的是不同于科学论证的意义阐释方法：它把对象当作文本，并通过对语言的解释而追求表层语言背后的深层意义。诠释学在哲学史的研究中很有应用价值。

例如，遵循诠释学的方法论原则，哲学史的叙事和写作应该注意剖析以下几层含义：其一，哲学家的表层语言究竟说了什么？这就是要把哲学家的原始文本梳理清楚，做必要的鉴别整理、去伪存真的工作。比如，毛泽东晚年提出了“无产阶级专政条件下继续革命”的理论，如果我们写这方面的论文，首先必须把他的原文及其具体背景、来龙去脉梳理清楚。其二，透过哲学家的表层语言，揣摩他实际上在说什么？其表层语言的外壳里包含的精神实质是什么？有些思想家，特别是那些具有矛盾性格的、处在历史转折点上的思想家，其表层意思与深层思想往往不一致。毛泽东晚年的思想，不能仅仅从表面语言去理解。在当时的历史环境中，他实际上可能是想说，如果执政党和官僚阶层蜕化变质，由人民的公仆蜕变为统治者，那么人民应该怎么办？应该继续革命。其三，作为研究者、写作者，我们如何评价哲学家的思想？我们从中感悟到什么？即使我们把握到了毛泽东晚年的深层思想，也不意味着赞同或者反对他的观点，要进行全面的评价。以上三个层面是不同的，在写作时不可混淆在一起。

第三节　哲学论文写作的步骤

哲学论文写作的步骤，大体包括：选题、立意、备料、构思、拟纲、分述、整合、修改、定稿。论文写作的质量是由写作过程中的每个步骤完成的质量来保证的。各个步骤之间包含着复杂的因果关系，形成一个哲学创作的动态的因果链条。每个步骤作为一个环节，环环相扣，成为一个整体。对此，可图示如下：

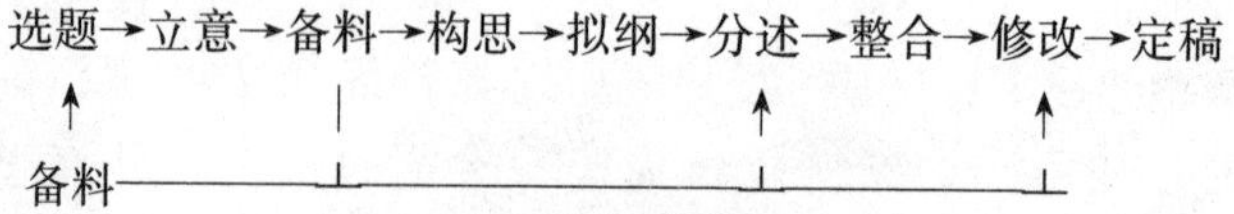

图 6-1 哲学论文写作的步骤

图 6－1 中，从选题开始，经过立意、备料、构思、拟纲、分述、整合、修改，最后到定稿，这是论文写作的主过程。同时，还存在着一个与主过程平行而又互渗的副过程，这就是备料，即查找、阅读、选取有关资料的过程。备料作为文献资料的阅读和积累，是研究者日常的功课。有些文章的选题可能就是在文献阅读的过程中产生的，或者是为一个选题的确定提供了文献的依据。选题前的备料和选题后的备料有所不同，但又同属于一个备料过程。这一过程的继续进行和作用的发挥，在后面写作的分述和修改两个环节更为明显。

一、选题与立意

1. 选题

需要强调的是：选题不等于标题，不一定是文章的题目，而是一篇文章所要讨论的问题或主题。先有选题后有标题，一个选题可以有多个标题，选题确定后一般不轻易变，标题可以继续推敲完善。

哲学写作的第一步是要选好题。万事开头难，选择一个好的题目是写好哲学论文的一半。选题决定文章写什么，即写作的方向、目标、对象。文章写作的内容，甚至写作结果的面貌，从根本上说是由文章的选题规定的。一般说来，文章之写什么的差异总是大于怎么写的差异。

为什么要选好题？因为，第一，哲学问题无边无际，即使一个具体问题，也可以分析出许多不同的角度和分支。我们不可能，也不应该在一篇文章中蜻蜓点水，面面俱到。如果没有清晰具体的选题，那样的文章必定写成东拉西扯的大杂烩，而不是一篇严谨深刻的论文。第二，哲学领域和现实生活当中，有些问题有意义，有些问题没有意义或意义不大。选择的尺度在于意义，意义不大甚至没有意义的问题不值得去写。

如何选题？一个好的选题的依据是什么？具体情况很复杂，不能一概而论。一般说来，写作的选题主要应该考虑到以下因素。

首先是题目的理论意义。一篇文章，在学术上有没有价值，有什么样的价值，值不值得去写，这是确立选题时首先要考虑的问题。哲学是一种理论思维，哲学写作的核心价值在于其理论的品质。我们要对论文在哲学问题中的地位和意义有一个大体估计：它能解决哪些理论问题？能在什么意义上把哲学推向前进？

其次是题目的现实或实践意义。一个哲学选题还必须考虑它的实际意义。哲学看起来抽象，但它终究不脱离现实，是现实生活的反映或对现实生活的关注与思考。只不过比起其他学科来，哲学以较为抽象、较为深远的方式反映和思考现实而已。哲学选题尤其是当代哲学应该关注那些当代世界和中国的重大而紧迫的现实问题，应该对于在现实中认识和解决这些问题有一定的借鉴与参考意义。

选题要找到令自己得意、激动和兴奋的感觉。言为有感而发，一定得有“感”。写作需要找到这种感觉：有一个思想，有一种观点，有一种灵感，呼之欲出，令我激动不已，令我非说不可，非写不可，不得不发。甚至不是“我要说、我要写”，而是这个思想“要我说、要我写”。这种感觉是选题的最高境界，是可遇不可求的，我们不能要求所有哲学写作都达到这种境界，但至少要有感而发，而不是无病呻吟。

选题还有一个技巧可供参考。有些研究者特别是初学者面对丰富复杂的哲学问题，一时找不到选题方向，茫然不知所措，有一个技巧可供参考：可以假想伟大的思想家，如果活在当代，他们会关注和研究哪些问题？这些问题一定是非常有意义而且新颖的问题，你可以从中选择你的题目。如马克思如果活在当代，他可能会关注和研究生态危机、资本主义社会的新变化、新科技革命等问题。

2. 立意

立意是一篇论文的创意，即对论文的旨趣、思想取向、问题角度、品位、风格等的设计和定位。文章能否有创新，首先取决于选题和立意是否有新意。对于一个具备了必要的写作能力的研究者来说，有了好的选题和立意，就有了成功的一半。

（1）旨趣。写一篇论文的目的、宗旨和意义是什么，想说明什么问题和解决什么问题，一篇文章的价值取向、内在精神或“魂”是什么？如果借用“画龙点睛”的话说，一篇文章的“睛”在何处？这些问题集中起来就是论文的旨趣。

（2）思想取向。从哪个角度、以什么方式、提出什么思想，这是论文的思想取向。写论文要考虑文章的思想取向有什么新颖、独到之处。比如，我们准备写一篇关于中国社会启蒙的论文。有人把五四运动视为中国的启蒙运动；有人认为中国没有经历过启蒙，因为“救亡压倒了启蒙”；有人则认为启蒙是西方文化才有的，鼓吹在中国启蒙是照搬西方的做法。我们现在可以提出一种新的解释：人类各个文明从蒙昧状态到现代文明，都要经历启蒙阶段，但文化传统不同，启蒙的对象、目的、方式等也不同。西方文化针对神权、宗教信仰造成的蒙昧和压抑，中国文化则应针对世俗王权造成的蒙昧和压抑。

这个认识的角度就是思想取向。对于这种老问题，换一种思想取向往往能得到新思想。

（3）问题角度。由于每个哲学课题和哲学问题都可以分解为许多不同的方面、侧面，由于每一个问题都不是孤立的，而是与其他问题错综复杂地联系在一起的，所以设计一篇论文，得有自己独特的、新颖的角度。比如，写当代中国社会价值建构的问题，有的人从宗教复兴的角度写，有的人从底线伦理的角度写，有的人从价值主体（以人民为价值主体）的角度写，有的人从科学精神与人文精神整合的角度写，等等。

（4）品位。写论文需要对其格调、趣味和品位进行设计。哲学论文的品位应该是比较高雅的，富有建设性和创造性，富有深刻的思想和智慧。品位的高低不在于题材的内容，而在于是否有真知灼见，是否有思想和智慧的洞察力。例如，关于性本能的研究，可以写成低级粗俗的作品，也可以写成弗洛伊德那样的深刻洞察人的本性的伟大作品。品位的高低也不在于文章是出自（或为了）知识分子，还是出自（或为了）普通大众，而在于论文是否具有创造性和建设性。许多"文人雅士"的应时之作、俗滥之作，品位很低，而一些大众哲学、通俗哲学的作品，品位却很高。品位的高低也不在于是用抽象晦涩的语言，还是用浅显通俗的语言，而在于文章中是否有新意、有创意、有思想、有智慧。艰涩的作品有可能故弄玄虚，其实空洞无物，而浅显的作品中可能包含深刻的思想和智慧。

（5）风格。指语言、文字、叙述方式等方面的特点。文章的风格即文风，是沉稳庄重还是轻松活泼，是抽象晦涩还是通俗易懂，是婉约还是豪放，是瑰丽还是严谨，是以逻辑力量见长还是以思想激情见长，这就是不同的风格。哲学史上，康德、黑格尔等人的著作宏伟壮丽，尼采的作品雄奇和充满激情，维特根斯坦的作品复杂而神秘，这些就是他们各自的风格。经常写文章的人会自觉不自觉地把自己的个性反映在作品之中，逐渐形成自己的风格。但一个人写作的风格未必是单一固定的，具有丰富个性的人可以在不同的作品中展现不同的风采。如马克思的早期著作（如《1844年经济学哲学手稿》）中的风格与晚期著作（如《资本论》）中的风格有所不同。根据特定文章的内容和形式以及社会的需要，应该在文章的风格上有所考虑。

我要写一篇论文，究竟给它确立什么样的旨趣、什么样的风格呢？论文的立意主要取决于作者的思想，取决于酝酿在作者观念中并准备表达出来的内容是什么。当然，立意不是对这些思想内容的简单复制或提取，而是以这些思想材料为基础进行创意的设计，从众多思想材料中点出它的"睛"，勾出它的“魂”，设计如何才能写出水平，写出风格，写得新颖别致和精彩动人。

立意还要考虑论文的性质和特点。例如，写作纯学术论文、学位论文，在立意时应该把思想的深刻性、独创性作为重点。如果是哲理散文或普及性作品之类的文章，应该注意思想的鲜活感人和语言的优美生动。

立意还要考虑到读者：论文主要适合什么样的读者群体阅读。专著、纯学术论文，一般是从事哲学专业的人士阅读，语言即使凝重些甚至晦涩些，也是可以接受的。但如果读者是非专业人员，这种风格就不合适，而应该深入浅出，尽可能用朴实生动的形式表达深刻的思想内容。

二、备料、构思、拟纲

1. 备料

备料指直接为写作服务的材料的准备。我们前面在讲“哲学资料的阅读和整理”时提到四个部分的资料，即哲学专业基本知识、具体专业（研究方向）的背景知识和资料、与所要研究的问题相关的既有研究成果、与研究课题相关的跨学科的知识。我们在熟悉这些资料的时候，实际上就已经在为以后的写作备料了。“哲学资料的阅读和整理”的环节与“备料”的环节之间没有截然分明的界限，因此，原有知识的储备，也可以看作备料的工作。

当然，上述二者之间还是有相对的差别的。作为写作的一个环节的备料要准备直接用于写作的材料，它关注的重点是与我们要研究的问题、要叙述的内容直接相关的材料。这相当于我们前面提到的第三类知识、资料：与所要研究的问题相关的既有研究成果。为了完成写作任务，需要比较完备地搜集这方面的资料。

对有些哲学论文（例如研究报告、叙述性论文）来说，备料还包括必要的调查统计资料。因为这类论文是建立在事实材料、统计资料基础上的。例如我们要撰写“近年来中国公民价值观的变化”，或“当代中国社会阶层状况及其矛盾分析”这样的研究报告，只有基本理论，没有实际调查的资料和数据，显然是不行的。

所谓备料不只是搜集材料，还应包括研究和整理材料。写作时，我们应该系统地阅读搜集到的资料，做好分析、比较、归纳、整理的工作。熟悉现有的相关材料和已有的研究成果，以便在写作过程中需要引用、商榷、反驳时，可以信手拈来；同时，还可以从中发现问题，找到灵感和新思想的生长点，以备具体写作之用。

备料可以为我们准备写作要用到的大部分材料。但在实际写作过程中，写作之先的准备工作是不可能完备的，我们不可能把该读的书全部读完才开始写作。边写作边找材料的事是不可避免的。常常是在写作的过程中，不断发现还需要新资料，再去查找、阅读。常见的搜集资料途径主要有如下三种。

其一，平时浏览和研读资料。写作的备料以平时的研究、研读材料为基础。与选题关系密切的资料和材料，我们要精读，这样，写作时就可以熟练地加以运用。有些资料与选题的关系似乎较远，我们也可以大体浏览一下，这样，需要时查找起来就比较方便了。总之，我们要在平时研究问题、阅读资料的过程中为以后的写作做准备。没有平时的准备，完全依靠临时抱佛脚，是无法备好料的。作为从事哲学研究和写作的人来说，平时要多读书读文章积累资料，做课题研究时再进一步系统和深入阅读，更有目的、有针对性地搜集所需资料。积累资料可以借助读书笔记、文献综述、数据库等手段。

其二，加强同学术界的交流，如参加学术研讨会，与其他学者交往等。这种交流的优势在于，能面对面地了解到学者们的思想动态和学术界的研究现状；还可以通过面对面的交流甚至交锋，发现新的问题，产生新的灵感和思想火花，发生思想的“共生效应”。

其三，通过信息网络收集学术资料。网络的发展及其在学术方面的应用，给我们开辟了一个掌握哲学资料和研究动态的新渠道。要善于利用国际国内的比较权威、专业的学术资源和数据库，一些新媒体中的资料尽管鱼龙混杂、良莠不齐，但由于包含很多新知识、新信息，也可以作为研究新问题的参考。在信息时代，与其抱怨信息量的爆炸和垃圾信息太多，还不如切实提升我们查询、选择、分辨、利用信息进行哲学研究的能力。

2. 构思

构思就是给一篇文章“打腹稿”，在观念中把文章的基本内容和构架清理出来，把大体的思想轮廓勾画出来。写作的构思主要包括以下几方面。

（1）以“兴奋点”为原点和契机，澄清基本思想。如前文所述，选题时我们有一个兴奋点，有一种尽管朦胧但又非说不可的感觉。这个兴奋点可能是我们论文全部内容的“种子”，孕育着自己思想的核心内容。构思时我们要紧紧抓住这个兴奋点，并加以澄清：它包含哪些思想内容？如何表达？

（2）把核心概念琢磨清楚。在一篇论文中，往往有一个或几个基本概念，这个或这些概念从抽象到具体的演化，构成全文的基本脉络。有时，一篇文章甚至一本书，就是一个核心概念在不同层次上的展开。马克思的《资本论》

三大卷，最核心的概念就一个：资本；黑格尔从《逻辑学》、《自然哲学》到《精神哲学》，围绕的也是一个核心概念：绝对精神。可以说，提炼出核心概念来，是一篇文章或一本书思想成熟的标志。在提出和澄清概念时，应该注意如下几点。

其一，提出新概念、创造新概念要谨慎。描述某一对象时，哲学界已有现成概念的，一般不要标新立异，自己生造出个新概念来。概念是学术界交流的公共之物，具有主体间性。你搞出个奇怪的概念，谁也不懂，谁也不认可，就没意义了。况且，论文的关键是有思想深度，不一定要在概念的标新立异上下功夫。

其二，要防止假概念。有的学者功夫不深，治学不严谨，在没有把“所指”琢磨清楚的情况下生造概念。于是容易出现这样的情形：概念的所指不是一个清晰具体的对象，而是许多不同问题的含混堆积，经不起推敲，得不到认同，就会成为假概念。

其三，概念要具体清晰，不要笼统。一个概念如果大而无当，那就太笼统。一个概念的所指不是唯一的一个对象，而是许多事物的含混结合，这样的概念就不清晰。一个概念没有清晰的内涵和外延，没有与其他概念的鲜明区别，这个概念就是笼统的。一篇以笼统的概念为核心概念的论文是不可能做好的。

其四，概念的意义要明确、统一。许多概念，特别是从日常语言中来的概念，往往歧义丛生。表面上是同一个概念，实际上你说你的，他说他的，含义各不相同。以这样的概念为基础去讨论问题，那只能是一场混战。我们在辩论中经常遇到偷换概念或混淆概念的问题，因而会“驴唇不对马嘴”。所以哲学写作和讨论首先要澄清概念，要搞清楚这个概念指什么，第二步才说它是什么。比如，你指的张三是这个人，我指的张三是那个人。所指不一致，却在那里争“张三是好人还是坏人”，当然争不清楚，因为此张三非彼张三。对概念的推敲，还需要从相反的方面思考：某概念不是什么？它与什么概念相对？如讨论“文化”是什么，我们可以反过来思考：“文化”不是什么？与“文化”相对立的概念（自然）是什么？反面的思考对正面的思考很有启发意义。

(3) 提出解释和解决问题的思路。构思包括整理出问题，解释问题的本质、说明问题的原因。对学术界有争议的问题，还要从正反两方面证明、解释：为什么别的解释不合理，只有我的解释是对的。有的还要提出解决问题的出路，至少是原则上的思路。

(4) 思想和观点的梳理。把自己的思想、观点、想法清理出来，整理出比较清晰的思路：它究竟是什么，应该如何表达？它包括哪些内容，各个内容之间的关系如何？思想如何推演，即思想如何作为有内在逻辑的动态过程表达出来？我们的思想有如水流，从源头流出，向地貌错综复杂的原野流去，构思的任务就是要让水流得更顺畅。

（5）文章的结构和布局。构思是结构性的思考，或者说是对思想的结构的思考。在这里，需要思考各种现象、各个问题之间的联系和关系；梳理思想的内在联系和逻辑关系，把思想脉络整理清楚，把思想轮廓和内容勾画出来；在前者的基础上，思考和确定一篇论文作为理论表述体系的基本轮廓、框架、格局。

3. 拟纲

把思想脉络和推演逻辑大体梳理清楚后，我们就可以拟纲了。拟纲，即编写写作提纲，就是制定论文比较细致和具体的框架。形象地说，写作提纲是文章的骨架，它以概要的方式表现文章的思想内容、逻辑和结构。写作时循此框架而行，文章就有比较强的内在联系和整体感，纲举目张。编写提纲一般要注意以下几点。

（1）按照思想逻辑和叙述逻辑展开。前面说过，思想逻辑是内在的、本质的和立体式的，叙述逻辑则是相对外在的、直线式的。叙述逻辑须服从思想逻辑，与思想逻辑大体一致。但这种一致主要体现在二者的“神似”上。在本质一致的条件下，可以有适当的倒叙、插叙、分叙等。

（2）遵循写作的一般形式要求。论文写作有些专门的形式，如专著或篇幅比较大的论文，开篇一般安排“引言”、“导言”或“问题的提出”之类的内容，以便交代问题的背景；安排一定的内容展示该问题的学术背景（已有研究成果及其评价）；末尾有结论性部分，以便总结全文，或提出对策。

（3）提纲要求系统完整，应该五官俱全，不能缺胳膊少腿。列提纲的时候，我们应该重点考虑以下三点：其一，有哪些问题，这些问题分哪些步骤解决？其二，包含哪些思想，这些思想如何推演？其三，有哪些遗漏、重复、多余？

（4）主次轻重得当。一篇论文包含的各问题之间有主有次，有轻有重。为了突出主要问题、重点内容，列提纲时应该把这部分突出出来。论文要处理好全面性和系统性与重点突出的关系。

三、写作过程

1. 写作的一般过程

提纲列好后，就进入到撰写论文的具体过程。论文的撰写没有千篇一律的模式。前面所说的备料、拟纲等程序，以及后面要讲到的一步步按提纲撰写的步骤与方法，是通常的方式或者说是理想的状态，实际写作时并不一定机械地这么做。我们常常有如下一些写作方式。

（1）信笔写来。把自己的思想及时记录下来，然后再根据提纲和思维逻辑整理。这样的写作一般是系统写作的前奏，它重在记录思想，暂时不必拘泥于表达的严谨，以及其他规范与要求。

（2）散记。今天写一段，明天写一段，有感就记，无感就不记。记下之后，留待以后系统整理或写作时参考使用。

（3）速记。有时候，思想火花突然冒出来，我们来不及完整记录下来，而时过境迁，这些思绪有可能被遗忘。面对这种情形，我们可以先提纲挈领地、速记式地把这些思想、灵感记录下来，详细的展开则有待下一步去做。有了记录的内容的激发，在系统写作时，我们的思想灵感就会源源不断地被召唤出来。

当然，信笔地写，即兴地写，肯定是比较零乱的，难免丢三落四。因此，我们可以把前面几点算作论文写作的非常态，而把循提纲逐项往下写的过程看作论文写作的常态。

2. 分述与整合

对于专著和篇幅较大的论文的写作，我们常常采取两种方式的结合：分述与整合。

（1）分述

分述就是把论文分解为不同的部分，并分别单独撰写。分述可以几个人分工，每个人写一部分；也可以自己独立完成，只不过一段时间重点写作一个部分。

分述的优势是可以集中精力，把一个部分、一个问题写深写透，把每一个局部和环节尽量叙述得具体、细致和完整些。这种写作方式好比大工业生产中的分工，它有利于生产过程的专业化和相关技术的应用。如果局部研究深入了，整体研究的深入就有了基础。

分述的时候直接面对的是局部，但要胸中有全局，处理好局部与全局的关系。写作时以考虑正在写的这部分内容为主，把它当成相对独立的部分，深入、系统和完整地叙述。同时还要兼顾全局。全文思想的大体走向是怎样的，正在写的这部分在全文中处于什么样的地位，对这样的问题应该心中有数，在写作时照顾到这一点。例如，全文内容的几个主要问题，可以在“引言”部分只是引导性地做一下介绍，具体展开则留到后面相关的章节。这样，在叙述上就既有分工又有协作，前后呼应，给人一种“好戏还在后头”“渐入佳境”的感觉。如果在分述中只顾局部而忘掉了全局，就会以偏概全、顾此失彼、结构混乱。

（2）整合

整合就是我们通常说的“统稿”，即把分头叙述的内容集中起来，并加以协调，使之成为一个和谐统一的整体。

由于分述的部分是分别、分头写的，虽然写作每个部分时我们也考虑整体，但每位作者、每个部分各有各的特点，从全局上、整体上看有许多不流畅、不协调的地方，这就需要全篇的整合。整合的重要任务就是对文章的内容加以调整：逻辑思路的推演不顺畅、不严密的，要使之顺畅、严密；文字的表述不通顺、不流畅的要使之通顺、流畅；内容的交叉重复之处要删减合并，展开顺序不合理的要使之合理；文字风格和规范不统一之处要尽可能做到统一。具体说来，写作的整合需要做以下几方面的工作。

第一，对重复的内容进行调整。分述时有的内容可能在几个地方都涉及了，整合时要把这样的内容置于最需要、最合适的地方。其余重复的地方，可删去或换一种必要的叙述方式。

第二，理顺叙述的顺序。在分述时，我们对各个部分、局部考虑得较多，对整体、全局考虑得少；对深入和细致考虑得多，对系统和协调考虑得少。这样的文章分别看可能问题不大，但从整体上看就可能有前后逻辑跳跃、顺序颠倒、关系混乱的问题。整合时要按照叙述的逻辑和思想的逻辑进行调整，使之层次分明、通顺流畅。

第三，强化整体精神。分述时往往“各自为政”，对全局的考虑不周，难以体现全篇的统一性。当各个部分组合起来后，有时会缺少一以贯之的东西，缺少整体精神。在整合时，要特别注重彰显、强化这个一以贯之的核心思想，突出文章的整体精神气质。

第四，补充必要的内容。分述时由于把局部内容作为考虑重点，从整体看，难免会有所遗漏，在整合时需要将它们补上，或者在必要的地方加以发挥、引申。

第五，统一风格和规范。全文规范一定要严格统一，不能出现同文不同格式的情况。各部分还可能存在语言文字风格的差异，要完全统一很难，但要尽可能使之统一，至少不能出现互相矛盾的情况。

四、修改与定稿

经过以上步骤撰写好的论文，还只是初稿，还需要更精细的工作：修改与定稿。

1. 修改

修改是对文章全面的细致的加工，使文章在思想和表达上更成熟、更完美。要从内容到形式更完善，以便于学术交流和公开发表。“玉不琢，不成器。”文章的修改是关系到文章最终质量的重要环节。修改得好，可以使原文增色添彩，甚至改头换面；修改不好，原文效果大打折扣。文章修改时要考虑以下情况，做出恰当的处理。

第一，概念、定义、命题的表述是否明确清晰。在不同情况下使用同一概念，其含义是否一致。对于那些意义含糊、意思不明白、表述不一致和容易产生歧义的概念、定义、命题，应该重新斟酌，做出新的较完整、准确、统一的表述。

第二，思想、观点是否正确、合理；是否存在与公认的思想观念、意识形态和公序良俗相冲突的地方。如果思想、观点有错误、纰漏，要予以改正；如果有的观点、见解还不成熟、有疑问，就要重新调整。如果有与国家意识形态和社会公序良俗相冲突的内容，则应慎重处理，予以改正或删除。

第三，思想、观点的具体表达是否准确、贴切、适宜，是否还有更好的表达方式。一个思想、观点可以有多种表达方式，我们要从中选优。古人作诗有反复“推敲”的佳话，一个字尚须仔细推敲，更何况一个思想、观点。

第四，支撑思想、观点的材料和论据是否充分、翔实、客观可靠，是否需要进一步补充材料和论据，或者替换更好的材料和论据。也要注意引文是否采用了最新的、最权威的版本。观点合理但如果论据不可靠，也会前功尽弃。

第五，论证过程是否严谨，逻辑思路是否清晰顺畅。逻辑的严谨表现为论证过程的系统性、完整性、严密性，表现为立论的无懈可击。修改时要从正反两方面考察、检验文章的逻辑，尽量避免逻辑上的错误或漏洞。

第六，语言文字的表达是否正确，是否存在文法、语法方面的错误。考虑语言文字表达是否理想，就是要想想看，还有没有更好的表达方式，包括有没有不当的字词和错别字。

第七，标点符号是否正确，引文、注释、参考文献等是否正确，是否符合规范；章、节、目的标号、顺序等是否正确。

第八，文章的内容是否存在抄袭现象，或者在转述、引用别人的思想、观点时没有注明。自己的文章应当是自己思想的表达，也要尊重他人的知识产权，要遵守学术道德、学术规范，树立良好的学风、文风，坚决杜绝抄袭现象。

对于论文的修改而言，思想、观点及其展开的逻辑是最为关键的。如果思想、观点及其展开的逻辑存在缺陷，或者设计得不理想、考虑得不成熟，那么文章就得做比较大的修改，必要时需要推倒重来。

论文的规范、格式的修改也很重要。有些初学者往往很重视论文内容的修改完善，却忽视规范、格式，结果定稿的前言、标题、参考文献中就有很多错别字、格式错误等“硬伤”。虽是小节错误，却害了大局。一粒老鼠屎就坏了一锅汤，一个“常凯申”（蒋介石的错译）就坏了一部著作。其实，相对于内容的修改完善，规范、格式的修改是比较容易的，千万不要以小节错误害了大局。内容不够好可能是能力水平问题，还可以原谅，而格式不规范则是态度问题，不可原谅。

修改文章既是一个思想表达精确化和清晰化、语言文字准确化和优美化的过程，也是一个思想、观点深化的过程。我们常常在修改论文的过程中推进对哲学问题的认识。不少作者都有这样的体会：论文每修改一次，我们对问题的认识就加深一层，语言文字的表述也更好一些。不断修改完善自己的文章，既是对公众的负责，更是对自己的负责。可以说，论文没有最好，只有更好，论文的修改应该精益求精。古人云：“语不惊人死不休”，我们也应该有这种精神。

2. 定稿

定稿是对论文最后的敲定、确定，是进入编辑过程之前的最后的工作。在修改和定稿之间并没有严格的区分，可以说，修改完成也就是定稿了。当然，定稿也有一些重点的事要做，由于之前主要的、大的修改都已完成，交稿时间也很紧迫，定稿阶段的重点任务侧重于结构和形式方面避免“硬伤”：第一，通读全文，检查是否存在修改阶段遗漏的问题，如有立即修改、解决。第二，核对引文和引用的资料、材料是否准确，引文出处是否有误、是否符合规范。第三，文章必要的内容、环节是否完全，比如序言、跋（后记）等。第四，其他技术性环节（如插图、表格、注释、页码等）是否安排妥当。第五，可以借助于查重软件审查一下原创性是否符合要求。如果所有这些方面都没有什么问题，文章或著作就可以定稿了。

最后还要强调一点，本章所讨论的哲学的研究与写作的方法只是原则性的，谨供参考，真正要写出好文章，仅了解这些一般原则是不够的，还要在长期艰苦的研究与写作实践中提升能力和水平。哲学研究与写作没有捷径，没有万能钥匙，千锤百炼出真知，千锤百炼出好文。

思考题

1. 试就一个问题进行聚焦，提炼出一个研究的主题来。

2. 就一个有现实意义的哲学问题进行思考，并尝试提出一个哲学假说。

3. 哲学创新应把握哪些关键环节？针对一个具体的哲学问题，谈谈你的新思路。

4. 在上述练习的基础上，自选一个题目，写一篇学术性论文，字数在3 000 字以上。

第七章　哲学的应用

大多数人学习哲学的目的，并不是进行专业研究，而是解决世界观、人生观、价值观问题，解决思维方式、价值取向，以及思想方法和工作方法问题。学习和掌握一定的哲学知识，对于提高理论素养和精神境界，运用正确的思维方式和思想方法，认识纷繁复杂的自然现象和社会现象，具有十分重要的意义。学习哲学的最终目的在于应用，要学以致用，理论联系实际，联系社会现实问题，联系自身的思想实际和工作实际，提高分析问题和解决问题的能力，提升哲学素质，创造智慧人生。

第一节　哲学的价值及其应用

哲学基本原理或理论哲学，以自己特有的方式向人们展示了关于世界的整体性图景，为人们提供了认识问题和解决问题的总体思维框架。作为处于社会意识最高层面的哲学，通过若干中介环节而与现实世界和现实生活相互作用。哲学与现实的关系并不那么直接，但也很密切。哲学介入生活，理论联系实际，关键在于哲学学习、研究和应用主体的素质与能力。

一、哲学的价值在于应用

哲学有什么价值？为什么要学习、研究哲学？除了以研究哲学为职业的人之外，哲学的价值主要在于对学习、研究哲学的人的思想、工作和生活所发生的影响。

学习哲学，同学习其他自然科学和人文社会科学一样，首先是为了获得知识。知识是人类认识的成果，是在实践中产生、发展、应用，并在实践中检验其真理性的主体的思想、意识、观念、方法。人们把在不同的实践领域所获得的认识成果，以一定的概念体系和逻辑结构加以系统化、理论化，形成了反映和描述特定对象的结构、功能和运行规律的科学。哲学是人类知识大厦整体结构中处于高层的部分。人类通过生产、生活的实践，在处理自身同外部客观世界多重关系的过程中，逐步产生和形成了关于自然、社会、思维以及人自身的知识。由于人类实践的进步和认知、实践能力的提升，人类的知识体系不断丰富、完善、分化、综合，形成了领域日益广泛、门类日益繁多、研究日益细密的由自然科学、技术科学、社会科学、人文科学以及思维科学等构成的庞大的知识体系。而作为学科分化趋势的超越形态，又出现了学科跨越和融合的发展走向。如果说具体科学、分支学科向人们提供的是关于对象世界的某一方面、某一领域的本质和规律的知识，那么，哲学作为各个学科知识的综合性概括与总结，则向人们提供关于外部世界和人自身及其关系的最一般性的认识、观念。

哲学本身以及哲学与具体科学的关系，经历了漫长的历史发展过程。在古代社会，由于认识和实践能力低下，人类对于世界和人自身的认知是笼统而肤浅的。早期的各门科学之间，科学与哲学之间，尚无明确的分界。随着人类实践和认识水平的提高，人类由对世界浑然不分的整体性把握逐步走向分门别类、具体而微的分析研究，各种专门领域的知识逐步累积和发展起来。不但各门具体科学开始分化为独立的学科，而且科学和哲学也开始分化。

近代以来，由于资本主义生产关系的确立、生产力的发展和近代实证科学的产生，大大加快了科学的分化，以及科学从哲学中分化出来的进程。自然科学、技术科学、社会科学、人文科学以及思维科学相继从哲学中分化出去，形成了众多独立的知识部门。一旦各门具体科学从哲学中分化出去，哲学作为包罗一切科学、凌驾于一切具体科学之上、为人们提供关于世界和人的完备知识的使命或幻想也就终止了。哲学与各门具体科学的关系，就成为一般和特殊的关系。哲学作为人类理论思维的最高形式，是对于各门具体科学的概括和总结。它通过对各门具体科学所提供的知识进行反思，从关于各类事物的个别和特殊的本质与规律中概括、提升、抽象出一般的本质和普遍的规律，并运用哲学的概念、范畴等工具和手段，将这种具有普遍必然性的知识建构为系统的逻辑体系。哲学所提供的这种关于一般的本质和普遍的规律的具有世界观与方法论意义的认识，引导人们正确处理主体与客体、人自身同外部世界的复杂关系，正确建构实践观念，并通过现实的实践活动而超越主体、客体以及主客体关系的现存状态，创造理想的主体、客体和主客体关系，以满足人类生存和发展的需要。

哲学特别是理论哲学，研究的对象是整个世界，而哲学本身则是一种社会和意识现象。它由社会存在所决定，反映并反作用于社会存在，并随着社会存在的变化而变化。“任何真正的哲学都是自己时代的精神上的精华”，是“文化的活的灵魂”[①]。人们总是从自己所处的历史时代和社会关系、从自身的社会地位和利益出发，用特定的哲学来解释世界和改造世界。哲学在现实社会中的命运，总是同它满足社会需要的程度、同它所反映的阶级的利益密切相关。哲学作为一种社会意识形态，具有不容置疑的独特价值和社会功能。

马克思说：“哲学家们只是用不同的方式**解释**世界，问题在于**改变**世界。”[②] 哲学的第一个作用就是“解释世界”，以往的哲学主要是起这种作用。哲学的第二个作用是“改变世界”，这是马克思主义哲学特别重视和强调的。马克思的“新唯物主义”不同于旧唯物主义，不仅是理论的唯物主义，而且是实践的唯物主义。正因为如此，马克思和恩格斯认为：“对**实践的**唯物主义者即**共产主义者**来说，全部问题都在于使现存世界革命化，实际地反对并改变现存的事物。”[③]

所谓改变世界主要是改变人的世界，其目的是人的解放，即实现“每个人的自由发展是一切人的自由发展的条件”。解放是一种历史活动，不仅仅是思想活动。只有在现实的世界中并使用现实的手段，人才能实现真正的解放。但人的解放也包括思想解放。人是有思想的存在，因而思想的解放对于人的解放具有前提的意义。哲学的作用在于通过思想解放推动人的全面解放。

以往的哲学家并不是全然不关心改变世界的，只是他们不把改变世界视为哲学本身的功能。中国古代学者讲究“经世致用”。儒家学者奉行“穷则独善其身，达则兼善天下”（《孟子・尽心上》），包含着使“天下”或“其身”获得某种程度的解放的意味。马克思主义能够被中国人接受，并实现中国化，成为现代中国人的指导思想，一定与它同中国传统思想中的积极的内容相契合有关。

当代西方的哲学家也不否认哲学的应用性。如美国哲学家 J. P. 蒂洛说：“哲学虽然有的时候是抽象化和理论化的，但是从人生的某种最重要的意义上来说，它又是应用性的、实践的和有用途的。”[④] 他认为，关于哲学的功用，可从以下四个方面来理解。

（1）哲学可以促进人的自觉思考。这种作用主要表现在，没有问题时提

① 马克思恩格斯全集：第 1 卷. 北京：人民出版社，1995：220.

② 马克思恩格斯选集：第 1 卷. 北京：人民出版社，2012：136.

③ 同②155.

④ ［美］J. P. 蒂洛. 哲学：理论与实践. 北京：中国人民大学出版社，1989：28.

出问题或疑问；未加批判时加以批判；未曾反思时进行反思；受到局限时突破局限。例如，由表及里，由片面到全面，由肯定到否定，由否定到否定之否定，由感性到理性，由抽象到具体，由经验到理论，由理论到实践，等等。总之，在常识停止的地方，哲学把它推向前进。

(2) 哲学能使人更加宽容。哲学使人更好地理解事物、理解人、理解生活。哲学是一种探索性、开放性、创造性的思维方式、行为方式和生活方式。它本身不是一成不变的，而是不断超越自己，因而要求别人理解自己的发展变化，也宽容他人的变动性和多样性。所以，哲学要求别人的宽容，也使自己更加宽容。宽容精神是历来好的哲学的精神气质，与某些宗教派别排他性的意识形式有明显区别。

(3) 哲学可以提供解决问题的系统方法。任何人都能思考，都能提出问题并做出某种解答。哲学的特点在于其系统性。哲学就是力求系统地提供一些解决问题的基本原则和方法，运用这些思维方法，有助于我们更好地认识世界和改造世界，形成更和谐的人与世界的关系。

(4) 哲学提供生活的一贯性。哲学对待客体、对象的系统性，反转过来内化为人对自身的系统性的要求，这就是人自身生活的一贯性。这种一贯性不是刻板的、完全程式化的、没有任何灵活性的机械重复或简单延续的惯性，而是在丰富多彩的富有灵活性的社会生活中的内在统一性、有序性、目的性，是孔子所说的“吾道一以贯之”(《论语·里仁》)的一贯性。

总之，“哲学力图避免人类生活中的粗枝大叶和混乱，它要求的提出问题、分析问题和评价事物，其最终目的和结果是力求达到充分的一致性，以便使人在一种有秩序的方式下理智地处理生活中的问题”，因此可以说，哲学是“最富于实践性的学科”①。

如果依循上述四点关于哲学功用的思路，如何应用哲学相应也有四条：(1) 用哲学促进人的自觉思考；(2) 用哲学培养人的宽容精神；(3) 用哲学系统地解决所面对的问题；(4) 用哲学保持自身生活的一贯性。如果能够做到这几条，也就意味着较全面解决了哲学的应用问题。

当然，还可以有别的思路和分类方法。例如，我们不妨从以下几个方面来把握哲学的应用：(1) 应用哲学来认识自己、改变自己；(2) 应用哲学来认识他人、协调人际关系；(3) 应用哲学来认识社会、改造社会；(4) 应用哲学来认识自然、改造自然；(5) 应用哲学来处理人、社会和自然的关系。

① [美] J.P. 蒂洛. 哲学：理论与实践. 北京：中国人民大学出版社，1989：25-26.

总之，几乎所有重大的、全局性的问题，都有必要从哲学的高度加以深入思考。哲学的思考与其他学科相比，有其特别的、不可替代的价值。

总而言之，在人们的常识停滞的地方，都需要哲学这种批判性、超越性的思维方式的推动。现在的问题不是社会真的不再需要哲学，而是实际上我们缺乏社会所需要的真正的哲学。也就是说，我们现有的哲学还不能充分满足社会的需要。哲学作为文化创造的产品，同其他文化产品一样，面临着经济发展、社会转型、科技革命等的深刻挑战。在这种情况下，教条主义的故步自封、僵化保守、支离破碎的哲学是不能适应社会需要，也不能回应时代挑战的。我们应当努力推动哲学本身的发展，使之更适合社会、时代的需要，更适合人的发展的需要。

二、哲学的应用性和发展前景

哲学是理论化、系统化的世界观和方法论。它回答关于世界的本质、本原，关于自然、社会、人和思维的最普遍、最一般的问题。哲学是使人聪明和富有智慧的学问。其他学问都包含着自己特有的智慧，而哲学是一种更具普遍性和深刻性的"大智慧"，因而对于社会、人生具有重要的应用性价值。但若仅靠单纯的学习，"纸上得来终觉浅"，那是难以学到它的真义的。只有在联系思想实际和生活实际的有针对性的学习、理解、运用中，把所学的哲学知识和智慧用于指导社会实践，才能实现哲学的应用性价值。

由于哲学所探究的是关于宇宙、社会和人生的总体性的认识，以及处理人与自然、人与社会、人与自身的关系的一般的思维方式、价值取向和行为方式，而不是提供具体知识或解决具体问题的答案，因而在许多人看来，哲学乃无用之学。真正沉浸于哲学思考之中的人，往往只是倾心于探究、怀疑、质问和沉思，而不大关注世俗问题，似乎不关心现实生活。黑格尔说，哲学是后思，是"密涅瓦的猫头鹰"，到黄昏才起飞。哲学的头脑总是在现实的潮流、事变发生甚至结束之后才开始运行。但是，无用之用方为大用。哲学只有对于业已发生的事件、业已取得的经验、业已涌动的潮流进行反思、概括、提炼和升华，才能发现历史事变的本质和规律性，触摸时代的脉搏，把握社会历史和时代发展的大趋势，从而把历史传统和时代精华积淀、升华为理论，并为人类实践探寻前进方向。哲学家的沉思默想能够织出经天纬地的理论之网，帮助人们观察、理解、处理生产和生活中面临的人与世界的多重关系。我们从哲学家睿智思考、苦心孤诣所创获的成果中，从对好的哲学的学习中，将会受益无穷。

具体来说，哲学的应用性首先表现为文化价值功能。在观念文化层面，哲学的应用性表现为能够对社会文化价值系统进行反思、评价、批判和重建。哲学本身作为文化的核心和基础，它对文化的反思和批判，在很大程度上表现为自我反思和自我批判。而哲学作为文化的深层基础，又为其他文化形式提供根本性、前提性的思想背景，丰富、扩充和引导人类整个文化系统和知识体系的进步、发展。哲学史上的每一次重大变革，都成为整个观念文化系统乃至整个社会发展与变革的先导。此外，哲学能够为人们提供世界观、方法论和基本的思维方式，提高人的理论素养和文化素质，提升人的生存境界和生活质量，丰富人的精神生活和内心世界，为人类的实践创造活动提供精神动力和智力支持。哲学以对于宇宙、社会和人生的深刻洞见，启迪人们去除过度的私欲、物欲与认识的偏颇，丰富人的生活世界，提升人的生活境界。哲学立足于现实，同时又超越现实，从现实生活中汲取营养，又以超越的态度反思和批判现实。

哲学的应用性其次表现为社会性功能。它以关注和提升个人、民族乃至全人类的生存与发展质量为己任，不断对社会现实进行反思、批判和重建。哲学不仅要为现实社会的合理性做论证，对现行的社会制度、体制、行为进行诠释，更要对现存的制度、体制和行为方式进行反思和批判，对理想的制度、体制做前瞻性的畅想和勾画。追求真善美，抨击假恶丑，是哲学的天性。因此，哲学对现实社会反思和批判的功能重于辩护和论证的功能，在对现存事物的肯定的理解中同时包含着对现存事物的否定的理解，在对现存事物的否定的理解中也包含着对理想事物的肯定的理解。哲学的反思和批判，对于不合时宜的观念、体制和做法，是具有颠覆性的；同时，哲学作为追求真善美的学问，它在对现存事物的否定的理解同时也预示新事物诞生，在观念中建构新事物的未来图景。

在社会转型和历史转折时期，哲学肩负着批判旧事物、旧秩序，建构新事物、新秩序的使命，是社会变革的先声与先导，是解放思想、超越传统、提高人民素质、振奋民族精神、增强民族凝聚力的巨大精神力量。历史反复证明，每一个社会大变革的时代，都是哲学思想异常活跃的时代。新的时代呼唤新的哲学，时代的进步呼唤哲学的变革。中国的春秋战国时期诸子蜂起，百家争鸣；五四新文化运动吹响科学民主的新文化的号角，也为马克思主义的传播和中国化开了先声；1978 年真理标准问题大讨论，更是中国改革开放的思想解放前提。哲学的变革既是社会发展的精神折射，同时又是思想解放、社会革命和人的解放的先导。一个民族要想登上科学高峰，站在时代的最前列，就一刻也不能没有理论思维。这种理论思维就是哲学，或者说在哲学中得到集中体现。哲学的应用性并不是让每个人都成为哲学家，而是作为一种精神内核融入民族文化的血脉，陶冶国民的精神气质，影响国家的制度体制，规约社会的运行方式，昭示历史的发展趋势。

在哲学的演进和发展过程中，始终存在着继承和发展、返本和开新的关系问题。在任何一个新的时代，都有不同于以往历史的独特主题和任务。哲学的变革主要有两大任务：一是批判继承旧哲学的思想和精神，把哲学和文化传承下去；二是立足于当代社会实践，以哲学的方式求解当代人类面临的发展难题，进行新的哲学创造，提炼新的哲学命题，建构新的哲学体系，形成新的哲学形态。一句话，固本开新，继往开来。

在当今时代，哲学应当重点关注和研究经济全球化、社会信息化、政治多极化和文化多样化的时代大势，应确立全球性、开放性、包容性视野，超越、消除狭隘眼界和自我中心化状态。要以博大的胸怀和开阔的眼界审视当今世界经济、政治、文化、科技、生态的发展问题，研究解决人类共同面对的全球性问题，为人类文明的进步做出应有的贡献。

在强调哲学发展的全球性的同时，也必须注意和重视哲学的民族性问题。哲学作为一种文化形态，其创生、存在和发展直接依赖于各个民族的生产与生活实践，依赖于各个民族的文化系统，是通过各个民族的思维方式和价值取向而得以体现的。哲学发展的世界性和民族性相辅相成。各个民族的哲学可以多样共存，“和而不同”。每种哲学由于具有鲜明的民族性特点而使世界哲学丰富多彩，而哲学的世界性发展则为各民族哲学的发展提供广阔的背景和舞台。世界哲学的发展离不开民族哲学的发展，并借助于民族哲学而得以展现和实现。民族哲学只有保持自身的民族特色，才能在世界哲学之林中确定自己的位置，并以其卓尔不群的风格为世界哲学的繁荣发挥自己的作用。

三、应用的关键在于主体自身

哲学作为理论化、系统化的世界观和方法论，对所有人都具有很强的普遍性的意义和作用。但特定主体对哲学的具体研究和应用，又是最具有个性特征的理论和实践活动。无论是哲学的理论性学习、研究和应用，还是哲学的实践性学习、研究和应用，都与哲学学习、研究和应用的主体密切相关。同样是学习和应用哲学，不同的人出于不同的目的，学什么，用什么，怎么学，怎么用，会产生非常不同的效果。

从哲学研究的角度来看，哲学研究者以自身的知识背景、思维方式进行理论思考，在内容、方法、过程、结果以及理论成果的表达方式上，会形成独特的个性。哲学研究的个性化，从根本上来说，就是要把创新与发展作为哲学研究的基本目标追求，创造宽松的舆论环境和制度环境，使研究者能够相对独立地从事哲学研究工作，提高研究者从事个性化研究的自觉性和创新能力，鼓励和促使研究者更新知识、开阔视野、拓展思路、转换方法，并在哲学研究过程中自觉培养和形成主体意识、批判意识、问题意识、创造意识。

从哲学应用的角度来看，关键也在于主体自身。哲学是大智慧，也可以实现小目标；哲学有其大用，也有小用。无论是哲学的学习研究，还是哲学的实践应用，要学好、用好哲学，关键是主体采取正确的态度和方法，不断提升运用学习、认知和实践的能力，在哲学引导下解决实际问题，实现目标任务。即使不是专业哲学工作者，有针对性并力所能及地学点哲学、用点哲学，对于更好地学习、工作和生活，都是非常有益的。当然，只学哲学也是不够的，还要学习其他科学文化知识。

哲学研究和应用的主体在学习哲学时，首先要树立一种好的学风，即理论联系实际，实事求是。联系自身的思想、工作和生活的实际来学习，而不是离开实际需要空洞地、无目的地学习。要学习哲学的基本立场、观点和方法，而不是死记硬背个别词句和结论；要运用哲学的基本立场、观点和方法做调查研究，分析、解决实际问题，而不是用一般的哲学原理代替对事物的具体分析，从中直接推导出解决具体问题的结论。我们应该在理论与实际的结合中，实事求是，创造性地提出新的观点和思想，指导学术研究或改造世界的实践。要发挥哲学之大用，就要在运用哲学观点分析、解决问题的过程中，做出合乎思想实际和工作实际的创造。

毛泽东在延安整风时期曾多次深刻批评主观主义（主要表现为教条主义和经验主义）的表现和危害。“这种作风，拿了律己，则害了自己；拿了教人，则害了别人；拿了指导革命，则害了革命。……只有打倒了主观主义，马克思列宁主义的真理才会抬头，党性才会巩固，革命才会胜利。”① 毛泽东提出，要采取马克思列宁主义的态度，即有的放矢、实事求是的态度。“这种态度，就是有的放矢的态度。‘的’就是中国革命，‘矢’就是马克思列宁主义。我们中国共产党人所以要找这根‘矢’，就是为了要射中国革命和东方革

---

① 毛泽东选集：第3卷. 北京：人民出版社，1991：800.

命这个‘的’的。这种态度，就是实事求是的态度。”① 毛泽东对不良学风的批评和对好学风的强调，虽然是针对革命战争年代党内同志的，但对于今天我们更好地学哲学、用哲学，仍然有很强的指导作用。

哲学研究和应用的主体，除了要树立好的学风，理论联系实际，实事求是，善于运用哲学的基本立场、观点、方法分析和解决实际问题之外，还必须具备较高的科学文化素养，有比较高的从事具体问题研究与实际问题解决的专业知识和技能。如果没有相当的科学文化知识和专业技能，没有从事某项实际工作的经验和能力，只靠哲学世界观和方法论，也不能更好地解决生存和发展问题。

总之，哲学的学习、研究和应用，关键在于主体的整体素质的提升。为了将哲学真正用于理论研究和实际工作，必须努力提高主体各方面的素质，主要是哲学素质和科学文化素质。

第二节 哲学应用的理论层面：应用哲学

哲学的应用有两个层面：一是理论层面，也即内部层面，就是根据哲学与实践关系的密切程度，可分为理论哲学和应用哲学，哲学的某些分支学科和研究方面是侧重于应用的，是与实践联系更密切的，我们称之为应用哲学；二是实践层面，也即外部层面，就是哲学作为整体直接或间接地应用于实际生活，指导实践。在这个意义上，可以把应用哲学看作是从理论哲学到哲学应用的中介环节。

一、理论哲学与应用哲学

哲学不是一个单一的学科，其内部有很多分支学科和研究方向。就哲学理论与实际的关系来说，哲学有广义和狭义之分，狭义的哲学专指理论哲学，广义的哲学包括理论哲学和应用哲学。而应用哲学也有广义和狭义之分。广义的应用哲学，是对哲学应用于实际、应用于实践的一般规律及其表现方式的哲学概括和总结。它以一般哲学理论的应用为研究对象，凡是关于哲学应用的研究，都属于应用哲学。狭义的应用哲学则是特定的哲学分支学科和研究方向，是以一般哲学理论和方法论为指导，力求揭示特定对象的普遍本质

① 毛泽东选集：第3卷. 北京：人民出版社，1991：801.

和一般规律，从而实现人的特定目的的特殊的哲学方法论。理论哲学揭示世界的普遍本质和规律，向人们提供系统化、普遍性的世界观和方法论；应用哲学则揭示特定领域、特定对象的普遍本质和规律，向人们提供在特定范围或领域中具有一般性和普遍意义的哲学方法论。

应用哲学所回答的是人们特定的认识和实践对象、特定的社会活动领域是怎样的，在这里人们是怎样活动和应该怎样活动的。它关注的是与人的认识和实践活动密切相关的事物的本质、规律，是人们在特定领域中认识和实践活动的本质、规律。应用哲学既包含了人们对于客观事物的认识，也包含了人们对于自身的本质、需要、利益和价值的认识，同时更展示了人们根据客体尺度与主体尺度而对于理想的主体、客体和主客体关系的构建。

应用哲学既要运用最普遍和一般的哲学方法论研究具体科学部门的普遍本质、一般规律；又要运用最普遍和一般的哲学方法论研究人类在社会实践过程中遇到并提出的重大实践课题。它既可表现为关于自然、社会、思维等领域的一系列部门哲学或对各个领域科学问题的反思，也可表现为对社会发展进程中的重大问题进行哲学分析，对社会发展的战略、策略以及发展难题进行的哲学思考。理论哲学和应用哲学的目标、路径、特点是不同的。理论哲学侧重于从个别、特殊到一般，通过研究个别的、特殊的事物的本质和规律，进而逐步揭示事物的普遍本质、规律；应用哲学侧重于从一般、特殊到个别的思考，是以最普遍和一般的哲学世界观、方法论为指导，揭示个别的、特殊的认识和实践对象的本质、规律。

应用哲学既有一般哲学的共同点，也有不同于理论哲学的特点。

其一，普遍性与特殊性的辩证统一。应用哲学将具有普遍性的一般哲学理论，应用于分析、解决具有特殊性、具体性和实证性的特定对象，揭示对于特定对象和领域来说具有普遍性的规律。在面向特定领域和对象的应用哲学中，达成了某种普遍与特殊、一般与个别、抽象与具体的统一。

其二，主体尺度与客体尺度的统一。与理论哲学相比，应用哲学所研究的是人们活动的某一特定领域，所揭示的客观规律是这一特定领域的规律，所反映的主体的目的是人们在这一特定领域中从事实践活动所要达到的目的。无论是在规律认知方面，还是在解决问题方面，它较之于理论哲学更具有现实性、具体性以及与主体的高度相关性。

其三，研究对象的多样性，以及研究门类的多层次性和多学科性。应用哲学所研究的对象领域非常广阔，包括自然、社会、思维各个领域，经济、政治、文化各个方面，以及人们的各种社会活动。由于这些领域、方面和活动是分层次的，因而应用哲学也应当是分层次的。这样，就形成了应用哲学的宏观层次、中观层次和微观层次。不仅各个层次之间的应用哲学相互关联，同一层次中的应用哲学也是相互关联的。

其四，跨学科性和综合性的统一。应用哲学不仅需要一般的哲学方法论，而且需要具体科学的方法论，同时还需要具体科学知识的支撑。一门应用哲学学科往往是许多具体学科跨越交叉、综合创造的结果，是由诸多学科交叉综合而形成的。

其五，中介性。应用哲学是介于理论哲学与各具体科学部门和社会实践之间的中间环节。作为最一般的世界观和方法论的理论哲学，要发挥其指导具体认识和实践、推动认识世界和改造世界的作用，需要通过应用哲学这个中介，即把总的观点、原则和方法转化为比较具体的观点、原则和方法。这种从抽象到具体的转换，是通过应用哲学的研究和运用来实现的。

与当代社会发展高度专业化和综合化的趋势相适应，当代哲学的发展出现了分化的趋势。部门哲学、应用哲学应运而生，成为各个特定领域的实证研究和政策研究的方法论工具，如经济哲学、政治哲学、文化哲学、社会哲学、法律哲学、教育哲学、语言哲学、艺术哲学、科技哲学、信息哲学。与此同时，又出现了哲学综合的趋势，研究哲学的元问题和跨学科的重大问题。为人们提供总体性的思维方式和价值取向的具有普适性的哲学，将不断得到扩展和深化。

在现时代，哲学的发展呈现出深度分化和高度综合两种大的趋势。我们也应顺应这一时势，既要使哲学渗透、深入具体科学和实践的层面，建构各种具体的哲学分支学科和专题哲学；又要在分化、具体化、专门化的基础上，将各分支学科、应用学科的思想成果加以抽象、概括、提升，使之跃迁到综合哲学的层面，建构具有时代特点的新的应用哲学体系。

应用哲学较之理论哲学更具有可操作性，与客观实际或人们社会实践的关联更为切近和直接。应用哲学研究和运用的特点是紧密结合现实。在时代的变迁和经济社会发展实践中，要把那些需要从哲学高度加以分析和解决的重大的整体性、根本性的问题，作为应用哲学研究的对象。应用哲学的研究和运用，必须紧密结合当代世界科学技术的发展与进步，紧密结合人文社会科学的发展与进步，创建自然科学、技术科学、社会科学、人文科学、思维科学等领域的部门哲学，以建构内容丰富的适应当代科学进步和社会发展的应用哲学学科群。

二、应用哲学的分类

如前所述，应用哲学是研究一些具体科学部门、研究领域或重大问题的哲学分支学科。大部分应用哲学是两个方向交叉融合的结果：哲学的“下降”与具体科学或领域的“上升”，因此成为哲学与具体科学或领域问题的重要中介。根据其对象的不同，应用哲学可分为不同的类别。随着哲学自身的变革和社会实践的发展，应用哲学已初步形成由众多分支学科和研究方向构成的应用哲学学科群。目前比较重要的发展前景广阔的应用哲学学科，主要有以下这些。

经济哲学。经济哲学是对经济生活和经济理论进行哲学反思的分支学科。它是经济学和哲学的交叉学科，综合两门学科的优势，对社会经济运行和发展面临的重大问题进行整体性、本质性、基础性的哲学研究。马克思的《资本论》被认为是将哲学与经济学相结合的典范，是现代经济哲学的开创者。也有学者认为，政治经济学就是经济哲学。目前国内经济哲学研究主要附属于或挂靠在经济学科或马克思主义政治经济学科，在哲学学科内部比较少，因为要有一定的经济学专业基础。

政治哲学。政治哲学是哲学和政治学的交叉学科，既是用哲学的基本原理和方法研究政治问题的本质、一般规律以及方法论，又是一般政治理论上升到哲学高度的结果。根据研究方向和角度不同，又可分为马克思主义政治哲学、西方政治哲学、中国政治哲学等。近年来受罗尔斯、诺齐克等西方政治哲学家及西方马克思主义中关注研究政治问题的思潮影响，政治哲学成为国内哲学界越来越热门的研究方向，这是个好现象。但其中也存在一些明显的问题，如对西方政治哲学理论借鉴有余，原创性和中国化不足。

文化哲学。文化哲学是指用哲学的观点和方法研究文化问题，形成关于文化的基础性、一般性、本质性、普遍性理论和方法。西方文化哲学兴起比较早，可以追溯到启蒙运动时期。19世纪中叶以后的新康德学派（卡西尔等）是现代西方文化哲学的开创者。广义的文化哲学是对所有文化现象的哲学研究，包括观念（精神）文化、制度文化、社会文化、传统文化、精英文化、大众文化、文化产业、文化事业等，狭义的文化哲学主要研究观念（精神）文化。我们需要处理好文化哲学与文化学、文化人类学、文化社会学的关系。文化哲学研究以人类学、社会学的文化研究为基础和前提，又要进一步综合概括到哲学层面。近年来，随着中国特色社会主义文化的发展和繁荣，文化建设成为“五位一体”总体布局中的重要一环，文化哲学日益受到社会重视。文化哲学成为应用哲学热门分支，不仅推动了哲学理论的拓展和创新，对于一些文化热点问题，如经济发展与文化发展的关系、市场经济与道德和人文精神、传统文化的传承和创新、科技文化与人文文化的关系等的认识和解决，也提供了有益的参考。

科技哲学。科学技术哲学是哲学的重要分支学科，主要研究自然界的一般规律、科学技术的哲学问题等内容。它并不是一门新兴的应用学科，而是中国的哲学二级分支学科中历史比较久的，前身是自然辩证法。根据科学技术的进一步分化，科技哲学又可分为科学技术史、数学哲学、技术哲学、工程哲学、科技与社会、物理学哲学、生物哲学、信息哲学等。随着当代新科技革命日新月异、对社会发展的作用和影响越来越强，科技哲学研究越来越热，也越来越重要。目前关于人工智能和生物工程的哲学研究，是最为热点和前沿的问题之一。

社会哲学。社会哲学是研究社会问题的前提基础和本质性、普遍性的规律的哲学分支学科。无论就建立具体科学的哲学基础来说（社会学是一门具体科学），还是就经济社会发展的“五位一体”总体布局（经济、政治、文化、社会、生态）来说，社会哲学都有其必要性和合理性。但是在我国，由于马克思主义哲学特别是历史唯物主义实质上就是关于社会历史的哲学，再另外建立一门社会哲学意义不大。而过于实证化、具体化的社会哲学研究又难免与一般社会学混淆，所以社会哲学在我国发展前景不明朗。

生态哲学。生态哲学就是用哲学观点和方法研究人类社会与自然环境之间的关系及其普遍规律的哲学分支学科，它因应对全球性生态危机而产生，以人与自然的关系为基本问题，追求人与自然和谐发展的目标。随着全球生态危机日益严峻，生态哲学作为实践性、应用性很强的哲学分支学科，显得越来越重要。

发展哲学。发展哲学属于社会发展理论的最高层次，是马克思主义哲学的一个重要分支学科。发展哲学主要从本质和规律层面来研究社会发展问题，探讨发展本质、发展规律、发展价值、发展关系、发展观念、各国发展道路、发展模式等问题。发展哲学对于拓展和深化哲学研究，对于更好地认识社会发展现象、指导社会发展实践，都具有重要的理论意义和实践价值。

信息哲学。信息哲学是对现代信息科学的一般理论成果进行哲学概括的哲学分支学科，从领域上从属于科技哲学，但越来越具有独立的地位和价值。有学者主张，信息概念作为与物质、意识、能量同级别的概念越来越成为基本哲学范畴，对信息问题的哲学研究不仅具有重大的哲学理论意义，而且对于推动和引导人类进入信息时代的发展变革具有重大的实践意义。还有学者提出网络哲学（以互联网为研究对象的哲学）也可以作为信息哲学的分支。

在当前和可预见的将来，以人工智能、大数据、物联网、云计算、区块链等为代表的新信息技术，越来越深刻而全面地改变人类社会面貌，对这些问题的哲学研究越来越必要和紧迫。

三、哲学应用的特点和方式

哲学的应用具有实用性、中介性、创新性等特点。

首先，哲学的应用具有实用性。人们学习哲学是为了掌握、领会其中所蕴涵的基本立场、观点和方法，去观察、分析实际的思想问题或实践问题及学术研究中的一些矛盾和关系问题，以找到解决问题的出路和办法。如果哲学对于解决人们的思想问题和实践问题毫无助益，就失去了其存在的合理性和必要性。

其次，哲学的应用具有中介性。理论哲学作为一种系统化、理论化的世界观，处于社会意识形态的最高层面。它向人们展示的是一些总的指导原理，而不能为解决具体的思想和实践问题提供具体的答案。我们所讲的哲学的应用，主要是指理论哲学如何走向思想和实践的现实、实际，对思想和实践的现实、实际问题的解决发生影响。理论哲学的应用要经过中介环节来实现，并非直接面对人们所要解决的具体问题，而是通过影响人们的思维方式、价值取向和行为习惯等，发挥其干预现实、改造现实的作用。理论哲学的应用是从最一般的世界观层面开始，向应用哲学、实证科学和现实的社会认识与实践逐步具体化的过程。

最后，哲学的应用具有创新性。理论哲学向具体的实证科学、向现实的认识与实践问题的转化，就是运用哲学的基本立场、观点和方法，研究新情况，解决新问题，做出新论断，创立新理论，指导新实践。没有创新的哲学应用，不可能取得实际工作的进步和成功。

恩格斯指出："马克思的整个世界观不是教义，而是方法。它提供的不是现成的教条，而是进一步研究的出发点和**供**这种研究**使用**的方法。"① 哲学应用的基本形式，就是作为世界观的理论哲学向作为思想方法和工作方法的方法论的转化。

世界观和方法论紧密相关而又有所区别。哲学世界观是人们对于整个世界的根本看法，哲学方法论则是人们认识世界和改造世界的一般方法。世界观主要向人们揭示世界的本质和规律，解决世界是什么和怎么样的问题，主

① 马克思恩格斯选集：第4卷. 北京：人民出版社，2012：664.

要是解释世界的一套理论系统；方法论主要是向人们揭示怎样认识世界和改造世界，提供的是一套关于思想方法和工作方法的工具系统。

一种哲学的世界观和方法论是内在统一的。世界观是方法论的理论基础和认识前提，方法论是世界观走向应用的关键性的逻辑环节。马克思主义哲学不仅在系统化、理论化的世界观层面解释世界，揭示客观世界的本质和规律，而且在方法论层面为我们认识世界、改造世界提供科学的思想方法和工作方法，从而实现了世界观和方法论的高度统一。

当然，世界观并不直接就是方法论，它只是具有向方法论转换的潜在可能性。在世界观和方法论之间，需要哲学学习、研究和运用的主体自己内心揣摩体认并创造性转换。哲学应用的逻辑起点是系统化、理论化的世界观。世界观向方法论的转化，从一定意义上说，是由关于世界一般规律的理论哲学向作为认识世界和改造世界方法的应用哲学的转换。我们如果学好了哲学的基本理论和基本观点，掌握了认识和实践的一般规律，就有助于提高我们的认识水平和实际工作能力，有助于认识和把握特殊规律，更好地认识世界和改造世界。

在将世界观转化为方法论的思维行程中，首先应当学习和掌握正确的哲学理论观点，为哲学的应用提供一个科学、可靠的理论前提。为此，就需要加强马克思主义哲学基本原理的学习，掌握其精髓和实质；就需要联系新的实际和新的实践学习马克思主义哲学，对自然、社会、思维领域人类活动的新成果、新经验进行及时而准确的概括总结，为马克思主义哲学理论增添新的内涵。这就要求我们在继承的基础上创新，在坚持的前提下发展，以一种与时俱进、积极进取的精神状态和思想态度对待马克思主义哲学，对待主体的思维方式和价值取向，使自身的哲学素质、思维能力、创造才能得以丰富、发展和提高。其次，要加强方法论的研究和创新。应当重视对世界观向方法论转换机制的研究，加强理论思维的训练和培养，注重方法论的运用和实践。加强对于哲学方法论系统的研究，建构与世界观系统相称的方法论系统，将为人们认识和改造世界提供科学而完备的方法论之网。

哲学方法论的建构和应用，是哲学学习、运用的主体智慧和能力的表征。哲学理论和哲学方法可以书写、传授，但哲学理论和哲学方法运用的能力、技巧，则是具有个性化的活动。毛泽东说：“古人所谓‘运用之妙，存乎一心’，这个‘妙’，我们叫做灵活性，这是聪明的指挥员的出产品。灵活不是妄动，妄动是应该拒绝的。灵活，是聪明的指挥员，基于客观情况，‘审时度势’（这个势，包括敌势、我势、地势等项）而采取及时的和恰当的处置方法的一种才能，即是所谓‘运用之妙’。”① 要想得心应手地灵活运用哲学理论和方法绝非易事，必须在应用过程中充分发挥主体的能动性。哲学的应用能够全面展现主体的智慧和能力，充分发挥主体的主动性和创造性。

在哲学理论向哲学方法转换和对于实际问题求解的过程中，我们要注重掌握哲学理论、思想的精髓，而不是单纯背诵和套用个别词句；要密切联系实际，而不是离开实际空洞地学习和研究；要创造性地同自己的研究工作和实际工作相结合，而不是机械地照搬照抄。我们要有客观、全面的唯物辩证法的眼界，而不是执于一端、不及其余；要把唯物论和辩证法结合起来，而不是离开唯物论讲辩证法或离开辩证法讲唯物论。要学会统观全局、总揽全局、高瞻远瞩、深谋远虑，增强思想和工作的系统性、预见性，而不是目光短浅，走一步看一步；要坚持适度的原则，刚健而适中，进取而及时，当进则进，当止则止，避免过与不及。马克思主义哲学的应用体现了在坚持唯物论前提下的辩证法，在尊重客观规律前提下的能动性，以及在坚持原则前提下的灵活性。哲学的运用既有一定的原则、规范，又与事推移，万变不穷。无论是那些杰出的哲学大师，还是那些实践着的哲学家、思想家、战略家，他们或者经过思想理论上的学习体察、沉思默会，或者将哲学的精髓运用于对实际问题的求解和引领波澜壮阔的社会发展实践的历练，将哲学的运用提升到了融会贯通、触类旁通、出神入化的程度。

第三节　哲学应用的实践层面

应用哲学虽然叫“应用”哲学，但仍然属于哲学应用的理论层面。更重要的是，哲学应用最终一定要落实到实践层面，落实到社会发展和个人实践中。哲学应用的实践层面又有两个方面：一是对于个人而言，有助于树立“三观”（世界观、人生观、价值观），提升哲学综合素质，创造智慧人生。二是对于社会而言，促进推动社会发展和变革。

一、哲学与世界观、人生观、价值观

哲学对个人最大的作用，是帮助人们树立健康的“三观”：世界观、人生观和价值观。一般而言，哲学就是系统化、理论化的世界观和方法论。哲学

① 毛泽东选集：第2卷．北京：人民出版社，1991：494.

定义中的世界观是广义的世界观，包含其他一切具体领域的“观”。而我们在日常生活层面说的世界观是狭义的世界观，指个人对宇宙人生的总的看法。个人的世界观从属于哲学的总体世界观，哲学的总体世界观是个人世界观的基础。诚然，不学习和研究哲学，普通人也可以树立“三观”，但那是不自觉、不稳定、零散和不健全的。自觉学习和研究哲学，在哲学世界观指导下树立的“三观”，则是自觉、稳定、系统和健全的。

具体来说，个人需要树立的世界观大致包括这些问题：世界是什么？物质是第一性的还是意识是第一性的（唯物主义还是唯心主义）？世界是可知的还是不可知的？世界万物是孤立、静止的还是普遍联系、运动变化的？世界的起源、发展过程和未来前景怎样？世界有没有客观规律（普遍必然性）？如何认识人的主观能动性和客观规律的关系？如何认识和把握人类社会的普遍规律？

由于每个人的民族、阶层、文化背景、知识水平、认知能力、性格品质不同，每个人所秉持和信奉的世界观各不相同，原则上讲没有优劣、对错之分。但是在现代文明社会，个人必须遵守一些关于世界认识的基本原则和底线，否则就不能容于社会，甚至不能生存。

个人的世界观不是固定不变的，而是有一个不断发展、成熟的过程。一般来说，一个人未成年时，也是世界观逐渐形成的阶段。成年以后，世界观就基本成熟，通常情况下相对稳定、变化不大。所以，少年儿童到青年时期的世界观培养是关键性的，在这一时期有意识、有目的且适当地学习和思考哲学，提升哲学素质，对于一个人的健康成长非常重要。

个人的人生观指个人对自己人生的本质、目标、成长路径、理想信念、价值选择、生活质量等的总的看法。相对于世界观，人生观对个人一生的作用更加直接和重要。人是有意识、有目的、有能动性和创造性的智慧生物，不能只依靠动物本能来生活，而是要确立一定的理想目标、价值信念和生活原则。通俗地讲，人活着总要有活着的意义，这就是人生观要解决的主要问题。关于人生观的学问又称为人生哲学，也是哲学的重要分支学科。

具体来说，人生观主要包括这些问题：如何看待生、死、活着？人为什么活着，活着有什么意义？人生的理想目标是什么？怎样达到这一理想目标？如何认识和处理自我与他人、个人与社会的关系？如何处理利益、财富、功名、健康、欲望、安全、情感、意志等问题及其相互关系？如何看待身心关系？如何看待知、情、意的关系？如何做一个自由全面发展的人？

同世界观一样，个人的人生观也不是一成不变的，而是随着个人的成长和发展不断变化的。青春期（成年前的时期）也是人生观建构走向成熟的关键时期。人生观的建构固然要受到他人和社会（家庭、学校等）的影响，但从根本上讲，还是取决于个人的意愿和努力。法国哲学家萨特曾提出“存在先于本质”，强调人的存在是不断生成的，而不是既定的，人的本质是在存在中不断建构和发展出来的。他没有否定人生观的重要性，但是强调人生观不是前人和社会给定的，而是主体在生活实践中建构和发展起来的。

有了健全的人生观，人生之路未必就能走得好，因为还要取决于具体的人生实践和复杂的社会条件；但没有健全的人生观，人生之路一定走不好。假如人生之路的基础、方向、路径、方法都错了，走得越快后果越危险。俗话说，“一步错，步步错”，讲的就是这个道理。

狭义的价值观其实包含在世界观和人生观中，是指对于世界和人生中的价值问题的总的看法。价值观主要包括对真假、是非、对错、善恶、美丑等价值的认知、判断和选择，例如著名的“电车难题”和“救生艇难题”等等。对于不同价值取向和价值判断的研究，形成了不同的价值理论，如个人主义、集体主义、功利主义、现实主义、理想主义、唯意志主义、虚无主义等。日常生活中很多人的价值观都是不自觉的、模糊的、不稳定的，甚至是混杂的、矛盾的，受其影响或支配，会产生或做出一些荒谬的、不合情理的想法和行为。而如果学习了哲学，尤其是人生哲学和价值哲学，就可以帮助我们自觉树立健全合理的价值观，有助于我们更好地生存和发展。

当然，除了这“三观”，还有一些更具体层次的“观”也很重要，如社会历史观、道德观、名利观、学习观、工作观、职业观、生活观、婚姻家庭观等。由于这些更具体的观点包含在前面的三观内，这里就不展开论述了。

总之，树立和健全世界观、人生观、价值观这“三观”，是一个人成长和发展中最重要的问题。学习和研究哲学，尤其是哲学中与世界观、人生观、价值观相关的思想理论，对于个人自觉树立“三观”具有不可替代的重要作用，这也是哲学应用对于个人而言的首要方面。

二、提升哲学素质，创造智慧人生

哲学的应用对于个人而言的第二个方面，是提升哲学素质、创造智慧人生。哲学素质是人的综合素质的一个重要方面，哲学教育则是提高人的哲学素质的根本途径。人的素质主要包括思想道德、知识结构、健康人格、创造精神等方面。这些素质的形成和发展，都与哲学理论的学习和哲学素质的提高密切相关。提升哲学素质，创造智慧人生，有几种具体途径可供参考。

1. 以马克思主义哲学为指导提升哲学素质

提升哲学素质，首先要以解放思想、实事求是、与时俱进的态度学习和应用马克思主义哲学。解放思想、实事求是是马克思主义的思想路线，与时俱进是马克思主义哲学的理论品质。马克思主义哲学在实践的基础上建构起来，并且随着实践的发展而发展，在实践中丰富和完善，在实践中获得生机活力。与时俱进是马克思主义理论的内在要求。马克思主义是正确反映客观实际的科学，始终严格以社会实践和客观事实为根据。而实践和事实总是不断发展变化的，因此，马克思主义也必定随着时代、实践和科学的发展而不断发展。马克思、恩格斯、列宁、毛泽东、邓小平等历来反对教条主义和思想僵化，总是强调与时俱进，根据历史条件的变化、时代的变迁而不断丰富和完善自己的理论。实践需要理论的指导，实践是认识的基础，人们的认识或理论只能在实践中产生，在实践中接受检验，在实践中发展和完善。同时，在实践中产生的理论又成为人们进一步实践的指导思想。

客观事物的发展和实践的发展是没有止境的，人们对于客观事物的认识，以及相应的理论的生成和发展也是没有止境的。马克思主义是在实践的基础上产生，在实践中发挥改造世界的巨大作用，进而在实践中得以丰富和发展的理论。坚持理论与实践相结合，这是马克思主义的基本原则和基本方法。马克思主义理论要不落后于时代，能够指导各国无产阶级政党领导的革命和建设事业不断走向胜利，发挥其改造主观世界和客观世界的巨大作用，就必须与时俱进，随着实践的发展而发展。与时俱进是马克思主义创新与发展的正确途径。马克思主义自 19 世纪中叶诞生以来的历史，就是与时俱进、不断创新的历史。马克思主义经典作家从来不把自己的理论视为一成不变和不可移易的终极真理，而总是随着实践的发展，根据新的实践经验来丰富和发展自己的理论，让自己的理论接受社会实践的检验。

因此，我们在实际学习、工作和生活中要发扬与时俱进的精神，就必须使我们的认识和实践体现时代性，把握规律性，富于创造性。面对当今世界经济、政治、科技、文化发生的重大变革，我们既要坚持马克思主义的立场、观点和方法，坚持马克思主义的基本原理，又要贯彻解放思想、实事求是的思想路线，自觉地把思想认识从那些不合时宜的观念、做法和体制中解放出来，从对马克思主义的错误的和教条式的理解中解放出来，从主观主义和形而上学的桎梏中解放出来。当代中国的发展要求我们坚持马克思主义的立场、观点和方法，准确把握当今时代和中国国情特点，积极探索共产党执政的规律、社会主义建设的规律以及人类社会发展的规律，不断进行理论创新，用发展着的马克思主义指导发展着的新的实践。

我们还要致力于提高和增强理论联系实际的能力，研究和解决前进中的问题。把理论和实际创造性地结合起来，解决我们在改革与建设、经济与社会发展过程中遇到的重大问题，这是我们学习、研究、运用哲学的根本目的。能不能做到主观符合客观、理论联系实际，创造性地推进理论和实践的发展，最能体现人们的综合素质，是马克思主义同主观主义在学风和态度上的根本区别。

主观主义特别是教条主义和经验主义，不调查研究，不实事求是，不研究历史和现状，无的放矢，不懂得理论的应用，只沉醉于抽象的所谓理论研究。马克思主义的学风和态度，则是有的放矢，实事求是，就是深入调查研究，把马克思主义基本原理与中国革命、建设和改革的实际结合起来，不断推进马克思主义的中国化、时代化和大众化。例如，在中国新民主主义革命时期，教条主义者把马克思主义教条化，把共产国际的指示神圣化，把别国的革命经验绝对化，指导革命不是从中国的实际出发，而是从抽象的理论和主观愿望出发。在革命性质问题上，混淆民主革命和社会主义革命，试图在民主革命时期完成社会主义革命的任务；在革命道路问题上，不顾中国经济政治发展不平衡的实际情况，机械照搬别国革命的模式，搞城市中心论；在军事战略问题上，无视敌强我弱的严峻形势，搞进攻中的冒险主义、防御中的保守主义以及退却中的逃跑主义，结果使党和红军遭受重大损失。而毛泽东等中国共产党人的优秀代表，不是把马克思主义当作僵死的、只能机械照搬照抄的教条，而是当作科学的立场、观点和方法，以此来分析中国国情，制定正确的政治路线、组织路线和军事战略，开辟了指导中国新民主主义革命走向胜利的正确道路。

2. 提升哲学素质，要继承和创新传统文化

哲学整体素质的提高，人的自由而全面的发展，是在文化的继承和创新过程中得以实现的。为此，尤其是要继承和创新中华优秀传统文化。

中华民族具有五千年的文明史，中华文明是世界古代文明中唯一一个延续发展至今不曾中断和消亡的文明，对此，每一个当代中国人都应该感到无比的自豪。在中华民族悠久的共同生产和社会生活的过程中，形成了为大多数成员所认同、接受、遵循、践行的思维方式、价值取向、道德规范，形成了中华传统文化。这些思想文化传统作为一种文化积淀，历久弥新，在中华民族的发展与延续过程中发挥了恒久的精神支撑作用，并在现时代仍具有旺盛的生命力。人在历史传统中生存和发展，每一代人都以传统文化为思想文化背景，进而开始自己的精神创造活动和文化创新活动。中华传统文化是我们文化之根、文化之本、文化之源，是我们继续往前走的前提基础，永远不能遗忘、背弃、割断。我们要学习哲学，提升哲学素质，必须对传统文化采取批判继承的态度和方法，取其精华，去其糟粕，传承创新。

中国传统文化是一个源远流长、博大精深的精神宝库，包含着异常丰富的内容和形式，百家争鸣，诸子交锋，流派纷呈，气象万千。儒、道、法、墨、名、阴阳、兵诸家竞争融合，使中华文明云蒸霞蔚，奔腾向前。其中儒家文化作为中国封建社会两千多年的主流文化，对中华民族的思维方式、价值取向和行为模式，产生了极大而深远的影响。

在人与物的关系，传统文化高扬人的主体性，体现了以人为本的价值取向。儒家认为，“太极”是宇宙的本体，太极内部阴阳两种对立的力量相互激荡，动变不已，生成天地万物。宇宙动变不息的目的，就是创造天地万物、社会人生的生命，整个宇宙就是一条运动不息的生命湍流。“生生之谓易”（《周易·系辞上》），“天地之大德曰生”（《周易·系辞下》）。儒家对于人在宇宙中的地位、人之区别于物的特点，进行了深入的思考和探讨。人类不仅拥有万物所具有的一切品性，而且具有自己特有的品性。荀子说：“水火有气而无生，草木有生而无知，禽兽有知而无义，人有气、有生、有知，亦且有义，故最为天下贵也。”（《荀子·王制》）

在肉体与精神、身与心两个方面，中国传统文化作为一种以人为本的文化，主张珍视、善待现实的人生，珍视和善待肉体生命和精神生命。但在这二者之间，更注重精神生命的价值，高扬道德精神，挺立主体人格。孔子主张以仁义为重。仁即“爱人”，义者宜也。“君子义以为质”（《论语·卫灵公》），“君子义以为上”（《论语·阳货》）。人们在履仁行义的过程中，当遇到强大的外力逼迫，以至于超出了自己的肉体承受能力时，儒家主张杀身成仁、舍生取义。孔子说：“三军可夺帅也，匹夫不可夺志也”（《论语·子罕》），“志士仁人，无求生以害仁，有杀身以成仁”（《论语·卫灵公》）。孟子也说：“生亦我所欲也，义亦我所欲也，二者不可得兼，舍生而取义者也。”（《孟子·告子上》）他主张养“浩然之气”，崇尚“富贵不能淫，贫贱不能移，威武不能屈”（《孟子·滕文公下》）的大丈夫人格。

在道义与功利问题上，中国传统文化肯定二者对于社会与人生的价值。但在二者之间更重视道义对于人生完善和境界提升的价值，主张见得思义，取之有道，反对汲汲于个人一己私利。孔子说：“君子喻于义，小人喻于利”

(《论语·里仁》),“不义而富且贵,于我如浮云”(《论语·述而》)。墨子及其门徒以兴天下之利、除天下之害为仁义,为的是实现兼爱交利的社会理想。在儒家、墨家崇仁尚义的思想观念影响下,重道义、尚气节成为中华民族始终不渝的价值取向和历久弥新的道德主题。

在个人与社会的关系问题上,传统文化倡导重视群体利益、高扬爱国主义的价值取向。历史上无数志士仁人将内在道德的充实和人格的完善同仁民爱物、经世致用的政治实践和大道之行、天下为公的理想社会的追求结合起来,克己守心,修齐治平,先天下之忧而忧,后天下之乐而乐。“为天地立心,为生民立命,为往圣继绝学,为万世开太平”(张载:《横渠语录》)。他们以强烈的责任心和使命感,献身于社会进步、民族独立和国家富强的崇高事业。

在人生态度问题上,传统文化切近现实,注重实践,自强不息,厚德载物,进取创造,立己立人,追求个人人生的完善与社会发展进步的统一。这种人生态度逐渐形成了人民大众刚健勇毅、宽容敦厚、乐天自信、坚韧耐久的特有性格。在人生实践的方法论原则上,传统文化主张刚健而时中,进取而及时,与时偕行,因时制宜,努力使人的内心修养、行为实践与社会现实、世代变迁保持协同适应的状态。

有学者认为,在传统文化中蕴涵着作为其核心和灵魂的基本精神,可以用《易传》中的两句话来表达,这就是:“天行健,君子以自强不息。”(《易传·象·乾》)“地势坤,君子以厚德载物。”(《易传·象·坤》)天道运行不息,君子应效法天道,刚健有为,积极进取;大地广阔敦厚,君子应效法大地,以博大的胸襟包容万物。

中华传统文化高扬人的主体地位和价值,重群体,讲道义,尚气节,思进取。历史上无数志士仁人在这种文化传统的驱策激励下,以天下为己任,以经世致用为职志,以强烈的责任心和使命感,献身社会进步、民族独立和国家富强的崇高事业。中华民族在巨大的苦难面前不丧失热爱生活的信念和独立不倚、威武不屈的品格,以其强大的生命力和凝聚力,历尽劫波,奋发前行,从遥远悠久的历史走向现代社会,并满怀信心地走向未来。

在现时代,我们应当努力发掘、继承、弘扬传统文化中的积极成果,为我国的思想、道德和文化发展服务,为培育社会主义核心价值观、提高全民族的哲学文化素质服务。

3. 做新时代自由全面发展的人

人是社会历史的主体,也是社会历史发展的本质和目的。社会发展以人的生存和发展为最高价值取向。由于人的生存与发展的物质和精神需要的多样性，基于人的各种需要的生产或供给的多样性，以及人类需要的连续性、再生性和递增性，使社会发展成为一个经济、政治、文化等诸方面诸领域整体运行、协调演进和持续上升的过程。人的多层次需要的满足、整体素质的提高、自由而全面的发展，是社会发展的根本取向和最高价值。

早在 19 世纪中叶，马克思、恩格斯就预言，随着社会生产力的高度发展，社会财富的标准将不再是劳动的消耗，即不再是工作的时间和数量，而是组成社会的个人能力和素质的发展。社会发展的最终目标是共产主义社会，在人的方面就是实现人类解放与人的自由全面发展，即“每个人的自由发展是一切人的自由发展的条件”①。现在，我们已经确立了以人民为中心的发展思想和创新、协调、绿色、开放、共享的新发展理念，明确了新时代社会主要矛盾的变化，把不断满足人民群众对美好生活的需要确立为我们经济社会发展的根本目标。人才资源是信息时代经济社会发展的第一资源，人的综合素质是社会制度与体制的改革创新和高效运行的重要保证。对于人的发展和现代化人格的塑造，不能仅仅从社会发展的最终结果和目标的意义上来理解，还要从其本身就是社会发展、现代化进程的核心动力和必要条件的意义上来理解。

作为社会发展主体的人是具有多重属性、从事多种活动的多向度的人，人的需要和人的价值也是多层次、多维度的。以人的发展程度与总体性的、完整的人的生成为核心的衡量社会发展的价值尺度，也必然是一个多维的价值体系。需要与社会个体和社会整体的生命活动相伴生，是社会发展的最深刻的动因，也是社会对于人的价值生成的深刻根据。人的多重需要以及作为各种需要之实现的价值，也是一个等级式的系统整体。

对于人的需要，有人将其分为物质需要和精神需要；有人将其分为生存需要、发展需要和自我实现的需要。美国人本主义心理学家马斯洛按照由低级到高级的顺序，将人的需要依次分为生理需要、安全需要、爱的需要、尊重的需要以及自我实现的需要。各种需要的强烈程度和优先程度是不同的。越是低层的需要，越是关系到生命机体生存的需要，人们对于它的追求就越迫切，因而表现得就越强烈，它对于高层需要来说就越具有优先性。低层需要比高层需要强烈优先，高层需要则比低层需要更有价值，更有利于人的发展和自我实现。低层需要主要关涉个人，是以自我满足为目标的；高层需要

① 马克思恩格斯选集：第 1 卷. 北京：人民出版社，2012：422.

与满足则具有有益于社会公众的效果。自我实现的需要是人在超越性动机驱使下，希望自己的潜能得到充分发挥和实现的心理指向。自我实现需要的满足达成了个人与社会、自我价值与社会价值的统一。在满足低层需要前提下追求高层需要的满足，可以使人的潜能获得全面发展，造就更全面和更真实的个性。

由于人的需要是一个有层级的结构，因而以人为价值取向的整体性的社会发展就应当为人的生存与安全提供合理的生活资料保障和稳定的社会环境；人的主体能力和社会贡献应得到积极的评价；应尊重、保护、发挥人的自由自主性和能动创造性，为人的潜能的发展、价值的实现提供社会条件和可能性空间。

为了满足人的生存需要，就必须发展科学技术，促进生产力和经济的发展，保证人最基本的生存需要的满足，使人们能够过上幸福生活。随着科学技术、生产力和劳动生产率的提高，社会应逐步扬弃劳动时间和自由时间的对立，使生产不仅满足人的生存需要，而且为满足人的更高层级的需要，为人的全面发展奠定丰厚的物质基础。

为了满足人的安全需要、爱的需要和尊重的需要，就必须改革、调整、完善、优化人的各种社会关系，创造民主、法治、公平、正义的社会环境，提高社会成员的参与意识，增强其尊严感、归属感、获得感、安全感和幸福感。而人的自我实现是人的潜能的充分发挥，集中体现了超越给定性和有限性的能动创造本质。它的实现既以社会的高度发展为前提，同时也是社会发展的强大动力。人的自我实现也就是人的自由而全面的发展。

自由是人的本质特性，是人作为主体的需要和目的与客体的必然性即规律性的现实统一，是人遵循合目的性与合规律性相统一的原则，从事有意识的自觉能动的创造活动，使人与自然、人与人以及人与自身的关系达成的一种理想状态。人的自由与人的全面发展是同义的，是在同一个过程中实现的。

人的全面发展首先是人的多方面需要的发展。人的现实需求结构的复杂性和多层级性，既反映了人的个性的丰富性、生活方式的特征和人的发展水平，同时也反映了社会对人的需要的培育与满足的程度。

其次，人的全面发展是在生产力高度发达的基础上个人劳动社会化，形成普遍的物质变换和物质关系以及政治、法律、伦理、文化等其他方面全面而丰富的关系；并且随着交往的普遍化，突破狭隘的地域性和民族性的限制，形成世界性、全球性的联系。人的片面性根源于生产力不发达的情况下物质关系和其他社会关系的狭隘性，而世界历史的形成和生产、消费、交往的普遍化则必然造就全面发展的人的个性。

最后，人的全面发展是个人能力的全面发展。人具有物质的和精神的天赋能力，具有生产、消费、认知、交往、道德、审美等各种潜能。个人能力的全面发展就是致力于发展和引导人的各种潜能，使人不断追求更丰富和全面的个性、更好的生存状态和更高的存在价值。人的自由而全面的发展既体现了个体人格的丰富性和全面性，又体现了人之为人的开放性、未定性和无限超越性。

人的自由全面发展是马克思主义的崇高社会理想和人生理想，也是在社会主义初级阶段中国共产党和全体人民的目标追求。这一目标追求体现在中国特色社会主义事业不断推进中，体现在“五位一体”总体布局和“四个全面”战略布局中，体现在以人民为中心的发展思想和“创新、协调、绿色、开放、共享”的发展理念中，体现在实现“两个一百年”目标即中华民族伟大复兴的中国梦的进程中。关键是在经济社会发展中不断实现好、维护好和发展好最广大人民的根本利益和对美好生活的需要。学习哲学，提高哲学素质，有助于每个中国人更好、更自觉地为实现这一理想追求而努力奋斗。

三、哲学发展变革推动社会发展变革

哲学的应用对社会而言，主要是推动促进社会发展变革。哲学与现实社会处于互动的关系之中。现实通过主体对于经验、科学的概括和抽象而反映到主体的观念中来，由感性的具体上升到理论的抽象再到理论的具体，达到哲学的高度；哲学又通过应用哲学、实践观念的中介走向现实社会生活，推动和促进社会发展。或者说，哲学首先解释世界，然后改变世界；解释世界是为了改变世界，哲学的最终目的是改变世界。这是现代哲学特别是马克思主义哲学的本质特征，是哲学发展繁荣的必由之路，也是现实社会对于哲学的迫切需要。

马克思主义哲学的本质要求，就是要为无产阶级和人民群众认识世界、改造世界提供精神武器，使自己与无产阶级和广大人民群众的实践相结合，转化为改造客观世界的强大物质力量。马克思指出：“任何真正的哲学都是自己时代的精神上的精华，因此，必然会出现这样的时代：那时哲学不仅在内部通过自己的内容，而且在外部通过自己的表现，同自己时代的现实世界接触并相互作用。”① 哲学如果离开了与现实世界的相互作用，就既不能从现实

① 马克思恩格斯全集：第1卷. 北京：人民出版社，1995：220.

世界中吸取新的经验和知识，又不能应用于现实的改造自然和社会的生动的、发展着的实践，就将变成僵死的东西。毛泽东也非常重视哲学应用的意义和价值。他说："对于马克思主义的理论，要能够精通它、应用它，精通的目的全在于应用。"[①] 他反复告诫广大党员和干部，要学会运用马克思主义的观点去做形势的分析，进行调查研究，把马克思主义基本理论同中国实际创造性地结合起来，以解决中国革命和建设的实际问题。他把运用马克思主义的基本立场、观点和方法来说明、解决实际问题，作为检验学习理论成效大小的尺度，反对无目的地学习马克思主义、不用马克思主义之"矢"射中国革命之"的"的空头学问家，反对只知夸夸其谈、不能运用马克思主义基本原理来解决中国革命实际问题的教条主义者。

应用是马克思主义哲学不断发展和创新的根本途径。纵观马克思主义哲学的发展历程，可以使我们深深感受到，马克思主义哲学是在波澜壮阔的社会实践过程中不断得以丰富和发展的。马克思主义哲学为政治经济学和科学社会主义的研究提供了世界观和方法论，而对政治经济学和科学社会主义的深入研究又催生了哲学思维新的成果，使马克思主义哲学不断得以丰富和发展。在马克思主义理论指导下的社会主义运动，使世界历史发生了巨大而深刻的变化；而无产阶级和广大人民群众改造世界的伟大实践，又为丰富和发展马克思主义提供了宝贵的历史经验。马克思主义传入中国之后，在马克思主义中国化进程产生了毛泽东思想和中国特色社会主义理论体系（包括邓小平理论、"三个代表"重要思想、科学发展观、习近平新时代中国特色社会主义思想）这两大理论成果，这是在把马克思主义哲学基本原理同中国革命、建设、改革的实际相结合的过程中，在同形形色色的主观主义、教条主义、经验主义、机会主义等错误思潮的斗争中，在不断总结和概括中国革命、建设、改革的实践经验教训的基础上，逐步形成和发展起来的。马克思主义中国化过程的核心内容，就是马克思主义哲学中国化的过程。马克思主义哲学中国化、时代化和大众化的发展历程，不仅是马克思主义哲学本身发展变革创新的历史，更是推动促进中国社会发展变革创新的历史，并将继续推进近代以来中华民族伟大复兴的历史进程。

在实践中应用和发展马克思主义哲学，是我国新时代进行中国特色社会主义建设的迫切需要。真正的哲学作为时代精神的精华，应当而且能够就现时代的重大理论问题和现实问题做出自己的回答。如果哲学理论不能对重大

① 毛泽东选集：第3卷. 北京：人民出版社，1991：815.

现实问题做出回应、解释、反思、批判、解决，就会从根本上失去自己存在的合理性和价值，就会被社会所抛弃。哲学应当关注和研究什么样的重大现实问题？对此，当然可以见仁见智、求同存异。但从当代世界和中国发展的大视野、大变局、大趋势看，经济全球化、社会信息化、政治多极化、文化多样化，以及全球生态危机、发展模式创新、金融危机、新科技革命、非传统安全、文化与意识形态冲突、构建人类命运共同体等问题，显然是特别重大、关键、紧迫和复杂的问题，迫切需要对其进行深刻而全面的哲学思考。哲学面临的新情况、新问题、新挑战不是太少而是太多，不是太小而是太大，责无旁贷，任重道远。

习近平同志2016年在哲学社会科学工作座谈会上的讲话中指出："坚持问题导向是马克思主义的鲜明特点。问题是创新的起点，也是创新的动力源。只有聆听时代的声音，回应时代的呼唤，认真研究解决重大而紧迫的问题，才能真正把握住历史脉络、找到发展规律，推动理论创新。"这一重要指示是当前、今后一个时期我们发展和应用哲学特别是马克思主义哲学的指导原则。当代中国哲学发展的最重要的现实任务就是构建21世纪中国的哲学体系，认识和解决新时代中国特色社会主义建设过程中需要正确认识和处理的一系列重大问题，认识和解决当代世界和中国社会发展中面临的一系列重大挑战，为中华民族伟大复兴的中国梦的实现，为构建人类命运共同体做出应有的更大的贡献。

思考题

1. 在众多的应用哲学中，你最感兴趣和最想研究的是哪一个？
2. 哲学对于个人树立世界观、人生观和价值观有什么作用？
3. 哲学如何推动社会发展？
4. 如何构建21世纪中国的马克思主义哲学？

参考文献

1. 马克思恩格斯选集：第1—4卷. 北京：人民出版社，2012.

2. 马克思恩格斯全集：第1卷. 北京：人民出版社，1995.

3. 马克思恩格斯全集：第3卷. 北京：人民出版社，2002.

4. 马克思恩格斯全集：第44卷. 北京：人民出版社，2001.

5. 列宁选集：第4卷. 北京：人民出版社，2012.

6. 列宁全集：第55卷. 北京：人民出版社，1990.

7. 毛泽东选集：第1—4卷. 北京：人民出版社，1991.

8. 梁启超哲学思想论文选. 北京：北京大学出版社，1984.

9. 胡适. 中国哲学史大纲：卷上. 北京：东方出版社，1996.

10. 冯友兰. 中国哲学史：上册. 北京：中华书局，1961.

11. 冯友兰. 中国哲学简史. 北京：北京大学出版社，1996.

12. 郭沫若. 十批判书. 北京：人民出版社，1954.

13. 肖前，主编. 马克思主义哲学原理（上、下）. 北京：中国人民大学出版社，1994.

14. 夏甄陶，李淮春，郭湛，主编. 思维世界导论——关于思维的认识论考察. 北京：中国人民大学出版社，1992.

15. 陈志良. 思维的建构和反思. 北京：中国人民大学出版社，1989.

16. 王霁. 认识系统运行论. 北京：中国人民大学出版社，1990.

17. 高晨阳. 中国传统思维方式研究. 济南：山东大学出版社，1994.

18. 张曙光. 人的世界与世界的人——马克思的思想历程追踪. 郑州：河南人民出版社，1994.

19. 宋健，主编. 现代科学基础知识. 北京：科学出版社，中央党校出版社，1994.

20. 张霭珠. 谋略之战——辩论赛的理论、筹划与运作. 上海：复旦大学出版社，1997.

21. 韩庆祥. 能力本位. 北京：中国发展出版社，1999.

22. 陈先达. 静园论丛. 北京：中国人民大学出版社，2000.

23. 易杰雄. 创新论. 合肥：安徽文艺出版社，2000.

24. 杨信礼. 发展哲学引论. 西安：陕西人民出版社，2001.

25. 陈中立，杨楹，林振义，倪健民. 思维方式与社会发展. 北京：社会科学文献出版社，2001.

26. 张世英. 哲学导论. 北京：北京大学出版社，2002.

27. 贺金瑞. 全球化与交往实践. 北京：中国广播电视出版社，2002.

28. 李文阁. 回归现实生活世界. 北京：中国社会科学出版社，2002.

29. 郭湛. 主体性哲学——人的存在及其意义（修订版）. 北京：中国人民大学出版社，2011.

30. 郭湛，等. 公共性哲学——人的共同体的发展. 北京：中国社会科学出版社，2019.

31. 常晋芳. 人文博物馆·哲学卷. 济南：山东教育出版社，2008.

32. 陈筠泉，刘奔，主编. 哲学与文化. 北京：中国社会科学出版社，1996.

33. 孙正聿. 哲学通论. 沈阳：辽宁人民出版社，1998.

34. 黄晓斧. 哲学文献检索与利用. 成都：四川大学出版社，1988.

35. 宛哲仁，主编. 应用哲学研究. 北京：中国青年出版社，1990.

36. 姚伯岳. 版本学. 北京：北京大学出版社，1993.

37. 欧阳康. 哲学研究方法论. 武汉：武汉大学出版社，1998.

38. 舒远招. 智慧的芳香. 北京：科学出版社，2001.

39. 苗力田，主编. 古希腊哲学. 北京：中国人民大学出版社，1989.

40. 北京大学哲学系外国哲学史教研室，编译. 古希腊罗马哲学. 北京：商务印书馆，1961.

41. ［古希腊］柏拉图. 理想国. 北京：商务印书馆，1986.

42. ［古希腊］亚里士多德. 形而上学. 北京：商务印书馆，1959.

43. ［德］黑格尔. 逻辑学（上卷）. 北京：商务印书馆，1966.

44. ［德］黑格尔. 精神现象学（上卷）. 北京：商务印书馆，1979.

45. ［德］黑格尔. 小逻辑. 北京：商务印书馆，1980.

46. ［德］黑格尔. 哲学史讲演录：第1卷，第3卷. 北京，商务印书馆，1959.

47. ［苏］阿尔森·古留加. 黑格尔小传. 北京：商务印书馆，1978.

48. [法] 保尔·拉法格. 回忆马克思恩格斯. 北京：人民出版社，1973.
49. [英] 罗素. 西方哲学史（上卷）. 北京：商务印书馆，1982.
50. [美] 苏珊·朗格. 情感与形式. 北京：中国社会科学出版社，1986.
51. [英] 卡尔·波普尔. 猜想与反驳——科学知识的增长. 上海：上海译文出版社，1986.
52. [英] 卡尔·波普尔. 客观知识——一个进化论的研究. 上海：上海译文出版社，1987.
53. [美] 理查·罗蒂. 哲学和自然之镜. 北京：生活·读书·新知三联书店，1987.
54. [美] 莫蒂默·艾德勒，查尔斯·范多伦，编. 西方思想宝库. 长春：吉林人民出版社，1988.
55. [美] 菲力浦·劳顿，玛丽-路易丝·毕肖普. 生存的哲学. 长沙：湖南人民出版社，1988.
56. [美] J.P. 蒂洛. 哲学——理论与实践. 北京：中国人民大学出版社，1989.
57. [苏] A.T. 斯比尔金. 哲学原理. 北京：求实出版社，1990.
58. [美] 成中英. 论中西哲学精神. 上海：东方出版中心，1991.
59. [苏] 彼得利斯. 发挥你的潜能. 北京：生活·读书·新知三联书店，1992.
60. [英] 伯特兰·罗素. 西方的智慧. 北京：世界知识出版社，1992.
61. [奥] 维特根斯坦. 逻辑哲学论. 北京：商务印书馆，1996.
62. [德] 文德尔班. 哲学史教程（上卷）. 北京：商务印书馆，1997.
63. [德] 卡尔-奥托·阿佩尔. 哲学的改造. 上海：上海译文出版社，1997.
64. [瑞士] 让·皮亚杰. 人文科学认识论. 北京：中央编译出版社，1999.
65. [德] 哈贝马斯. 认识与兴趣. 上海：学林出版社，1999.
66. [英] 查尔斯·爱德华·斯皮尔曼. 人的能力：它们的性质与度量. 杭州：浙江教育出版社，1999.
67. [俄] 别尔嘉耶夫. 论人的使命. 上海：学林出版社，2000.
68. [法] 埃德加·莫兰. 方法：思想观念. 北京：北京大学出版社，2002.
69. [美] 理查德·罗蒂. 后哲学文化. 上海：上海译文出版社，2009.

第一版后记

自20世纪80年代末起，我在中国人民大学哲学系给本科学生开设选修课“哲学基本技能训练”，至今从未中断。该课程侧重学生哲学能力的培养，从哲学的阅读、思考、论辩、写作、应用等环节组织教师的讲授和学生的练习，使教师与学生、学生与学生之间尽可能多地交流和互动，提高了学生的哲学基本能力。由于课堂活动形式多样，学生参与程度高，生动活泼，受到学生们的欢迎。

多年来的教学实践表明，这类课程的教学符合现代大学素质教育的方向，对于提高学生的哲学素质有显著的效果。该课程尽管原定为选修课，但事实上一直是我系本科学生必修的课程。近几年，根据教学改革发展的需要，我系把这门课程的名称改为“哲学素质教育”，作为本科必修课由三年级提前到一年级开设。经过两年的试验，证明在低年级开出此课，对于学生本科期间的成长会更有益处。

大学本科一年级学生，是还未开始学科专业分化的学生。他们对于提高自己哲学素质的愿望和热情，并不完全出于专业意识，而更多地是出于作为大学生对全面提高自己综合素质的强烈要求。像“哲学素质教育”这样的课程，对于人文社会科学各专业的学生，甚至对于其他如理工农医类各专业的学生，都具有基础教育、通识教育的性质。当然，面对不同学科专业的学生，教师应该结合学生专业的特点，在相关资料和问题的选择上有所变通，以便使教学活动更有成效。

为了满足“哲学素质教育”课对于教学参考书的需要，我们在原有教学大纲的基础上，组织校内外教师、学者编写了这本教科书，并确定以《哲学素质培养》为书名。该书写作提纲由主编拟出，撰稿人分工写就，最后由主编统一修改定稿。本书初稿撰写分工如下：

第一章：中央民族大学哲学系贺金瑞教授、博士；

第二章：中国人民大学哲学系李海洋副教授、博士；

第三章：中国社会科学院科研局孙晶副研究员、博士；

第四章：河北医科大学社会科学部乔利平教授、硕士；

第五章：中国人民大学哲学系韩东晖副教授、博士；

第六章：北京理工大学社会科学部孙美堂教授、博士；

第七章：中共中央党校哲学部杨信礼教授、博士。

需要说明的是，本书是为“哲学素质教育”课的教学而编写的，由于这门课程偏重实践的特点，这本教材内容无须全面讲授。教师可要求学生在课前阅读有关部分和做一些准备，上课时教师可以有选择地、提纲挈领地做必要的讲述，然后组织学生进行相应的活动，如提问、讨论、讲演、辩论、作业讲评等。教师可以利用书中的资料组织学生做练习，也可以另外补充部分材料，供学生课堂练习或课外作业用。教科书中涉及历史叙述、个案分析和具体问题的内容，以仿宋体作为辅文处理，教师和学生可以根据需要选择使用。

素质教育、通识教育不仅对于大学生是必要的基础教育，而且对于相应层次的干部教育来说也具有重要的意义。如果在干部的系统学习中开设“哲学素质教育”课程，这本《哲学素质培养》会是一部较为合适的参考书。此外，对于想通过自己的努力提高哲学素质的自学者，本书也有参考价值。正因为如此，我们在编写本书时，不单是把它当作教材，而且还把它当作专著来写作，力求在论述、分析和概括上有一定的深度，体现哲学思维的精神特征。当然，真正的哲学重在探求真理，体现对智慧的热爱，而不在于宣称自己就是真理和智慧的化身。书中对一些问题的具体看法，只是编写者的意见，本身就是可以讨论的，相信有独立思考能力的读者不会受到它的局限。

在本书筹划、编写和出版的过程中，我们得到了中国人民大学哲学系和中国人民大学出版社有关负责同志的大力支持。中国人民大学出版社人文事业部策划编辑李艳辉女士和本书责任编辑李淑英女士，为本书编辑和出版付出了自己的心血。在此，我代表全体编写者向所有关心和支持本书的同志和朋友们表示由衷的谢意。

最后，我们要向将来阅读和使用这本教材的读者、教师、同学表示感谢。一本书的文化价值只有在被阅读和使用时才真正得到实现。因为是第一次编写这种类型的教材，不当之处在所难免，欢迎读过或用过这本教材的读者、教师、同学提出宝贵意见，以便以后修订时加以改正。

郭　湛

2003 年 9 月 24 日

于中国人民大学

第二版后记

21 世纪通识教育系列教材之一《哲学素质培养》（第一版），由郭湛主编，贺金瑞、李海洋、孙晶、乔利平、韩东晖、孙美堂、杨信礼撰稿，2003 年底在中国人民大学出版社出版。这部新教材出版后，除了中国人民大学，还有一些兄弟院校以此作为相关课程教材，受到老师和同学们的重视。后来郭湛教授自己不再讲授这门课程，改由中青年教师任教，主要是由常晋芳副教授等主讲。春去秋来，岁月匆匆，这部教材初版至今已逾 17 年。依据中国人民大学出版社的要求，这几年我们一直在着手出版本书第二版，但由于各方面的事情较多，不得不急重优先，致使第二版直到最近才最后完成。

此次修订的大量具体工作，较多由中国人民大学哲学院常晋芳副教授承担。常晋芳副教授多年主讲这门课程，积累了丰富的教学经验，深知在使用这部教材培养学生哲学素质过程中的苦辣酸甜。教材应该主要由参与教学活动的学者来编写，这是编好教材的一条基本经验。郭湛教授与常晋芳副教授共同商量确定修订思路，由常晋芳副教授负责做第一轮修改，在其修改稿基础上，郭湛教授再加工修改定稿。从修改到再修改，这样的过程要反复多次，然后将修订稿提交出版社请编辑进一步做技术性处理。

考虑到当今时代的新变化和哲学教学与研究的进展，以及多年来学生和教师对于这部教材的意见和要求，有些章节内容改动较大，知识素材和思想理论方面有较多的更新。新版教材在表述形式上也有一些改变，例如去掉了初版中正文与辅文在字体上的区别，使全书叙述浑然一体，阅读时整体上会感觉更为连贯和统一。对于书中引文，特别是马克思、恩格斯著作等引文，根据现有最新版本进行了校订。原版中的一些资料类叙述，根据实际需要做了精简，在语言风格上也相应地做了必要的处理，力求使之更便于读者阅读参考。

进入 21 世纪以来，中国和世界的巨大变化令人目不暇接，国际国内环境的复杂性和不确定性也随之增强。在实现中华民族伟大复兴和构建人类命运共同体的奋斗过程中，对于我们的社会建设和人的发展的要求越来越高。人在已有的历史条件下生存和发展，可以说是人的历史造就了历史的人。但也正是这些历史的人，以其自觉和能动的创造活动，创造着人的历史。人要成为历史的创造者，就要具备文化创造能力。正如古人所言：“盖有非常之功，必待非常之人。”全面提高中华民族特别是青年一代的文明素质，无疑是当代中国现代化发展中最为迫切的任务。在当代世界上，各个国家民族之间或不同制度文明之间激烈竞争的核心问题，归根到底是主体即人的文明素质和能力的竞争。

而在人的素质教育中，哲学素质培养又处在一个较高的层次上。从国家社会层面看，需要重视哲学理论思维教育；从个人成长层面看，更需要重视哲学素质和能力的培养。不仅哲学专业教育需要哲学素质和能力的培养，非哲学专业教育更需要基本的哲学思维能力的提高和运用。哲学能力关乎人的世界观和方法论，是人运用科学的世界观和方法论认识与改造世界的基本能力。为了当代及未来的中国和世界能够变得越来越美好，每个人都应当有尽可能高的哲学素质和能力，这是一种具有核心意义的竞争力。希望本书第二版能为此贡献一份微薄的力量。

在此，我们首先由衷地感谢前面提到的本书初版参加撰写的各位学者，感谢初版责任编辑李淑英女士，正是他们当年的辛苦工作，为今天的第二版创造了前提。同时也要感谢中国人民大学出版社当时和现在的负责同志，感谢他们对这部教材初版和第二版的出版始终如一的热情关心与全力支持。中国人民大学出版社学术出版中心张杰编辑和责任编辑符爱霞女士等工作人员，在这部教材第二版编辑出版过程中默默付出，尽职尽责，我们向他们由衷表示感谢。当然，我们还要感谢阅读和使用过这部教材的读者、老师和同学们，正是由于你们的积极参与，使这本书真正实现了它的使用价值。欢迎大家继续提出宝贵意见。祝愿中国社会和人的发展中的哲学素质教育如常青之树，枝繁叶茂，硕果累累，泽被后人。

郭　湛　常晋芳

2021年1月10日

于中国人民大学人文楼

图书在版编目（CIP）数据

哲学素质培养/郭湛，常晋芳主编. --2版. --北京：中国人民大学出版社，2021.2
21世纪通识教育系列教材
ISBN 978-7-300-28958-8

Ⅰ.①哲… Ⅱ.①郭…②常… Ⅲ.①哲学-高等学校-教材 Ⅳ.①B

中国版本图书馆CIP数据核字（2021）第021963号

21世纪通识教育系列教材
哲学素质培养（第二版）
主编　郭　湛　常晋芳
Zhexue Suzhi Peiyang

出版发行	中国人民大学出版社		
社　　址	北京中关村大街31号	**邮政编码**	100080
电　　话	010－62511242（总编室）		010－62511770（质管部）
	010－82501766（邮购部）		010－62514148（门市部）
	010－62515195（发行公司）		010－62515275（盗版举报）
网　　址	http://www.crup.com.cn		
经　　销	新华书店		
印　　刷	天津中印联印务有限公司	**版　　次**	2003年12月第1版
规　　格	170 mm×240 mm　16开本		2021年2月第2版
印　　张	17 插页1	**印　　次**	2021年2月第1次印刷
字　　数	289 000	**定　　价**	48.00元